Alpine Guide

ヤマケイ アルペンガイド

奥多摩・奥秩父

雲取山・三頭山・大岳山・御岳山・川苔山
甲武信ヶ岳・金峰山・瑞牆山・大菩薩嶺

Alpine Guide
ヤマケイ アルペンガイド

奥多摩・奥秩父

Contents

奥秩父

コラム

インフォメーション

本書の利用法

本書は、奥多摩・奥秩父の一般的な登山コースを対象とした登山ガイドブックです。収録したコースの解説はすべてエリアに精通した著者による綿密な実踏取材にもとづいています。本書のコースガイドページは、左記のように構成しています。

コースガイド

❸コースガイド本文

コースの特徴をはじめ、出発地から到着地まで、コースの経路を説明しています。主な経由地は、強調文字で表しています。本文中の山名・地名とその読みは、国土地理院発行の地形図に準拠しています。ただし一部の山名・地名は、登山での名称・呼称を用いています。

❹コース断面図・日程グラフ

縦軸を標高、横軸を地図上の水平距離としたコース断面図です。断面図の傾斜角度は、実際の登山道の勾配とは異なります。日程グラフは、ガイド本文で紹介している標準日程と、コースによって下段に宿泊地の異なる応用日程を示し、日程ごとの休憩を含まないコースタイムの合計を併記しています。

❺コースタイム

30〜50歳の登山者が日帰りもしくは山小屋利用1泊2日程度の装備を携行して歩く場合を想定した標準的な所要時間です。休憩や食事に要する時間は含みません。なおコースタイムは、もとより個人差があり、登山道の状況や天候などに左右されます。本書に記載のコースタイムはあくまで目安とし、各自の経験や体力に応じた余裕のある計画と行動を心がけてください。

❶山名・行程

コースは目的地となる山名・自然地名を標題とし、行程と1日ごとの合計コースタイムを併記しています。日程（泊数）はコース中の山小屋を宿泊地とした標準的なプランです。

❷コース概念図

行程と主な経由地、目的地を表したコース概念図です。丸囲みの数字とアルファベットは、別冊登山地図帳の地図面とグリッド（升目）を示しています。

サブコース

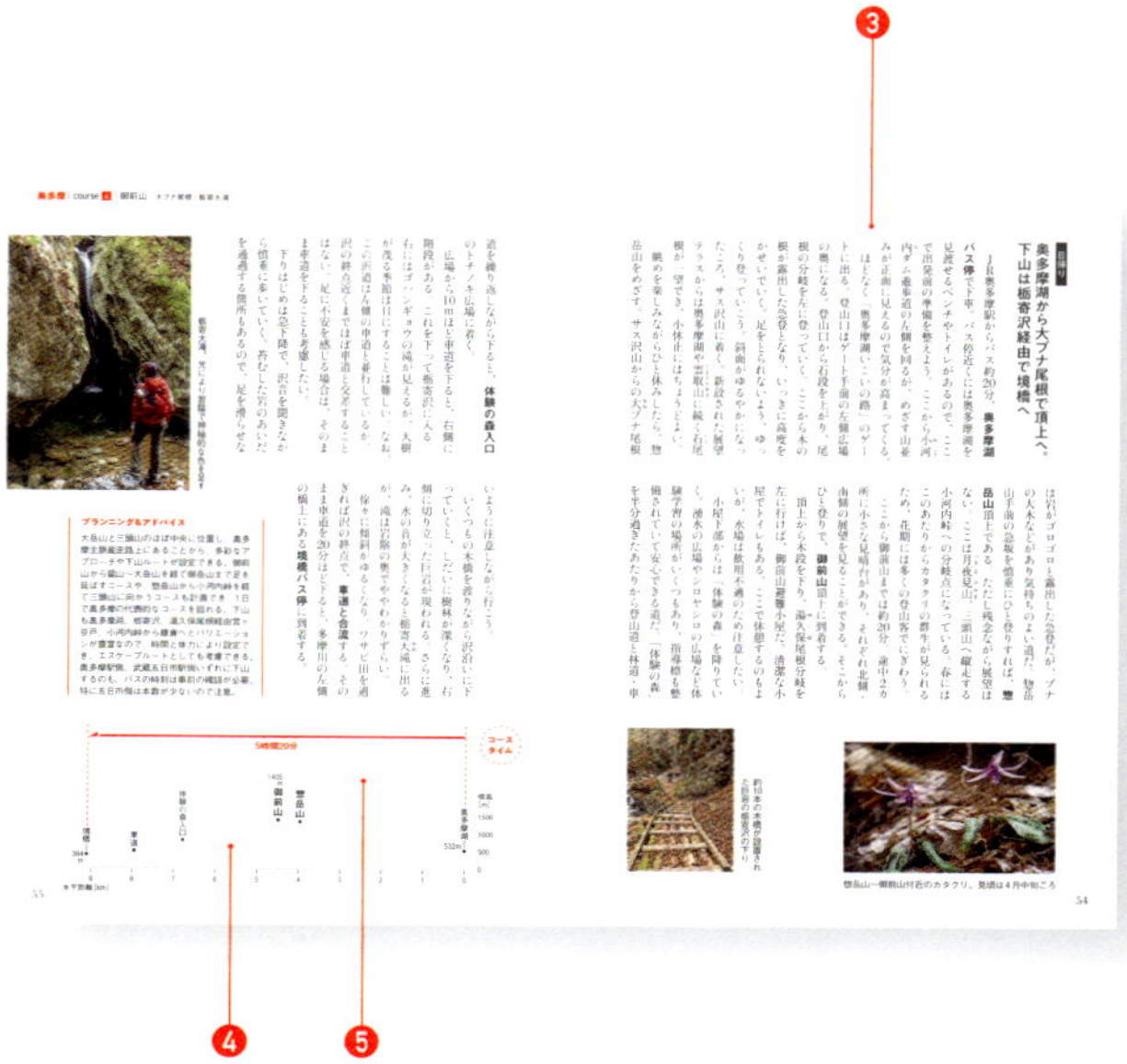

6 コースグレード

奥多摩・奥秩父の無雪期におけるコースの難易度を初級・中級・上級に区分し、さらに技術度、体力度をそれぞれ5段階で表示しています。

初級 紹介するエリアにはじめて登る人に適したコースです。難所のない日帰り登山・ハイキングを主に楽しんでいる初心者を対象としています。

中級 歩行距離や標高差が大きく、急登の続くコースや小規模な岩場の通過、宿泊を伴うなど、登山の経験がある人に向きます。

上級 危険度の高い岩場が少ない山域だけに、歩行距離や標高差の大きさに加えて、途中に避難できる山小屋などの施設が少ないコースで、的確なコースプランニングや天候判断が求められるコースを、このランクにしています。

技術度

1＝よく整備された散策路・遊歩道
2＝とくに難所がなく道標が整っている
3＝ガレ場や小規模な岩場がある
4＝注意を要する岩場、迷いやすい箇所がある
5＝きわめて注意を要する険路

これらを基準に、天候急変時などに退避路となるエスケープルートや、コース中の山小屋・避難小屋の有無などを加味して判定しています。

体力度

1＝休憩を含まない1日のコースタイムが3時間未満
2＝同3〜5時間程度　3＝同5〜7時間程度
4＝同7〜9時間程度　5＝同9時間以上

これらを基準に、コースの起伏や標高差、日程などを加味して判定しています。なおコースグレードは、登山時期と天候、および荒天後の登山道の状況によって大きく変わる場合があり、あくまで目安となるものです。

別冊登山地図帳

7 コースマップ

別冊登山地図帳に収録しています。コースマップの仕様や記号については、登山地図帳に記載しています。

奥多摩・奥秩父に登る

写真／青木貴子、小倉謙治、塩田論司、庄内春滋、藤島 浩、星野恒行（以上山岳写真ＡＳＡ）、長沢 洋
文／渡邉明博（山岳写真ＡＳＡ）〔奥多摩〕、長沢 洋〔奥秩父〕

■概要

【奥多摩】 冬晴れになると都心や周辺の都市部からでも富士山がよく見えるが、その右側に連なって見える山々が奥多摩《おくたま》である。関東平野の西側に位置し、秩父《ちちぶ》多摩甲斐《かい》国立公園に属している。大まかに4つのブロックに分けられ、北から、①日原《にっぱら》川北岸の山々で川苔山《かわのりやま》を代表として酉谷山《とりだにやま》、天目山《てんもくざん》などの長沢背稜《ながさわはいりょう》に連なる山。②雲取山《くもとりやま》から東に延びる石《いし》尾根。③三頭山《みとうさん》、御前山《ごぜんやま》、大岳山《おおだけさん》の奥多摩三山。④南秋《みなみあき》川流域の笹《ささ》尾根や浅間《せんげん》尾根、戸倉《とくら》三山などの山である。

この4つの異なった山域が、訪れる登山者を楽しませてくれる。どの山域もオリジナリティーがあり、四季折々の風景を見せる。奥多摩は、首都圏の癒しの森であり、都会のオアシスといえるだろう。

また、奥多摩の豊かな自然は、東京都の貴重な水源としての役割も持つ。江戸時代に幕府の御用林であった三頭山のブナ林は、今も変わらない姿を見せ、「都民の森」として多くに人々に親しまれている。花も豊富で、春は御前山にカタクリが咲き誇り、夏の御岳山《みたけさん》で咲くレンゲショウマは、日本一といわれる群落を見せる。またシカ、サル、イノシシなどの動物も生息しているが、近年はクマやイノシシが里山に降りてくることも多くなり、登山道でも時おりその姿が目撃されている。

【奥秩父】 奥多摩と奥秩父のジャンクションは、一般的には雲取山とされている。要するに奥秩父の主稜は、この山の頂上から西に向かってはじまり、甲武《こうぶ》と甲信《こうしん》の国境を蛇行し、八ヶ岳《やつがたけ》の裾野がはじまるあたりで終わる。その間、北奥千丈岳《きたおくせんじょうだけ》２６０１ｍを最高点に、20座にもおよぶ２０００ｍ

雲取山荘手前にある「鎌仙人」富田治三郎氏レリーフ

花崗岩の特異な姿がよく目立つ瑞牆山

上空から見た石尾根。その先に東京都最高峰の雲取山がある

超の山々を起こす。これは、わが国では日本アルプスと一部の火山に次ぐ標高で、東西50km、南北30kmにおよぶ山域の広さ、さらには首都圏に近接している地理的条件などとあいまって、日本有数の、登山の対象としての山岳地帯だといえるだろう。

太平洋側の気候に属する山域だが、甲武《こぶ》信ヶ岳《しがたけ》から西の主稜は日本の中央分水嶺にあたり、北面では日本海側の気候の影響を受け、ことに冬季には積雪量の差となって現われる。金峰山《きんぷさん》の頂上付近を除けば森林限界を抜く場所はほとんどなく、どの山も頂上付近はシラビソやトウヒ、コメツガなど、亜高山の針葉樹におおわれている。したがって、岩稜に咲くような高嶺の花には乏しいが、前記の樹林帯の林床にはアズマシャクナゲの群落が多くあり、花のシーズンには登山者の目を楽しませてくれる。

■登山シーズン

【奥多摩】シーズンに限定はなく、それぞれの四季に趣のある登山が楽しめる。2月を迎えて冬の寒さが残るころ、吉野《よしの》梅郷の梅が咲きだすと陽だまりハイクが楽しめる。しかし3月までは、時にして太平洋側を南岸低気圧が通過すると奥多摩も雪になる。特に標高のある雲取山は大雪に注意だ。

4月に入ると奥多摩湖畔のサクラが咲き乱れ春を迎える。御前山のカタクリが開花し、春の息吹を感じる時である。雲取山ではGWも雪が残るが、5月末ごろまでは比較的に安定した天気が続く。6月の梅雨時期は一般的に登山に適さないといわれるが、新緑が輝き、シャクナゲやツツ

数こそ少ないが、奥多摩の山にもクサリ場がある（鋸尾根）

深い森は奥秩父を代表する光景のひとつ

奥に連なる山並みが奥多摩。
まさに東京の奥座敷だ

分岐では必ず進行方向を確認すること

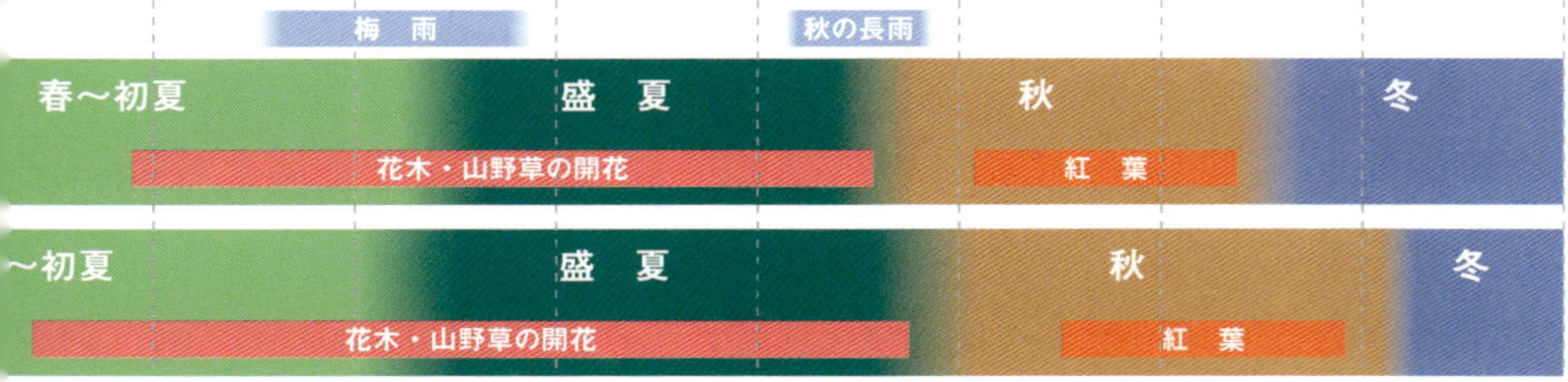

温泉つきの山小屋・三条の湯。立ち寄り入浴もできる

ミツバツツジに彩られる5月の将監峠道

大菩薩連嶺は比較的バス路線に恵まれている（小屋平バス停）

奥多摩の登山シーズン	1月	2月	3月	4月
稜線 標高 1500〜2000m 樹林帯・亜高山帯	冬 降雪期			
登山口・低山 標高 300〜1000m 樹林帯	冬 降雪期			

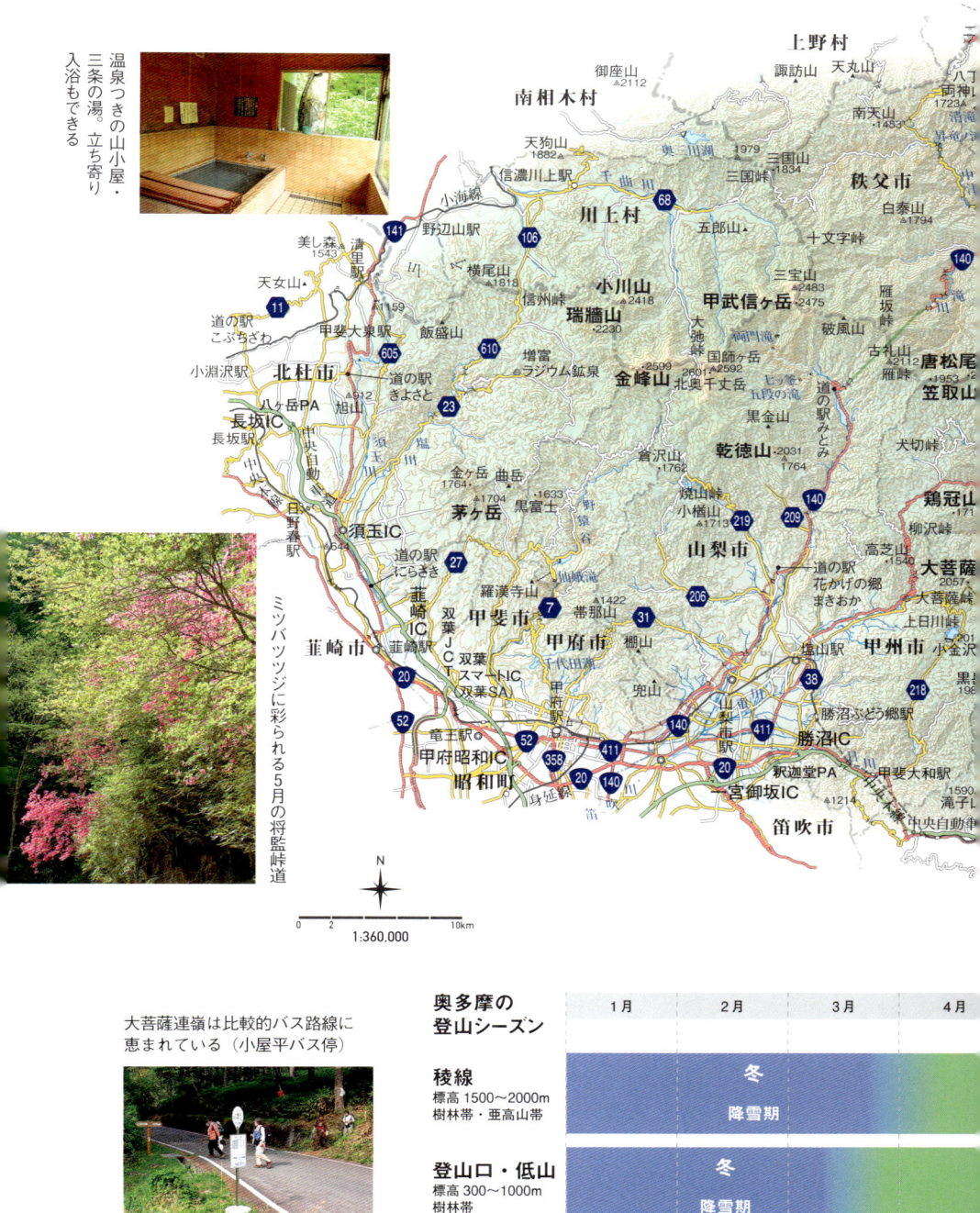

ジが美しい時でもある。晴れ間を狙って歩きたい。夏は蒸し暑いが、雲取山のお花畑や沢を登る楽しみがある。名瀑も多く、百尋《ひゃくひろ》ノ滝や三頭大《おお》滝、払《ほっ》沢《さわ》の滝、栃寄《とちより》大滝などは有名だ。秋は一年のなかでも美しく、赤や黄色に彩られた山々に感動するはずだ。また、雲取山と御岳山のように標高差があるため、エリアによって新緑と紅葉が長い期間楽しめるのも奥多摩の魅力のひとつ。落葉シーズンが終わり雪を見るのは、例年年末年始のころからである。

【奥秩父】　同じ山域といえども、標高によって登山シーズンには差が出てくる。おおまかにいって、雁《がん》峠以東は4月中旬から11月、以西は5月中旬から11月中旬くらいが雪の心配がなく歩ける時期である。当然、年によって状況は大きく異なるので、その都度確認は怠らないようにしたい。

　登山口の標高の低い、雲取山や飛龍山《ひりゅうさん》では、夏はかなり暑さに苦しめられるだろう。もっとも、主稜線近くまで登れば朝夕は夏でも冷える。シャクナゲの花期はおおむね6月中旬で、たいていの山麓では5月半ばからひと月くらいがもっとも新緑の瑞々しい時期である。また紅葉の盛りは10月中旬から下旬で、春秋のこれらの期間がもっとも登山者でにぎわう。

木賊山からの甲武信ヶ岳（右）

■コースとグレード

【奥多摩】　ハイキング程度の初心者コースから、上級のグレードコースまで、幅広くルートをとれるのが奥多摩の魅力である。ほとんどが日帰りコースだが、難易度の高いコースもある。なかでも北部の西谷山を

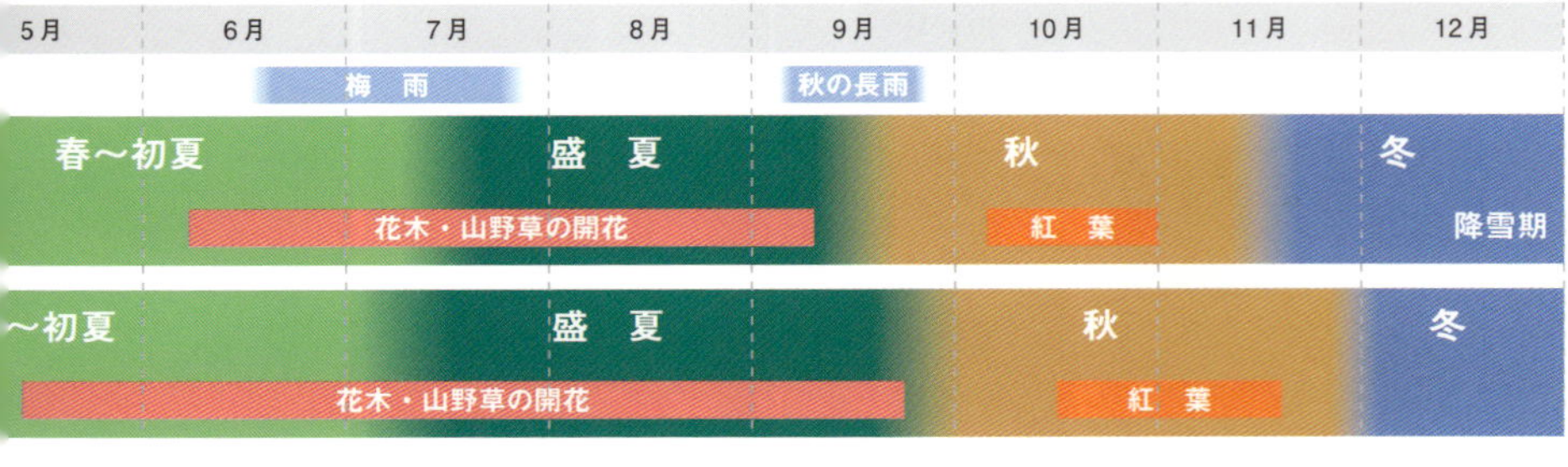

中心とする長沢背稜は、ロングコースとなりアップダウンもきついので、余裕ある行動計画と装備が求められる。避難小屋や雲取山荘泊まりで歩くのが望ましい。

近年の豪雨で登山道が崩壊し、古い地図とは違った道がつけられているケースもあるので注意をしたい。できればGPSなどがあると安心だ。また、奥多摩は沢登りができる支流も多く、ロッククライミングに適したゲレンデもある。都心から近い割には多彩な楽しみ方ができるフィールドだといえるだろう。

【奥秩父】　この本で紹介したなかには技術的に難しいというコースはなく、難易度は標高差と行動時間、つまり体力的要素で決まる。山の標高は低くとも、飛龍山や唐《から》松尾山《まつおやま》のコースは、日帰りとすると、かなり厳しい行程だ。逆に、金峰山や甲武信ヶ岳、国師《こくし》ヶ岳《がたけ》などは、標高が高くとも、1泊2日行程にしたり、車を利用することで難易度は低くなる。もっとも、悪天候時の難しさは標高に比例するのはいうまでもない。

■山小屋

【奥多摩】　通年で泊まれる営業小屋は、雲取山荘と七《なな》ツ石《いし》小屋、三条《さんじょう》の湯、御岳山に点在する宿坊である。その他は自炊小屋と避難小屋となる。避難小屋の水場は、水量が少ない時もあるので、確認をしたほうがよいだろう。また、近年は日帰り温泉が増えたため、山旅の疲れを癒して帰る登山計画も立てられる。

【奥秩父】　雲取山から瑞牆山《みずがきやま》まで、主稜線かその近くにほどよい間隔で10軒ほどの営業小屋があるので、小屋利用の縦走にはありがたい。だが通年営業は雲取山荘のみである。冬季以外は小屋番が常駐していて、食事も頼めるのは甲武信小屋、十文字《じゅうもんじ》小屋、金峰山小屋、富士見平《ふじみだいら》小屋など。その他は不定期営業や素泊まりのみだったりするので、利用するときにはあらかじめ確かめておかなければならない。常駐の小屋でも予約をしておくに越したことはない。

天候急変時に心強い避難小屋（御前山避難小屋）

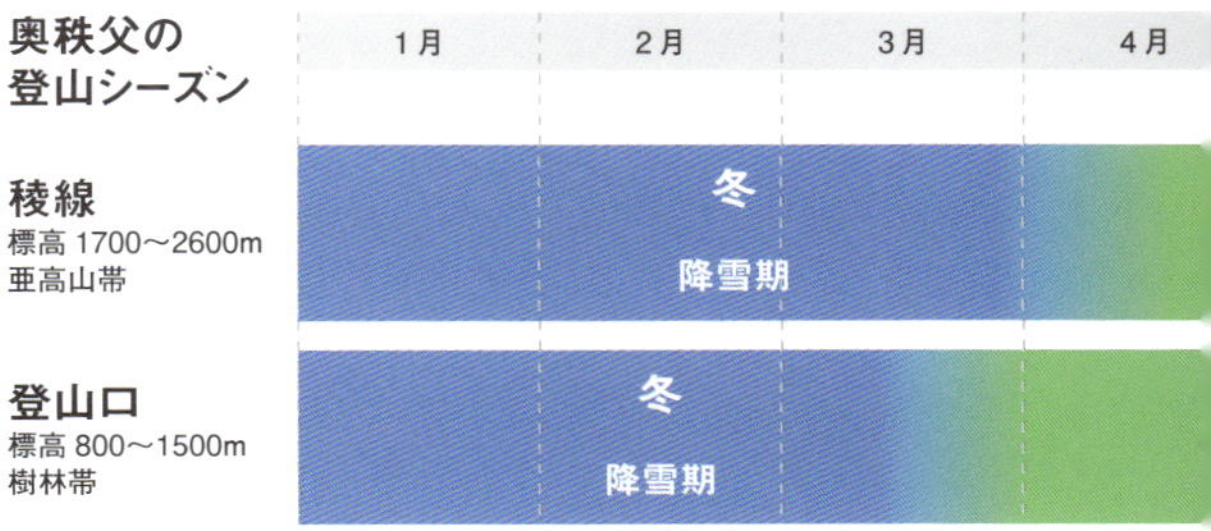

石尾根が延びる先に君臨する雲取山（撮影／中川みどり）

ハイキングから本格登山まで楽しめる都心近郊の人気エリア

奥多摩

大菩薩の先に富士山を見ながら登る。雲取山頂へはもう近い

奥多摩湖畔の鴨沢から たおやかな山容の 東京都最高峰をめざす

コースグレード	中級
技術度	★★★☆☆ 3
体力度	★★★☆☆ 3

1日目	鴨沢→小袖乗越→七ツ石山→雲取山→雲取山荘	計5時間50分
2日目	雲取山荘→雲取山→三条ダルミ→三条の湯→お祭	計6時間25分

写真／小倉謙治、天藤寛子、平間和宏、庄内春滋　文／小倉謙治

日本百名山の一山にも名を連ねる雲取《くもとり》山《やま》は、東京・埼玉・山梨の都県境にそびえ、標高2017mの頂は東京都の最高峰となっている。頂上へは各方面から山道が延びているが、ここではもっとも多くの人に歩かれている奥多摩《おくたま》湖畔の鴨沢《かもさわ》から山上に立ち、三条《さんじょう》の湯を経由してお祭《まつり》に下るコースを紹介する。

このコースは宿泊前提につき、2日目は早朝の空気が澄んだ時間帯に頂上に立ってご来光を楽しみ、日中とはひと味違う爽快感を満喫してほしい。宿泊予定の雲取山荘は通年営業しており、一年を通して登山者を迎えてくれる。都会の喧騒を離れ、東京都唯一の日本百名山を楽しもう。

1日目 鴨沢から七ツ石山を経て雲取山、雲取山荘へ

登山口のある鴨沢へは、JR青梅《おうめ》線の終点奥多摩駅から、西東京バスの鴨沢西《にし》行き、または丹波《たば》行きに乗車する。

七ツ石小屋を過ぎるとすぐに水場がある

七ツ石山の頂上。雲取山を眺めながらひと休み

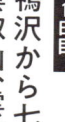

鴨沢バス停のトイレの脇から道標にしたがい、車道を登っていく。すぐに次の道標があり、車道と別れて左へとコンクリートの道を登る。じきに植林帯となり、ひと汗かくころに車道に合流し、**小袖乗越**《こそでのっこし》に到着する。ここには約60台分の駐車場と、きれいなトイレもある。

小袖乗越から車道を少したどったあと、道標にしたがい左の山道に入る（**登山道入口**）。スギの植林地を登っていき、途中、廃屋や荒れた畑のあいだを抜けていく。1時間半ほど歩いたところの左手に水場があり、さらになだらかな傾斜を登ると、やがて常緑樹に囲まれた尾根上の平坦地に出る。ここが**堂所**《どうどころ》だが、木々に囲まれ展望はない。

ここの先は植林地からカエデやミズナラ、ブナなどの広葉樹の森へと変わってくる。その先に、大きな岩石が打ち捨てられたようにゴロゴロしている場所がある。ここがまむし岩だ。途中、右へと折り返すあたりで、樹間に富士山《ふじさん》を望める場所もある。さ

七ツ石山からは飛龍山をはじめ奥秩父の主稜線が一望できる

らに登っていくと、七《なな》ツ石《いし》山とブナ坂の分岐に出る。雲取山へ急ぐのであればブナ坂への巻き道を行くほうが早いが、ここでは、七ツ石山を経由する道を行くことにする。

　分岐を右に進むと、5分ほどで**七ツ石小屋**に到着する。七ツ石小屋は素泊まりのみだが通年営業している。小屋の裏側に回りこむとトイレがあり、富士山がよく見える。

なだらかな稜線上の登山道。正面に七ツ石山を望む

休憩したら小屋前から再スタートしよう。ひと登りで、石《いし》尾根縦走路が延びる分岐に出る。鷹《たか》ノ巣《す》山《やま》への道を分け、左に登れば七ツ石神社を経て**七ツ石山**の小広い頂上に到着する。北側にはめざす雲取山と石尾根の展望が広がり、西に南アルプスの山並みを見渡すことができる。

　ひと休みして展望を楽しんだら、先ほど分かれた七ツ石の巻き道と合流する**ブナ坂**まで一気に下る。ブナ坂からはゆるやかに登っていくが、富士山や大菩薩嶺《だいぼさつれい》を眺めながら心地よい山歩きを楽しめるだろう。ヘリポートを抜けた先に、2019年3月まで営業していた**雲取奥多摩小屋**がある。ここからは、さらに広く明るい尾根道となる。途中富田《とみた》新道（P28参照）へと通じる巻き道と直登コースに分かれるが、どちらも**小《こ》雲取山《くもとりやま》**で合流する。

　小雲取山でいったん勾配がゆるやかになり、雲取山荘への巻き道を右に分け、最後に急坂を登れば**雲取山**頂上に着く。

通年営業の雲取山荘。温かく迎えてくれる

雲取山頂直下の急登。避難小屋が見えるとすぐだ

1等三角点のある頂上は雲取山避難小屋の裏手にあり、２０１７年に新しく設置された石碑が立っている。展望盤もあるので山座同定を楽しもう。

山上景観を満喫したら、本日の宿泊地である雲取山荘へと向かう。北側斜面の急な下りでコメツガやシラビソなどの針葉樹のなかを20分ほど行けば、立派な丸太づくりの**雲取山荘**に到着する。雲取山荘は年間約1万人もの登山客が訪れる人気の山小屋で、5月から10月の期間は湧水を小屋まで引いてきているだけに、水も豊富だ。冬場は部屋ごとにコタツもあり、同室となった登山者との登山話も相部屋の楽しみだ。

2日目 雲取山荘から雲取山頂上を経て三条の湯、お祭へ

山小屋の朝は早い。早立ちの登山者や、頂上でご来光を楽しむ宿泊客が多いからだ。天候を確認し、早めに出立してご来光を拝し、朝の荘厳な景色を楽しむことをおすすめする。

太陽が昇る瞬間を目に焼きつけ、写真におさめたら、**雲取山**の頂上をあとに避難小屋方向に進む。右側に飛龍山《ひりゅうさん》方面・三条の湯に向かう下山路がある。カラマツが梢を伸ばす尾根道をジグザグに20分ほど下ると、雲取山荘からの巻き道（廃道）と合流し、**三条ダルミ**に到着する。

ここで飛龍山への尾根道と分かれ、山腹を巻くように下っていく。途中、登山道が新たに整備され、以前より30分ほど迂回するルートになったので、２０１８年以前の地図を持っている人は注意したい。

何度か小尾根を越えていくと、水場となる沢の源頭部に出る。この先で木が伐採され東西の視界が開けた尾根上に出て、再び樹林内に入る。やがて岩まじりの道になり、さらに山腹を巻くように下っていく。青岩《あおいわ》

早朝の澄んだ空気のなか、雲取山頂上でご来光を拝む

三条ダルミでは遠く富士山の眺望が得られる

七ツ石山からは雲取山への石尾根や富田新道（野陣尾根）がきれいに一望できる

鍾乳洞（閉鎖）への分岐を過ぎ、やがて沢音が大きくなると、左下に三条の湯の赤い屋根が見えてくる。最後に三条沢を木橋で渡れば**三条の湯**に到着する。ここからの長い林道歩きに備え、ひと休みしていこう。

小屋の先で飛龍山とサオラ峠への道を分け、後山《うしろやま》林道へ向け下っていく。このあたりは「三条谷の広葉樹林」として「やまなしの森林百選」に選ばれ、トチノキやカツラ、ミズナラ、カエデなどの高木が豊かな森を形成している。三条の湯から30分ほどで赤い橋が見えてくれば、まもなく**後山林道の終点**に出る。

あとはひたすら後山林道を歩く。後山川の流れが響き、緑に包まれた林道沿いには、夏場はタマアジサイやヤマユリが花を咲かせ目を楽しませてくれる。途中**塩沢橋**《しおざわ》を経てさらにたんたんと下り、国道411号に出たら左に進めば**お祭バス停**に着く。

プランニング&アドバイス

お祭から逆コースをたどり、三条の湯に泊まって雲取山頂上をめざすのもおすすめ。三条の湯は雲取山荘同様通年営業で、ここに入浴することを目的に来る登山客も多い。テント泊の登山者も入浴ができ、アウトドア好きのあいだでは評判の高い人気スポットだ。その三条の湯から雲取山に向かった場合、翌日は飛龍山を経て下山するのもいいだろう（P118、124参照）。雲取山荘に宿泊し頂上を経て三条ダルミへ。分岐で奥秩父主脈縦走路を飛龍山に向かい、サオラ峠を経て丹波へ下山する。また健脚向けだが、七ツ石山から石尾根をたどり鷹ノ巣山を経て奥多摩駅まで下ることもできる。

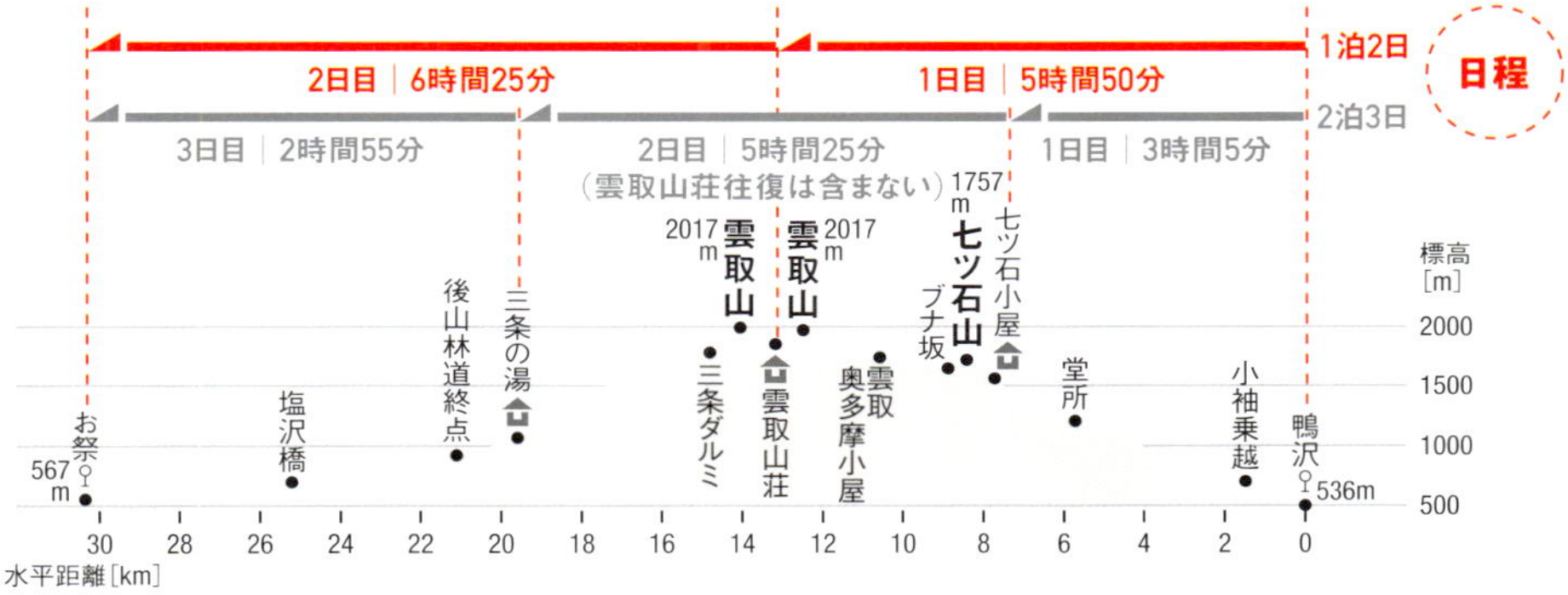

サブコース

丹波からサオラ峠を経て雲取山へ

丹波↓サオラ峠↓三条の湯↓雲取山　8時間5分

Map 11-2D　丹波バス停

Map 12-3D　雲取山

コースグレード	中級
技術度	★★★☆☆ 3
体力度	★★★☆☆ 3

深田久弥は著書『日本百名山』で、サオラ峠を経て三条《さんじょう》の湯へ、さらに雲取山《くもとりやま》頂上をめざすコースを紹介している。ここでは、丹波《たば》バス停を起点にサオラ峠を経て、深田久弥がたどったコースを紹介する。途中の三条の湯に1泊するが、お祭《まつり》バス停近くの山荘おまつりで前泊すれば、その日のうちに雲取山の頂上に立つこともできる。

1日目 JR奥多摩《おくたま》駅からバスで**丹波バス停**へ。バスは本数が少ないので、時刻表を調べておこう。バス停から車道を少し進み、サオラ峠への分岐を右へ。眼下に集落を見ながらゆるやかに登り、登山口入口の電気柵扉から中に入る。山畑のあいだを抜けて植林されたゆるやかな山裾へ入ると、本格的な登山道となる。

急斜面の山腹をつづら折りに高度を増していくが、バス停から約900mの標高差で、かなりの急登である。樹林帯が続き眺望も得られないが、登山者が少なく静かな山歩きができる、しっとりしたコースだ。

つづら折りを抜け、ややゆるやかな道に変わってきたころ、頭上が明るくなる。急斜面を登りきれば、広い平地に石祠のある**サオラ峠**に着く。眺めはあまりよくないが、静かな雰囲気は心地よい。新緑や紅葉の時期は目を楽しませてくれる。

十字路をなす峠から左へ向かえば飛龍山《ひりゅうさん》方面へ（P124コース16参照）、右をとればミカサ尾根を丹波天平《たばてんでろ》へ向かう。これ

三条ダルミへの登路には雲取山が見える場所がある

山間の秘湯・三条の湯

から向かう三条の湯は峠を北側へとり、ミサカ尾根の東面を横切るようにゆるやかに下り、ミズナラ、ブナなどの美しい林を進む。歩きはじめは小さなアップダウンがあり、道幅も狭いながらも比較的整備され、歩きやすい。足を進めていくにしたがい、道は少し険しくなっていく。後半は権現《ごんげん》谷やカンバ谷など何度かの徒渉があり、高度感のある木橋は滑りやすいので注意したい。

疲れを感じてきたころ、ようやく三条の湯の赤い屋根が見えてくる。ほどなく今日の宿となる**三条の湯**に着く。疲れた身体を癒せる山間の秘湯だ。

2日目 三条の湯をあとにいったん下り、三条沢に架かる木橋を渡り、水無《みずなし》尾根に取り付く。青岩《あおいわ》鍾乳洞への分岐を左に折れ、トラバース(斜面を横方向に移動すること)するように進む。周囲はブナやミズナラ、カツラなど広葉樹が多い。

途中、東西の展望が開けた場所に出る。東はヨモギ尾根から小雲取山《こくもとりやま》、西は奥秩父《おくちちぶ》主脈縦走路、飛龍山などが見渡せる。再び樹林帯の道となり、迂回ルートとなる新たな道（2018年以前の地図には記載がないので注意）を進む。登り下りで30分ほどかかるが、登りきった地点で富士山《ふじさん》を望める。大きな露岩帯を過ぎると、ほどなく水場がある。ゆるやかに登り木橋を何回か渡ると開けた平坦な道になり、奥秩父主脈縦走路上の**三条ダルミ**に着く。左が飛龍山、右は雲取山への分岐となる。

ひと休みしたら尾根道に入り、クマザサの広がるなかをジグザクに進む。260mの標高差を登りつめると、雲取山避難小屋の前に出る。小雲取山へと続く石尾根の展望がすばらしい。避難小屋の脇を抜けると1等三角点のある**雲取山**頂上だ。

新緑がまぶしい、三条の湯付近の登山道

プランニング&アドバイス

その他、以下のプランも考えられる。①鴨沢西から親川バス停まで青梅街道を30分歩き天平尾根登山口へ向かい、丹波天平からサオラ峠を経て三条の湯泊で雲取山へ。②鴨沢西バス停からお祭バス停まで青梅街道を歩き、後山林道終点から三条の湯泊で雲取山へ。③車で小袖乗越駐車場へ。そこからお祭バスまで歩き、後山林道終点から三条の湯泊で雲取山へ。

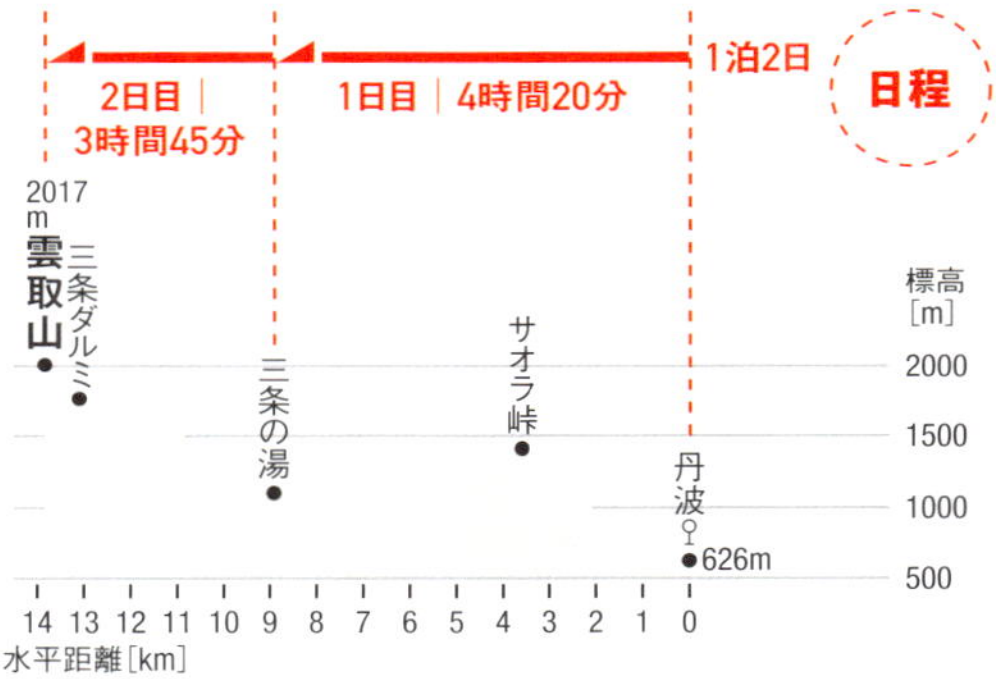

白岩小屋からの和名倉山（中央やや右）。奥には奥秩父の山々が連なる

1泊2日

雲取山
三峯神社 霧藻ヶ峰 白岩山

信仰の三峰を経る古の登山ルート

コースグレード	中級
技術度	★★★☆☆ 3
体力度	★★★☆☆ 3

1日目	三峯神社→妙法ヶ岳→霧藻ヶ峰→白岩山→雲取山荘　計5時間40分
2日目	雲取山荘→雲取山→七ツ石山→小袖乗越→鴨沢　計4時間55分

写真／鈴木弘之、平間和宏　文／鈴木弘之

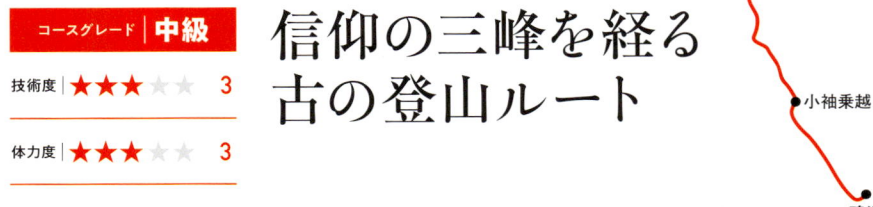

東京都、埼玉県、山梨県の3都県にまたがる雲取山《くもとりやま》だけに、各都県から登山ルートが延びている。三峯《みつみね》神社を起点とする埼玉県側からの登山ルートは、随所で奥秩父《おくちちぶ》の山々を展望しながらいくつものピークを越えていく、変化に富んだコースだ。また、雲取山荘までは行き交う人も比較的少なく、原生林のなかを行く、静かな山歩きを楽しむことができる。ここでは、さらに三峯神社奥宮が建つ妙法《みょうほう》ヶ《が》岳《たけ》の往復をプラスする。

1日目 三峯神社奥宮の妙法ヶ岳を経由し、白岩山を越えて雲取山荘へ

三峯神社バス停で下車し、三峰ビジターセンターの左手から奥宮参道に入る。一の鳥居をくぐると登山届ポストがある。杉木立の参道をしばらく行き、妙法ヶ岳への二の鳥居のある分岐を左手に折れる。あずまやが現われて三の鳥居をくぐると、本格的な山道になる。20分ほど歩きクサリ場があ

1800（寛政12）年建立の三峯神社拝殿

登山道入口となる一の鳥居

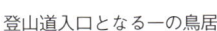

雲取ヒュッテ跡からの芋ノ木ドッケ（中央右）と白岩山

る急坂を登りきると、奥宮となる**妙法ヶ岳**だ。頂上からは、これから向かう白《しら》岩山《いわやま》や雲取山の展望が広がっている。

来た道を慎重に戻り、あずまやを左手に折れ樹林帯をしばらく進むと、先述の一の鳥居から来る道と合流する。**炭焼平**《すみやきだいら》を過ぎてゆるやかに登ると、合流点から40分ほどで**地蔵**《じぞう》**峠**に着く。名前通り赤い前掛けをしたお地蔵様が安置され、登山者を見守っている。

地蔵峠からアセビの生い茂る道を進むと、ほどなく休憩所やトイレがある霧藻《きりも》ヶ峰《がみね》頂上に着く。ここからは、両神山《りょうかみさん》や和名倉山《わなくらやま》の展望がすばらしい。

霧藻ヶ峰から15分ほど下ると、広々とした鞍部の**お清平**《きよだいら》に着く。ここから前白岩《まえしらいわ》の肩《かた》までは、このルート最大の難所となる。いきなりツガ、シラビソの原生林が生い茂る狭い尾根の急斜面の登りとなり、これが20分ほど続く。傾斜がゆるみ、アップダウンのある苔むした道を進むと前白岩山に到着する。

前白岩山から稜線をゆっくり下っていくと**白岩小屋**（廃虚・宿泊困難）がある。小屋裏手の岩場からは、眼前に和名倉山や西方に奥秩父の山々が展望できる。白岩小屋からダケカンバの林を30分ほど登ると白岩山の頂上にいたるが、ここは展望がない。

白岩山からしばらく下ると芋《いも》ノ木《き》ドッケの平坦地に着く。直進するルートは芋ノ木ドッケ頂上を経て長沢背稜《ながさわはいりょう》方面に向かうルートだ。右手に下り頂上を迂回するルートは原生林が生い茂る幻想的な雰囲気の道だが、冬季は凍結し滑りやすいので注意を要

峰谷バス停近くの休憩所。トイレもある

雲取山からの下山道。七ツ石山へのブナ坂を望む

する。ここでは右手の迂回ルートをとり、しばらく行くと**大《おお》ダワ**に出る。

大ダワからは、急登の男《おとこ》坂と巻き道的な女《おんな》坂の2ルートあり、どちらを通っても雲取山荘へは30分ほど。2ルートが合流する雲取ヒュッテ跡を過ぎ、テント場が現われるとそこは**雲取山荘**だ。

2日目

展望の雲取山・七ツ石山を越えて鴨沢へ

雲取山荘から雲取山へは急登からはじまる。このあたりは北面の深い針葉樹林帯で、4月下旬まで雪が残る年もある。

登り着いた**雲取山**頂上は大きく展望が開け、奥多摩《おくたま》や秩父山地の峰々、南北アルプス、八ケ岳《やつがたけ》、浅間山《あさまやま》が望め、特に南に見える富士山《ふじさん》は絶景だ。東京都で唯一1等三角点がある、最高峰の山である。

下山路は、雲取山避難小屋の脇を下り、眺望抜群の登山道を小雲取山《こくもとりやま》方面に向かう。

小雲取山を過ぎて急坂を下ると、**雲取奥多摩小屋**に着く。2019年3月で小屋は閉鎖され、テント泊やトイレの利用もできないので要注意だ。

ここからしばらく下ると**ブナ坂**の急な登りとなり、これをあえぎながら登りきると**七《なな》ツ石山《いしやま》**の頂上だ。振り返ると、雲取山への登山道が名残惜しそうに見える。

七ツ石山から富士山の展望がすばらしい**七ツ石小屋**を経て、さらに2時間ほど下ると**小袖乗越《こそでのっこし》**に出る。ここまでくれば、**鴨沢《かもさわ》バス停**までは20分ほどだ。

プランニング&アドバイス

西武秩父駅から登山口の三峯神社への西武観光バスは、午前中は平日2便、土曜・休日は3便と少なく、すべて10時30分以前の発車となる。そのため都心を早い時間に発つ必要があるうえ、時期によっては雲取山荘に着くころには日暮れとなることもある。時間に余裕があれば、午後のバス便で三峯神社に行って神社に参拝・散策し、その日は宿坊の興雲閣に宿泊して、翌朝、登山に臨むのもよい。宿坊には温泉の三峯神の湯もある。

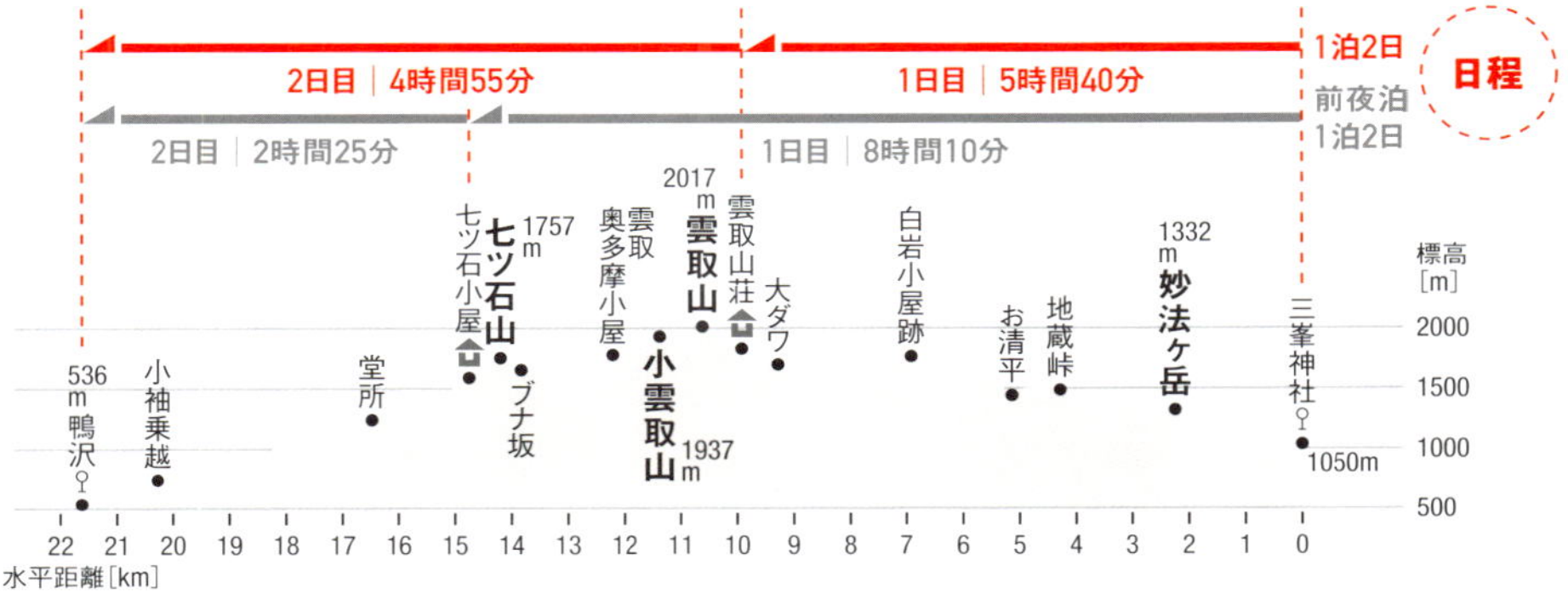

サブコース

峰谷から赤指尾根を経て石尾根へ

峰谷↓赤指尾根↓七ツ石山↓雲取山

6時間15分

東京で最も標高が高い場所にあることから、「天空の里」ともよばれる奥多摩《おくたま》町峰《みね》谷《だに》地区。峰谷バス停からスタートし、峰《みね》集落を経て赤指《あかざす》尾根をたどり、石《いし》尾根を雲取《くもとり》山《やま》へとめざすコースを紹介しよう。時期が合えば登山道でもツツジに出会え、石尾根の千本《せんぼん》ツツジも鑑賞できる。

出発点となる**峰谷**へは、JR奥多摩駅から西東京バス峰谷行きに乗り、終点で下車する。バス停そばにトイレが設置されている。ここは標高600mほどだ。

まずバス停正面の階段を上がる。いくつかの民家の脇を通り、杉林のなかを抜けていくと車道に出る。ここから車道をたどるが、こんなに高いところにまで民家があることに驚かされる。1時間ほどの車道歩きだけに長く感じるかもしれないが、人々の暮らしや展望を楽しみながら歩を進めよう。

ゲートをくぐり登山道に入ると、隙間なく立っているスギやヒノキの樹林帯に圧倒される。木漏れ日の道をしばらく登っていくと、「赤指山《あかざすやま》・直登10分」という小さな標識がある。左上が赤指山の頂だが、樹木で頂上は見えない。そのまままっすぐ進み、赤指尾根に合流すると緑あざやかな広葉樹が目に入るようになる。道幅も少し広くなり、心地よい尾根道だ。

その先はまた登りとなるが、石尾根縦走コースの巻き道と交差するところまで来る

Map 6-2B 峰谷バス停

Map 12-3D 雲取山

コースグレード	中級
技術度	★★★☆☆ 3
体力度	★★★☆☆ 3

小雲取山への急登。展望を楽しみながら頑張ろう

登山道のところどころでヤマツツジに出会う

写真／平間和宏、庄内春滋　文／平間和宏

と、やっと平坦になる。今回は**分岐**を左にとり最短ルートで七ツ石山《ななついしやま》をめざすが、そのまま上がって石尾根の稜線に出ると千本ツツジとよばれるエリアなので、時期が合えば満開のツツジを楽しみたい。

分岐から30分ほどで**七ツ石山**に到着。展望がよいことで知られる頂上からは、これからめざす雲取山が目の前に、そして富士《ふじ》山《さん》も大きく見える。休憩も兼ねて、その眺めを満喫していこう。

ひと休みしたら、**ブナ坂**へ下り尾根道を行く。石尾根は道幅が広く歩きやすいだけではなく、見晴らしがよいので爽快だ。富士山や奥秩父《おくちちぶ》の稜線を眺めながら歩いていると、やがてヘリポートが見えてくる。その先にあった**雲取奥多摩小屋**は2019年3月末をもって閉鎖され、テント場やトイレも使えないので注意が必要だ。西へ10分ほど降りたところにある水場は使えるので、覚えておくとよいだろう。

小屋を過ぎると、小雲取山《こくもとりやま》への急登が待っている。息を切らして登り、日原《にっぱら》からの富田《とみた》新道を右から合わせると**小雲取山**だ。この先に雲取山荘への巻き道があり、疲労時などは、この道で山荘に向かうとよい。

小雲取山から雲取山へは30分強の登り。目の前に雲取山避難小屋が見えているので頑張って登ろう。避難小屋まで来ると、雲取山の頂上はそのすぐ先だ。

圧巻の眺望が広がる**雲取山**の頂でひと息つき、北側の樹林帯を20分ほど下ると**雲取山荘**だ。年間1万人もの登山者が訪れるという人気の山荘は、水が豊富で水洗トイレも整備されている快適な宿である。

七ツ石山頂上から望む石尾根縦走路

プランニング&アドバイス

早ければ5月の終わりごろから6月初旬ごろにかけて、奥多摩の登山道や尾根道では色あざやかなヤマツツジに出会う。なかでも有名なのが、高丸山と七ツ石山のあいだに咲くツツジの群落「千本ツツジ」。このコースは千本ツツジコースともよばれ、峰谷から石尾根縦走路の上の稜線まで登りきったところが「千本ツツジ」とガイドブックの地図などにも記されている。

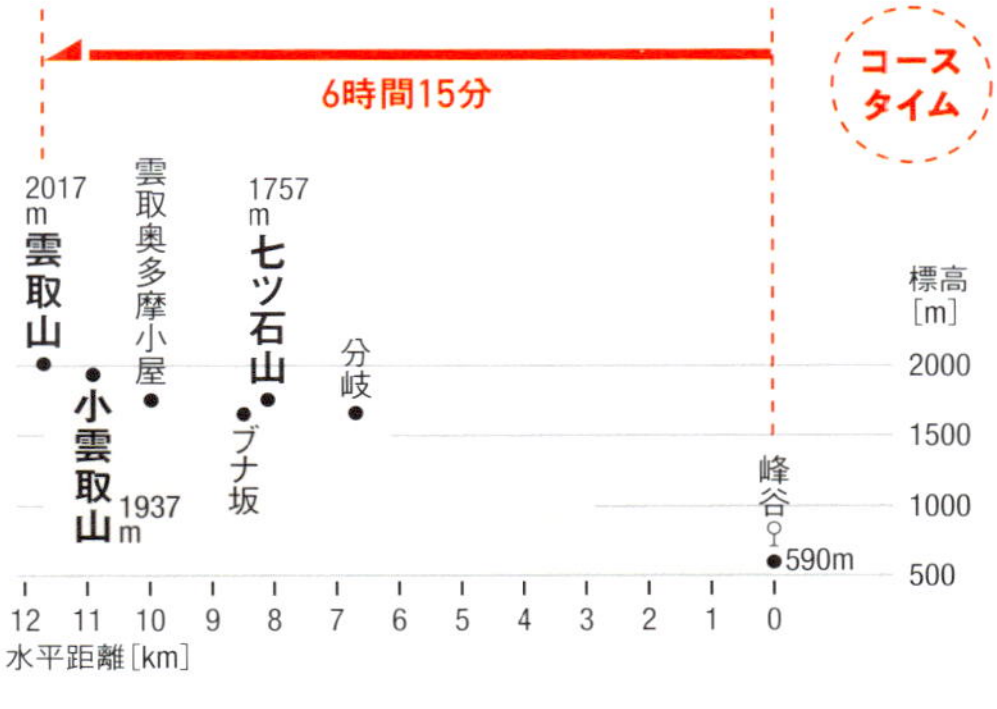

サブコース

富田新道を雲取山へ

東日原↓八丁橋↓富田新道入口↓小雲取山
雲取山↓雲取山荘　6時間55分

Map 8-3C 東日原バス停
Map 12-2D 雲取山荘

コースグレード	中級
技術度	★★★☆☆ 3
体力度	★★★☆☆ 3

JR奥多摩《おくたま》駅からバス約25分、**東日原《ひがしにっぱら》バス停**で下車する。バス停脇には公衆トイレがあり、身支度を整えスタートしよう。車道をしばらく歩き、**小川谷《おがわだに》橋**を渡って左手に進むと**八丁《はっちょう》橋**に着く。橋を渡りカーブが多い林道を小1時間ほど歩くと、道の左手に**大《おお》ダワ林道分岐**の小さな道標があるが、注意しないと見落としてしまいそうだ。

そこから山道に入り樹林帯をゆっくり下ると、唐松《からまつ》橋にいたる。橋を渡ってしばらく進むと**富田《とみた》新道の入口**があり、いよいよ富田新道（野陣《のじん》尾根）の登りがはじまる。「鎌《かま》仙人」と親しまれた雲取《くもとり》山荘の初代管理人、富田治三郎氏がひらいた道だ。小雲取山《こくもとりやま》までひたすら登るルートであるが、急峻な場所はない。登山道はしっかりしており、ブナやミズナラをはじめとした落葉広葉樹に恵まれ、春は新緑、秋はみごとな紅葉が登山に彩りを添えてくれる。

野陣ノ頭《あたま》の稜線に出ると、台風でなぎ倒された倒木が散見されるが、その合間を縫って小雲取山へと向かう。**小雲取山**からは清々しいカラマツ林の尾根道で、30分ほど登ると見晴しがいい雲取山避難小屋に着く。避難小屋からすぐ上のピークが**雲取山《くもとりやま》**の頂上だ。富士山《ふじさん》や丹沢《たんざわ》、南アルプスなど360度の視界を楽しもう。

頂上から北へ20分ほど下れば今日の宿となる**雲取山荘**が建っている。鎌仙人のレリーフに立ち寄り、今日の疲れを癒して明日に備えよう。

日原川に架かる吊橋の唐松橋。これを渡って登山口をめざす

小雲取山へと続くカラマツ林の道

写真・文／藤島 浩

サブコース

天祖山、長沢山を経て雲取山へ

東日原→天祖山→長沢山→雲取山　9時間45分

Map 8-3C 東日原バス停
Map 12-3D 雲取山

コースグレード	中級
技術度	★★★☆☆ 3
体力度	★★★★★ 5

昔、天祖山《てんそざん》は白石山《はくせきざん》とよばれていたが、明治時代に天学教の霊山となり、天祖山とよばれるようになった。頂上には天祖神社が建ち、現在も登拝が行われている。ここでは天祖神社の表参道だった日原《にっぱら》からの道を紹介するが、ロングコースなので、早立ちを心がけたい。

東日原バス停から車道を進み、**八丁**《はっちょう》**橋**の先、ゲートのすぐ手前に天祖山登山口がある。狭い道を登りはじめると、早くも急登となる。自動雨量計を過ぎ、急登が終わると**大日**《だいにち》**天神**に着く。昔は多くの信者が往来したのだろうが、現在その面影はない。

大日天神の先も登りは続く。緩急のある登りを繰り返すと、やがて広場のある社務所跡に出る。ここまで来れば頂上はもうすぐだ。天祖神社の結界を現わす縄を通過すると、天祖神社のある**天祖山**の頂上である。眺望はないが広い頂なので、休憩するにはちょうどよいだろう。

道はいったん下りとなり、梯子坂《はしござか》のクビレをめざす。落ち葉で道がわかりにくいところもあるが、登山道の印のテープを頼りに進む。花の季節ならアズマシャクナゲを見ることができるだろう。

梯子坂のクビレを過ぎ、長沢背稜《ながさわはいりょう》に合流すると、長沢山《ながさわやま》・雲取山と西谷山《とりだにやま》・一杯《いっぱい》水へ向かう道の**分岐**に出る。長沢山へはこの分岐を左に進む。なお、**長沢山**から**雲取山**へは、P34を参照のこと。

登山道のアズマシャクナゲ（後方は石尾根）

静寂な雰囲気に包まれた天祖神社

写真・文／長谷川治宏

黄葉が広がる西谷山避難小屋からの眺め。高丸山越しに富士山を望む

1泊2日

西谷山 ヨコスズ尾根 天祖山

静寂とたたずむ避難小屋から富士の遠望を楽しむ

コースグレード	上級
技術度	★★★☆☆ 3
体力度	★★★★☆ 4

1日目	東日原→ ヨコスズ尾根→ 天目山→ 西谷山→ 西谷山避難小屋	計5時間40分
2日目	西谷山避難小屋→ 水松山→ 天祖山→ 八丁橋→ 東日原	計5時間50分

写真／上田恭裕、小倉謙治　文／上田恭裕

東京と埼玉の境をなす長沢背稜《ながさわはいりょう》は山深く、アプローチが限られるためか、登山者が少ない。この長沢背稜の主峰が酉《とり》谷山《だにやま》である。酉谷山は1700mを超える高度を誇り、関東百山にも選ばれている。山名は、日原《にっぱら》側から山頂に突き上げる酉谷から名づけられたといわれ、秩父《ちちぶ》側からは「黒ドッケ」「大黒」ともよばれている。

ここでは、東《ひがし》日原からヨコスズ尾根を登り、天目山《てんもくざん》（三《み》ツドッケ）、七跳山《ななはねやま》を経て、酉谷山避難小屋に1泊、翌朝は長沢背稜を水松山《あららぎやま》に向かい、天祖山《てんそざん》への尾根を南下して、八丁《はっちょう》橋へ下山するコースを紹介しよう。

1日目 東日原から天目山を経て酉谷山へ

東日原バス停から少し戻った左手に天目山への案内板がある。坂道を登り、日原森林館の案内板手前を右に行くと天目山登山口だ。標識にしたがい林道左手のガードレール横に延びる道へ入るが、わかりにくく

長沢背稜の樹林帯の尾根道を進んで高度を上げていく

ゆるやかな酉谷山ピークとその南側斜面にある避難小屋

要注意。少し登ると民家があり、脇の細い道を進むと杉林に入る。ジグザグの急坂で一気に高度を上げるとやがて左に中《なか》日原からの道が合流し、ひと登りして右に折れると、いくぶんなだらかな尾根に出る。

滝入《たきいり》ノ峰《みね》の東を巻くと、右は倉沢《くらさわ》谷の急斜面となっている。その先でヨコスズ尾根の背を行くコースとなる。やがて稜線の西側を歩くようになり、左前方にめざす天目山をはじめ、長沢背稜の山々が見える。

ブナやミズナラの道を進むと、やがて前方に**一杯水《いっぱいみず》避難小屋**が見えてくる。きれいに使われている小屋で、水場は仙元《せんげん》峠方面へ5分ほど行ったところにあるが、時期により涸れることがある。

天目山へは避難小屋裏から尾根沿いに続く道もあるが、道標が少なく迷いやすいので、西谷山への道を20分ほどたどった**天目山分岐**から天目山をめざすコースがおすすめだ。分岐から約10分で**天目山**の頂上にたどり着く。狭い頂だが、南側にすばらしい展望が広がっている。

小休憩したら先へ進もう。**天目山分岐**まで戻り、西谷山方面に向かう。30分ほど進むと道標があり、左に20mほど進むとハナト岩に出て、展望が一気に開ける。

もとの道に戻り、**大栗山《おおくりやま》**を巻くアップダウンの少ない静かな山腹を進むが、途中、岩の山腹を桟道で渡る場所が数箇所ある。

カラマツの植林のなかを進むと**七跳尾根**（ゴンパ尾根）**分岐**に着き、さらに約1時間で直下に**西谷山避難小屋**が建つ西谷山東の肩に出る。登り着いた**西谷山**頂上からは、葉が生い茂る時期でなければ、樹間から雲取山《くもとりやま》、その向こう側に堂々とたたずむ富士《ふじ》の峰を望むことができる。

頂上から東の肩に戻り、分岐を**西谷山避難小屋**方面に下る。小屋前に水場があるが、水量は細く涸れるころもあるので、念のため水は持参したほうがよいだろう。

天祖山頂上の天祖神社。おごそかな雰囲気だ

西谷山頂上。南側の展望が得られる

2日目 西谷山から長沢背稜を行き天祖山を経て八丁橋に下る

避難小屋からすぐ上の分岐に戻る。水松山へは西谷山経由の道と巻き道があるが、西谷山と滝谷《たきだに》ノ峰《みね》間の鞍部（**行福《ぎょうふく》のタオ**）で合流する。ここから水松山まで、平坦なコースが稜線の南側を巻くようにつけられている。滝谷ノ峰を巻くとヘリポートがある平坦地に出る。さらに進み、北面の秩父側に林道と熊倉山《くまくらやま》が見えると水松山は近い。

水松山直下の**分岐**で天祖山方面に進み、長沢背稜と別れる。分岐左のなだらかな道を**梯子坂《はしござか》のクビレ**まで下る。クビレからナギ谷ノ頭へは急な登りなので、ゆっくり足場を確かめながら進もう。ナギ谷ノ頭からひと登りすると倒木が多い**天祖山**の頂上だ。江戸時代までは白石山《はくせきざん》とよばれていたが、明治になって天祖神社がまつられるようになり、天祖山に山名が変わったとのこと。信者による登拝が今も行われている。

天祖山から少し下ると富士山《ふじさん》の展望のきく社務所跡に出る。この先はゆるやかなブナやカエデの自然林のなかを下るが、晩秋には落ち葉で道がおおわれるので、コースをはずさないようにしてほしい。

急な下りに変わると**大日《だいにち》天神**の社に着く。その先の自動雨量計を左に折れて、ジグザグの狭い急坂を下る。疲労も溜まっているので、スリップや落石に注意し、慎重に下っていこう。下りきると**八丁橋**近くの天祖山登山口に出てほっとする。あとは日原林道を**東日原バス停**までのんびり歩こう。

プランニング&アドバイス

西谷山からの下山ルートとしては西谷を三又に下るのが一般的だが、このルートは東日本大震災による崩壊のため小川谷林道の歩行が禁止され利用できない。西谷山の手前にある七跳尾根の下山ルートも同じ理由で通行不可（2019年8月現在）。最新情報は奥多摩ビジターセンターで確認する。日程と体力に余裕があるなら、ロングルートとなるが、長沢背稜を雲取山まで進みもう1泊する計画もよい（P34参照）。奥多摩駅行きバスは平日は鍾乳洞から、土曜・休日は東日原からなので、帰りの便はあらかじめ確かめてから利用したい。

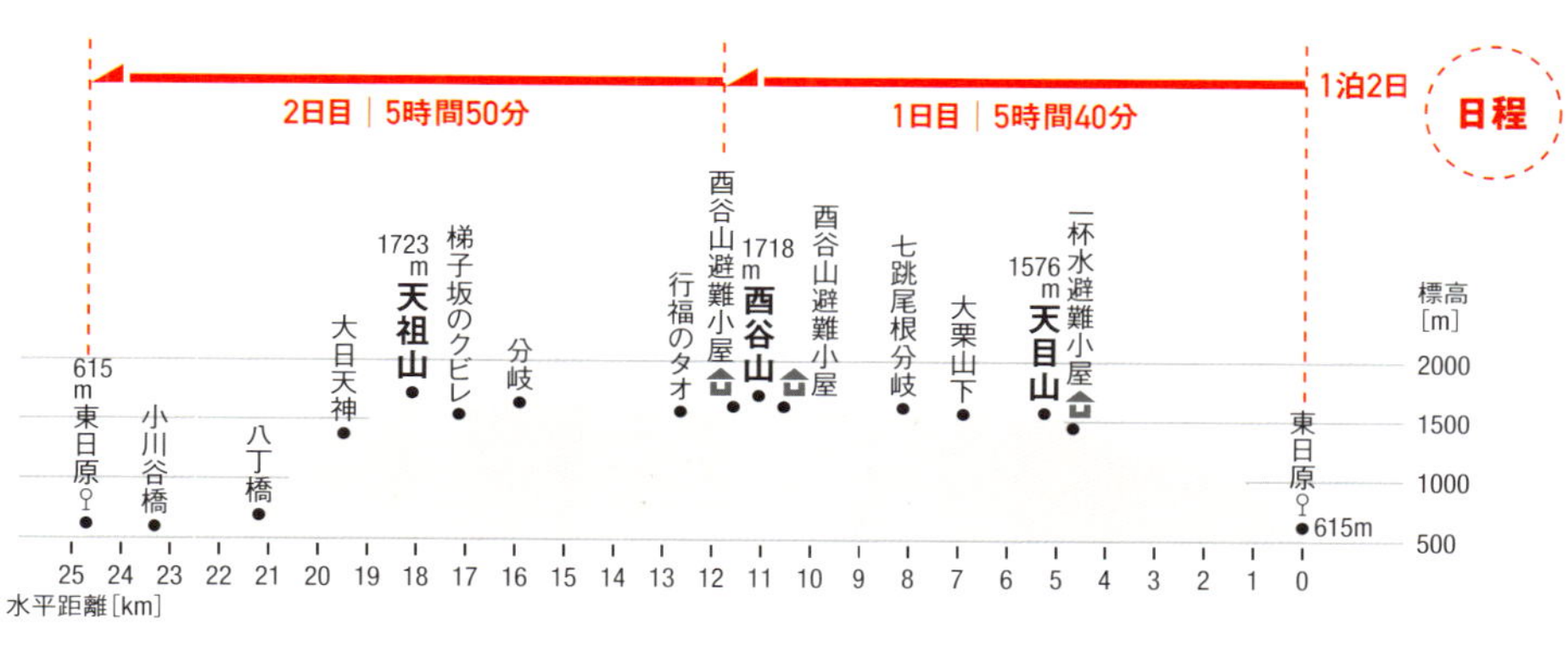

サブコース

西谷山から長沢背稜を雲取山へ

東日原↓西谷山↓長沢山↓雲取山荘

11時間10分

Map 8-1B 西谷山

Map 12-2D 雲取山荘

コースグレード	上級
技術度	★★★★☆ 4
体力度	★★★★★ 5

西谷山《とりだにやま》から長沢背稜《ながさわはいりょう》を経て雲取山《くもとりやま》まで歩く縦走は、東京・埼玉の都県境に位置し、奥多摩《おくたま》最深部を行く上級者向きのコースだ。登山客が少なく静かな山歩きとなるだけに、奥多摩の自然を存分に満喫できるだろう。

ただしロングコースゆえ、登山計画を立てる際は日の長い時期を選び、早朝出発を心がける。ツェルトなどの非常用装備も必ず携行し、入念な準備をしてほしい。西谷山を通るコースのバリエーションとして、水《あら》松山《らぎやま》の南側から天祖山《てんそざん》を経て日原《にっぱら》に下山するコース（P30コース3参照）や、芋《いも》ノ木《き》ドッケから白岩山《しらいわやま》を経て三峯《みつみね》神社に下山するコース（P22コース2参照）もある。

東日原バス停から**西谷山**へは、P30コース3を参照。西谷山頂上から西の斜面を少し下り、西谷山避難小屋へと続く道との分岐（**行福のタオ**《ぎょうふく》）まで出れば、その先は起伏の少ない比較的平坦な道が続く。展望はないので、草木の香りを感じながら、時おり現われるユニークな形の木々を探しながら歩いてみたい。

滝谷《たきだに》ノ峰《みね》南側の巻き道を少し過ぎた地点にあるヘリポートまでたどり着けば、そこは視界が開けた好展望地だ。周囲は木々が伐採され、秩父《ちちぶ》方面を見れば両神山《りょうかみさん》が目の前に見える。天気がよければ、その奥に浅《あさ》間山《まやま》を遠望することもできるだろう。

なだらかな道をさらに進み、水松山の南側にある天祖山に続く道との**分岐**が近づい

木々が伐採されているヘリポートは見晴らしがよい

長沢山の頂上は木々に囲まれている

写真／柳澤達彦、大倉洋右、庄内春滋　文／柳澤達彦

岩に腰かけているように見える、独特な形をした巨木

てくるとノリウツギの群生地があり、夏には白い花が美しい。また、行福のタオ〜水松山間の道は、奥多摩では数少ない「チャート」とよばれる岩石が露出している場所だ。チャートとは、放散虫というプランクトンが深海底で堆積したことによってできる岩石だが、奥多摩のチャートは白亜紀に堆積したあとに地殻変動によって隆起し、現在の地表に露出した。地球の力強さや奥多摩の山の成り立ちに思いを馳せてみれば、山歩きもより一層楽しくなるだろう。

分岐を過ぎれば、なだらかな登りが**長沢**《ながさわ》**山**《やま》まで続く。頂上は登山道が少し広くなった程度で展望はないが、登りの途中では南西に富士山《ふじさん》の一部を望むことができる。

長沢山から少し下って登り返すと**桂谷**《かつらだに》**ノ頭**《かしら》に出る。この付近はシャクナゲの群生地で、初夏にはピンクの花で彩られる。ただしこの付近は道が狭く、木の根も多数露出しているので、足もとに充分注意したい。

桂谷ノ頭を過ぎると尾根は広くなり、立ち枯れの木や倒木が多い場所に出るので、空が広くなったと感じるだろう。さらに進むと再び樹林帯に入り、東京都で2番目に高い**芋ノ木ドッケ**に到着する。東京都最高点の雲取山とは対照的に、周囲が樹木で囲まれたひじょうに地味な空間だ。

芋ノ木ドッケの先は長い下りとなる。途中で三峯神社からのルート（P22コース2参照）と合流し、**大**《おお》**ダワ**へと続く。大ダワの先にある男坂《おとこざか》は急な登りとなるので、ここでひと休みしていこう。坂を登りきれば、ついに**雲取山荘**に到着する。

プランニング&アドバイス

1日目に雲取山荘に到着するには、東日原から日の出とともに登りはじめることが望ましい。そうすればタ日や日の出を雲取山頂上で楽しむことができる。早朝発が厳しい場合でも、1日目に西谷山避難小屋に泊まれば1泊2日で歩くことは可能だ。ただしこの場合2日目の歩行時間が長いので、体力に自信がない人は西谷山避難小屋と雲取山荘泊の2泊3日としたい。

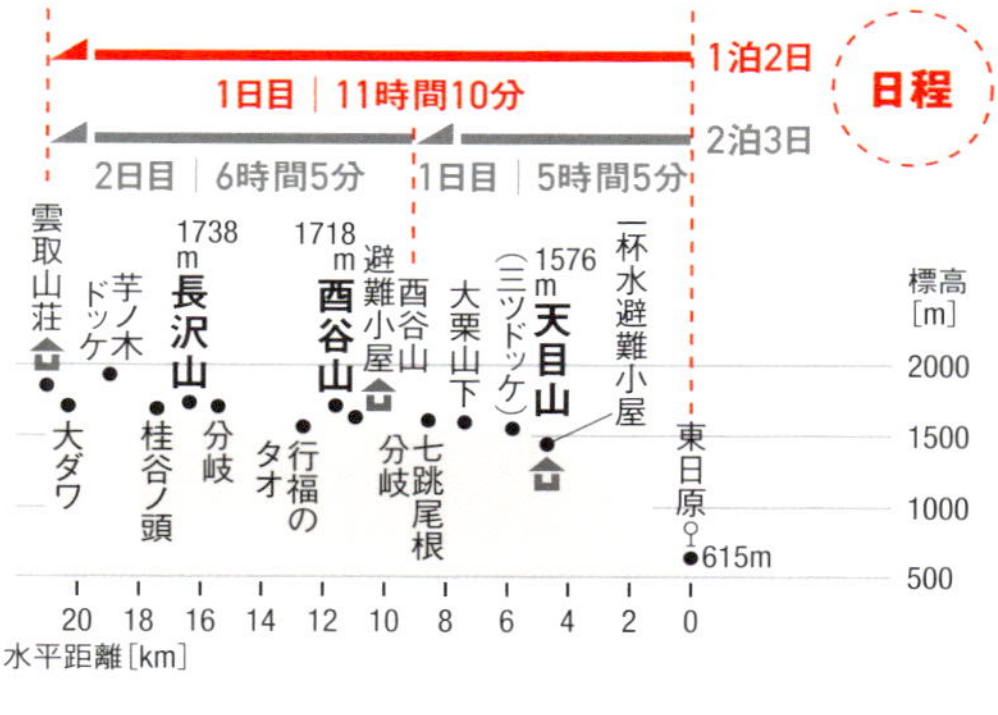

日帰り

鷹ノ巣山 稲村岩尾根 石尾根

新緑が輝く鷹ノ巣山～六ツ石山間の稜線を行く

奥多摩でも屈指の急登をこなして大展望が広がる頂へ

日帰り 東日原→稲村岩のコル→鷹ノ巣山→六ツ石山→奥多摩駅 計8時間5分

コースグレード｜中級

技術度｜★★★☆☆ 3

体力度｜★★★★☆ 4

写真／小倉謙治　文／秋山久江

東京都の最高峰・雲取山《くもとりやま》から東に向かって延びる稜線は「石《いし》尾根」とよばれ、いくつものピークを連ねている。秀麗な山容の鷹《たか》ノ巣山《すやま》もその一峰だ。南面に斜面が広がる頂上からは、奥多摩《おくたま》主脈方面の大パノラマや富士山《ふじさん》などのみごとな眺望が得られることもあり、四季を問わず登山者が訪れる人気の山だ。登路はいくつかあるが、ここでは急登の稲村岩《いなむらいわ》尾根から鷹ノ巣山頂上へ登り、石尾根を六《む》ツ石山《いしやま》経由でJR奥多摩駅へ下山するコースを紹介する。

日帰り　稲村岩尾根を登り、石尾根を下る

奥多摩駅から日原《にっぱら》鍾乳洞行のバスに乗り登山口のある中日原バス停で下車。平日は鍾乳洞バス停まで入るが、土曜・休日の場合は**東日原バス停**止まりとなり、中日原バス停まで5分ほど歩く。

バス停をあとに民家のあいだを進む。左前方に、稲村岩の奇岩がそびえ立つのが見える。「鷹ノ巣山方面登山口」の道標にし

巳ノ戸沢沿いでは小さな滝と出会える

美しい紅葉に映える鐘楼形の稲村岩

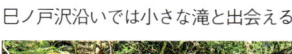

たがい、階段を下り登山をスタートする。
日原川左岸の中腹を歩き、巳《み》ノ戸《と》橋を渡る。岩が点在する巳ノ戸沢沿いに登り、左手の稲村岩を回りこんでいく。やがて巳ノ戸林道（2019年現在通行不可）を分けた先で左に折れ、巳ノ戸沢を横切って対岸へ進み、沢から離れる。ここからジグザグに急斜面を登っていく。登りきると**稲村岩のコル**に着く。展望のよい稲村岩へは15分ほどで登れるが、岩場のやせ尾根で足もとが悪く、充分注意が必要だ。

ひと休みしたら、いよいよ稲村岩尾根の本格的な急登がはじまる。最初のうちは傾斜がゆるやかだが、徐々に「奥多摩三大急登」の名にふさわしい、きつい登りとなる。樹林内につけられたジグザグの急斜面を登っていくが、急登だけに高度はかせげる。展望のあまりないコースだが、木々のあいだから北側に天目山《てんもくざん》（三《み》ツドッケ）方面が見える。この一帯はブナやミズナラの巨木が多く、新緑や紅葉の時期の美しさは急登の疲れを忘れさせてくれる。

やがて自然林のなかの小さな平坦地・ヒルメシ食《く》いのタワとよばれる地点に出ると、前方の樹間越しに石尾根が見える。頂上までもうひと頑張りだ。この先はやや急な道を登り、尾根を乗り越すように西側に移る。いったん斜面はゆるやかになるが、またすぐに急な登りとなり、ほどなく**鷹ノ巣山**の広い頂上に到着する。

頂上北側は原生林におおわれているが南面は開けていて、御岳山《みたけさん》や大岳山《おおだけさん》、御前山《ごぜんやま》、三頭山《みとうさん》など奥多摩中央部の山々、その奥に丹沢《たんざわ》、富士山、大菩薩《だいぼさつ》連嶺、かなたに南アルプスの山々が展望できる。また、避難小屋方面に少し下ると、雲取山が望める。さえぎるもののない絶景だけに、奥多摩屈指の人気の山であることもうなずける。

下山は石尾根縦走路を東へ下る。しばらく防火帯の広い道を、前方の御前山と大岳

鷹ノ巣山からは赤指尾根越しに絶景の富士山が見える

大岳山を望みながら落葉の絨毯を歩く

山を眺めながら爽快に下っていく。傾斜がゆるやかになったあたりが倉戸山《くらどやま》・水根《みずね》分岐で、ここからゆるやかに登ると**水根山**《みずねやま》に着く。そこから小さなアップダウンを繰り返し城山《しろやま》へ。足場の悪い急坂を下った広めの平坦地が将門馬場《まさかどばば》だ。さらに下りきった鞍部から登り返すと**六ツ石山分岐**に出る。分岐から六ツ石山へは往復10分程度だ。**六ツ石山**頂上はカラマツの疎林に囲まれていて広い。眺望はそれほどよくないが、鷹ノ巣山や奥多摩三山が望める。

頂上をあとにして**六ツ石山分岐**まで戻り、さらに石尾根縦走路の狩倉山《かりくらやま》巻き道を進んで急坂を下ると防火帯に出る。正面に御前山を見ながらさらに下り、**三《さん》ノ木《き》戸山《どやま》の分岐**では道標の「衣笠《きぬがさ》をへて」方面を選ぶ。三ノ木戸山西側は粘土質の赤土がえぐられて滑りやすく、歩きにくい。

樹林帯が自然林から植樹林に変わり、稲荷《いなり》神社を通過するといったん車道に出る。また山道に入り、少し下ると林内に羽黒三田《はぐろみた》神社がある。境内を抜けて急坂を下り、民家のあいだを抜けると青梅《おうめ》街道に出る。氷川《ひかわ》大橋を渡れば**奥多摩駅**はもうすぐだ。

紅葉に包まれて、石尾根縦走路の防火帯を歩む

プランニング&アドバイス

鷹ノ巣山からのその他の主な下山コースは次の3つ。①鷹ノ巣山避難小屋から浅間尾根を下り峰谷へ下山（P40）。②六ツ石山から榛ノ木尾根で奥多摩湖へ下山。③榧ノ木尾根を下り、倉戸山経由で倉戸口へ下山（P42）。各コースとも逆コースで登り稲村岩尾根へ下山するのもよい。また稲村岩尾根の急登を避けるコースとしては、峰谷から鷹ノ巣山に登り、榧ノ木山、倉戸山を経由して倉戸口バス停に下山するプランが考えられる（P40・42）。マイカー使用の場合は奥多摩湖の駐車場と水根駐車場の使用が可能だが、ピストン山行以外では往路か復路のどちらかでバスを利用することになる。

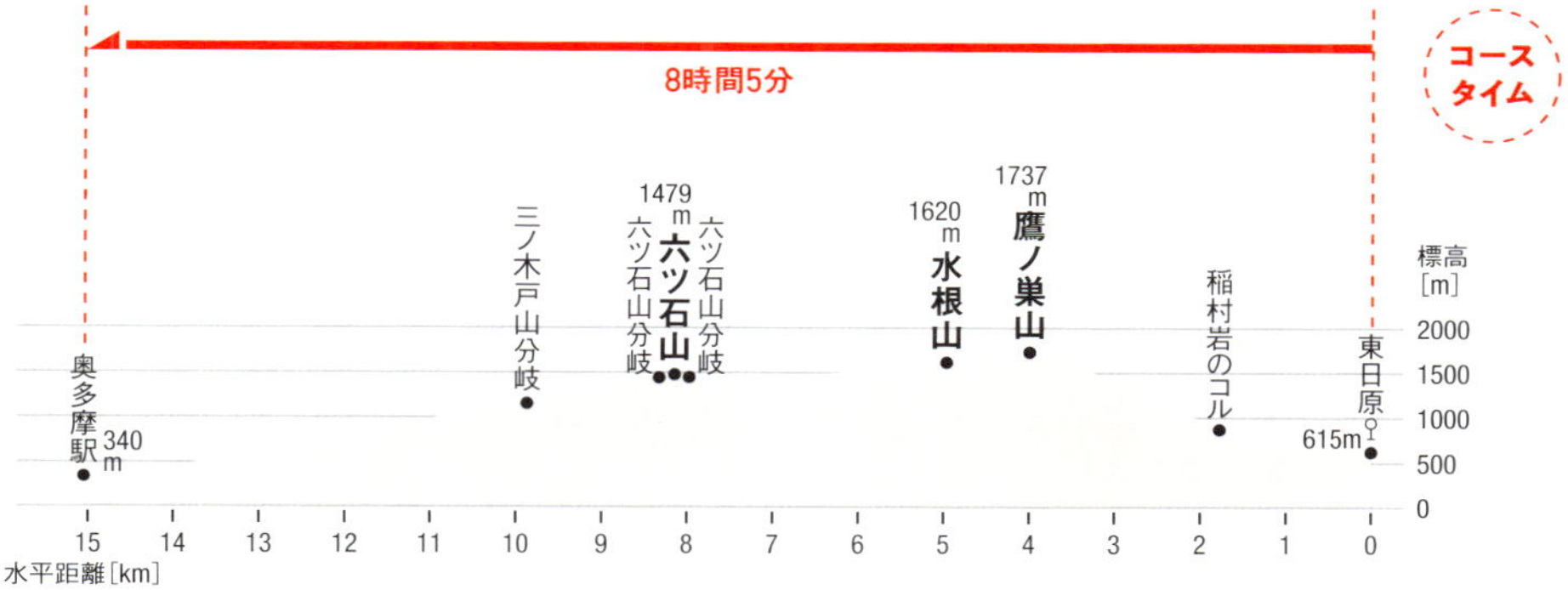

サブコース

水根から鷹ノ巣山に登り峰谷へ

水根→水根沢→鷹ノ巣山→峰谷

7時間20分

石《いし》尾根と榧《かや》ノ木《き》尾根に挟まれた谷に、水《みず》根《ね》沢が流れる。この水根沢沿いにつけられた林道を歩き、水音を楽しみながら鷹《たか》ノ巣《す》山《やま》にいたるコースを紹介する。帰りは、浅《せん》間《げん》尾根を下り、浅間神社を抜けて奥《おく》集落に下山するコースだ。

水根バス停を下車して、大麦代《おおむぎしろ》トンネル手前の水根沢沿いの林道に入る。「むかし道入り口」の看板が目印だ。林道を進むと、「六《む》ツ石山《いしやま》・むかし道」との分岐に差しかかる。ここは鷹ノ巣山方面へ直進する。

水根沢キャンプ場横の分岐で右に進み、畑のなかの急登を進む。集落内の分岐が立てこんでいるので少し面食らうが、道標を見過ごさなければ迷うことはないだろう。集落の道を登りきれば、水根沢林道に合流する。

この林道は、部分的に斜面に強引につけられたような狭く左側が切れ落ちている箇所がある。注意して進もう。また植林帯では、日差しがさえぎられて昼なお暗い。スリリングな箇所のあるコースだが、沢を離れるまではつねに水音が響き、気持ちがなごむ道でもある。

本流に流れこむ小さな沢をふたつ渡ったあと、水根沢の本流の**木橋**を渡る。この木橋の周辺は新緑時と紅葉時が特に美しい。

木橋の通過後は沢の左岸を登る。しばらくは沢の景観を右下に楽しむことができる。やがて沢を背にして、針葉樹林の単調な

Map 6-2C 水根バス停

Map 6-2B 峰谷バス停

コースグレード	中級
技術度	★★★☆☆ 3
体力度	★★★★☆ 4

鷹ノ巣山から見た水根山方面の石尾根

頂上直下の登山道より鷹ノ巣山を見上げる

写真・文／山下 仁

急登となる。トタン屋根と柱を残すだけの休憩所に着いたら左に進み、急登をもうひと頑張りしよう。

六ツ石山の分岐（**水根沢林道分岐**）で左折、10分弱で**榧ノ木尾根**の合流点に着く。「倉戸山《くらどやま》・熱海《あたみ》・石尾根縦走路」の標識があるので右に折れ、尾根道を詰めると石尾根縦走路に突き当たる。石尾根縦走路といっても、ここはまだ縦走路と平行に走る巻き道のため、分岐から5分ほど西側にある連絡道で稜線上の石尾根に移る（倉戸山・水根分岐）。石尾根は防火帯になっており、道が広く青空が間近に迫ってくる。頂上まで気持ちよく登れるだろう。

鷹ノ巣山の頂上は南と西側の展望が開けた絶景ポイントだ。すぐ下に榧ノ木尾根や浅間尾根、奥多摩《おくたま》の山並み、かなたに南アルプスの絶景が見渡せる。

下山は日蔭名栗峰《ひかげなぐりみね》を楽しみながら急斜面を下る。勾配がゆるみ巻き道と合流したら南側に**鷹ノ巣山避難小屋**がある。

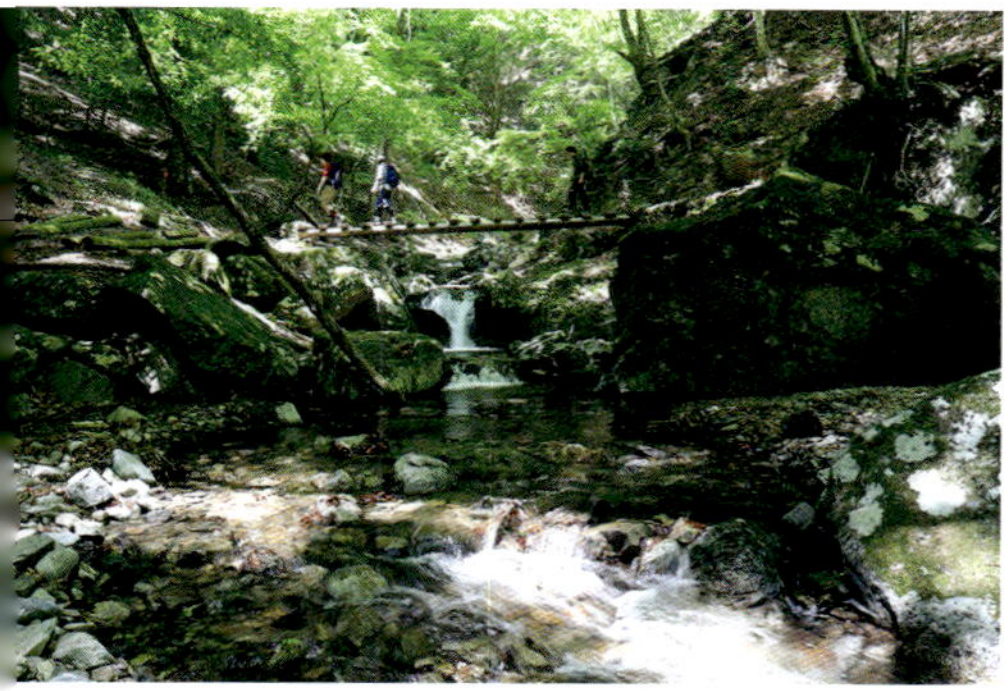

水根沢の本流に架かる木橋を渡る

小屋前を左に下り、水場を過ぎてゆるやかな道を下る。広葉樹林のなか、木漏れ日を浴びる快適な尾根歩きが楽しめるだろう。

カラマツ林の急坂を下って浅間神社の社の横を通り、大鳥居をくぐったら林道を左に進むと車道に突き当たる。**奥集落**の最上部に着いたのだ。

峰谷《みねだに》バス停までは1時間以上残っている。長い車道歩きを避けるため、奥集落の細い路地を抜けて近道を行く。車道の脇に立つ道標を見落とさないようにして進もう。

プランニング&アドバイス

峰谷へのバスは本数が少なく、時刻確認は必須。水根沢林道は注意を要する箇所があるため、登りでの利用、または午前中に通過することをおすすめする。沢は天候で水量が増すため、大雨のあとは奥多摩ビジターセンターで道路状況を確認すること。水根バス停横の無料駐車場内と峰谷のバス停横にトイレがある。

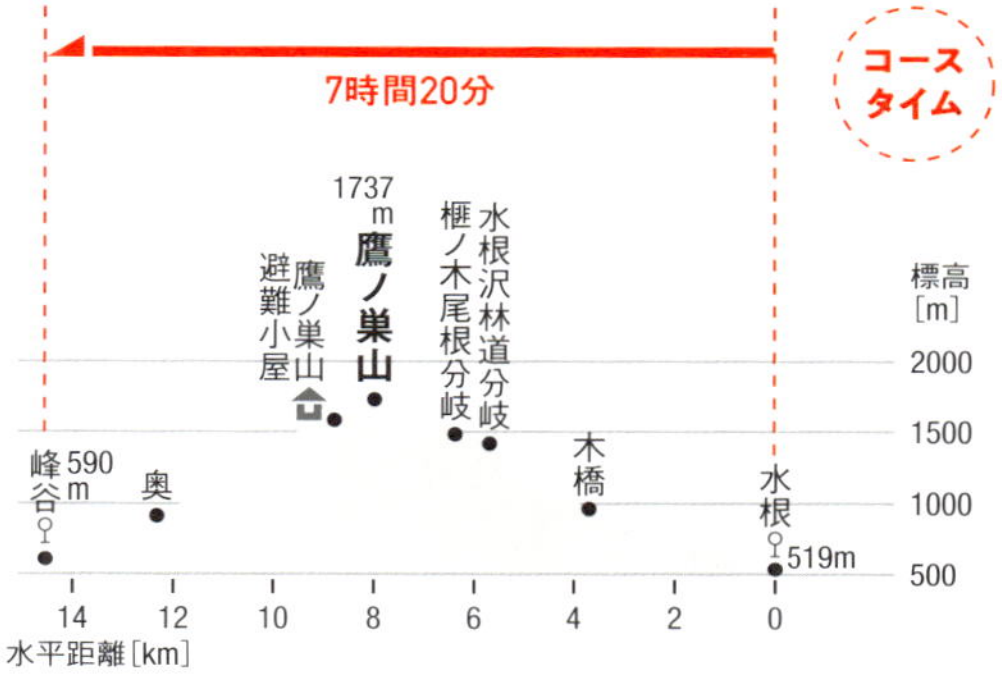

サブコース

倉戸山、榧ノ木山を経て鷹ノ巣山へ

倉戸口↓榧ノ木山↓鷹ノ巣山↓峰谷

8時間50分

Map 6-2C 倉戸口バス停

Map 6-2B 峰谷バス停

コースグレード	中級
技術度	★★★☆☆ 3
体力度	★★★★☆ 4

倉戸山《くらどやま》と榧《かや》ノ木山《きやま》は、鷹《たか》ノ巣山《すやま》から南に派生する尾根上にある。この2山を経て鷹ノ巣山に立ち、赤指《あかざす》尾根を峰谷《みねだに》に下るコースを行く。木の葉の息吹が感じられる、新緑の時期がベストシーズン。歩行時間が9時間近いロングコースだけに、日が短い紅葉の時期は日没の時間に注意してほしい。

JR奥多摩《おくたま》駅から鴨沢西《かもさわにし》または丹波《たば》行きなどのバスに乗り、**倉戸口《くらどぐち》バス停**で下車する。左手に進むと登山口の道標がある。道標にしたがってしばらく登っていくと神社があり、その右手を進んで登山道に入る。最初はやや急な針葉樹林のなかを進むが、ほどなくなだらかな広葉樹林帯となる。登山口から1時間半ほどで**倉戸山**頂上に着くが、展望はない。

倉戸山から榧ノ木山へは、はじめは広葉樹林のなかのなだらかな登りで、頂上手前から急登になる。**榧ノ木山**の頂からの展望は、木々のあいだから西方に富士山《ふじさん》、北方に鷹ノ巣山がちらりとうかがえる程度だ。

榧ノ木山からはいったんなだらかに下る。西側が谷で、道が細い箇所もあるので注意して進む。水根《みずね》方面への分岐（**榧ノ木尾根分岐**）を過ぎると、やや急な登りとなる。少し進んで道標を右に折れると石尾根に出る。

鷹ノ巣山への石《いし》尾根縦走路の巻き道と合流し、少し進んで道標を右に折れると石尾根に出る。

榧ノ木山を過ぎ、樹間から鷹ノ巣山を望む

日蔭名栗峰や高丸山、南アの山々（鷹ノ巣山付近）

写真・文／鈴木弘之

が開け、富士山をはっきり望むことができる。急登の先が**鷹ノ巣山**の頂上で、雲取山《くもとりやま》や奥多摩南東部の山々をはじめ、富士山や南アルプスの峰々が一望できる。

鷹ノ巣山から**鷹ノ巣山避難小屋**までは、これから向かう日蔭名栗峰《ひかげなぐりみね》や高丸山《たかまるやま》、七《なな》ツ石山《いしやま》、雲取山を眺めながら急坂を下る。

倉戸口バス停から見る小河内ダムと六ツ石山

避難小屋を過ぎると、巳《み》ノ戸《と》の大《おお》クビレといわれる場所に出る。ここは尾根道と巻き道の分岐だが、多少わかりづらい。注意して右手の尾根道を進もう。

登山道は徐々に急な登りになり、平らで開けたところに出ると、まもなく日蔭名栗峰に着く。雲取山を望みながらいったん下って平坦な道を少し行くと、階段状の急登となる。登りきると高丸山の頂上だ。

高丸山から再び下り、小さなコブを経て、ゆるやかに登っていく。小高い平らな場所に行き着くと、七ツ石山方面と峰谷方面への分岐となる**千本《せんぼん》ツツジ**に出る。

分岐を左手に下ると道標のある**分岐**に出て、ここからひたすら赤指尾根の針葉樹林の道を下る。途中、赤指山《あかざすやま》の頂上を経由するコースとの分岐があり、左手に進む。いったん林道に出るがこれを横切って登山道を下る。再び林道に出て、しばらくするとゲートが現われる。ここから**峰谷バス停**までは、舗装路を約1時間下る。

プランニング&アドバイス

9時間近いロングコースだけに、天候の急変や体調不良に備え、エスケープルートを考えておこう。鷹ノ巣山避難小屋から浅間尾根を峰谷バス停に下れば、1時間以上短縮できる（P40参照）。また、晩秋は紅葉が美しいコースだが、この時期は日が短いので、無理せず鷹ノ巣山避難小屋に宿泊し、日の出の光に輝く富士山や奥多摩の山々を堪能するのもよい。

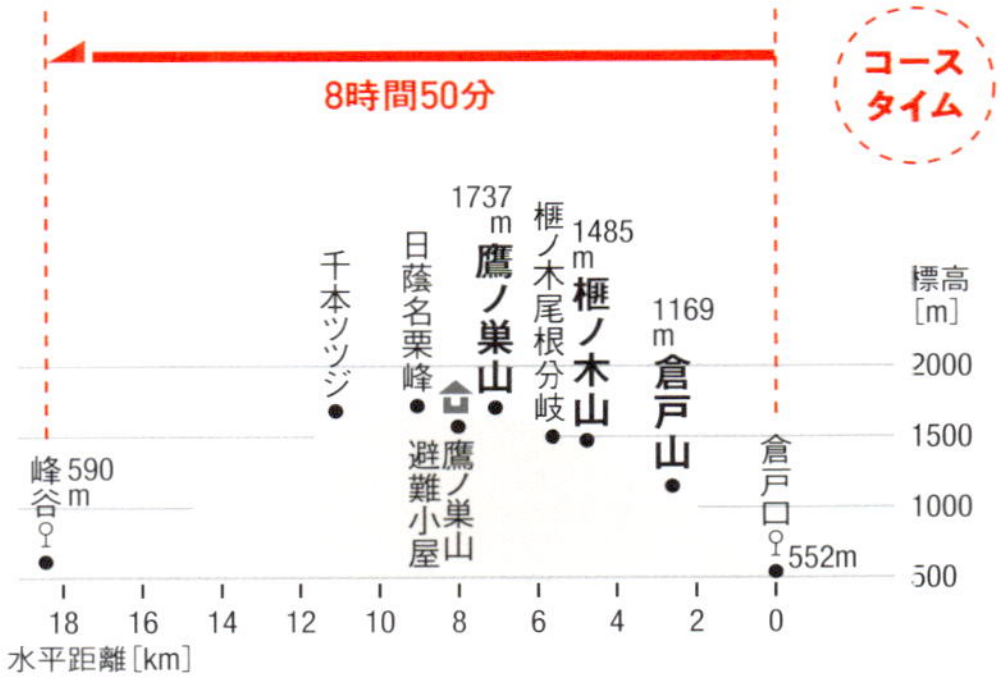

日帰り

三頭山

都民の森周回

鞘口峠からの道はたくさんのブナの大木が迎えてくれる

コースグレード｜初級

技術度｜★★☆☆☆｜2

体力度｜★★☆☆☆｜2

日帰り　都民の森→鞘口峠→三頭山→ハチザス沢の頭→滝見橋→都民の森　計3時間40分

写真／渡邉明博　文／秋山久江

豊富なブナ林と頂上の眺望を堪能し三頭大滝へ

三《み》頭山《とうさん》は、東京都奥多摩《おくたま》町と檜原《ひのはら》村、山梨県上野原《うえのはら》市と小菅《こすげ》村にまたがる標高1531mの山。日本三百名山、山梨百名山に数えられ、奥多摩三山（三頭山、大岳山《おおだけさん》、御前山《ごぜんやま》）の最高峰でもある。東峰《とうほう》、中央《ちゅうおう》峰、西《せい》峰の3つのピークからなることが山名の由来だが、中央峰と西峰の鞍部にある御堂《みどう》峠がなまったという説もある。

ここでは、檜原都民の森を起点に鞘口《さいぐち》峠を経て頂上に立ち、山中にかかる南秋《みなみあき》川最大の滝・三頭大《おお》滝を眺めて都民の森に戻る周回コースを紹介する。下山路の「大滝の路《みち》」は都内ではじめて森林セラピーロードに認定され、清々しさも味わえる。

日帰り

鞘口峠を経て三頭山頂上へ三頭大滝を見て下山する

JR五日市《いつかいち》線武蔵《むさし》五日市駅から西東京バス約1時間で、**都民の森バス停**に到着する（バスの運行日などはP51「プランニング&アドバイス」参照）。

登山準備を整えたら、まずはここから30分ほどの鞘口峠をめざす。整備された散策路に入り、森林館前で三頭大滝への道（この道は下山の際に通る）と分かれる。その先、木材工芸センターの先で左に曲がり、「ブナの路」と名づけられた道を登る。杉林のなかを進み、階段状の山道を登ると稜線上の**鞘口峠**に着く。

ここからは尾根の急な登りになり、その先で道が2つに分かれるところがある。どちらも三頭山に続くが、「ブナの路」をとりジグザグに登っていく。ブナやミズナラなどの広葉樹が美しい道だ。しばらくして**見晴《みはら》し小屋**に着く。名前の通り東側の展望

バス停先の大看板を目印に歩きはじめる

三頭山西峰。3つのピークでもっとも低い

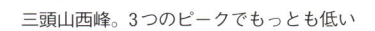

三頭山西峰からは迫力ある勇壮な富士山が望める

が開け、大岳山などが望める。小屋からいったん下って登山道へ合流し、尾根を登っていく。三頭山の東面には都民の森の約半分を占めるブナやスギなどの森林が広がっているが、これは江戸時代から森林伐採が禁じられていたため、広大なブナ林が残ったものといわれる。

　しばらく登ったところで、三頭山西峰への巻き道を分ける。ここは尾根の急坂をひと登りして展望台へ進もう。展望台からは御前山や大岳山、さらに丹沢《たんざわ》方面の眺めがすばらしく、空気が澄んでいれば都心まで見渡せる。展望台からほどなく**三頭山東峰**に到着する。すぐ先がベンチとテーブルがある三頭山最高点の中央峰だが、展望はない。

　いったんゆるやかに御堂峠へ下り、登り返すと広い頂を持つ**三頭山西峰**だ。展望はすばらしく、南側に富士山《ふじさん》、北側には雲取山《くもとりやま》や鷹《たか》ノ巣山《すやま》など石《いし》尾根の山々を望むことができる。ベンチもあり、眺めを楽しみながら昼食をとる登山者が多い。

　ひと休みしたら西峰をあとに、南側の整備された階段のある道を下ると**ムシカリ峠**に着く。左の道は三頭大滝へのショートコースで（P48参照）、ここではそのまま尾根道を進む。わずかに登ると三頭山避難小屋が見えてくる。ログハウス風のかわいい建物で、トイレもある。小屋からゆるやかに登って南面が開けた大沢山《おおさわやま》を越え、平坦な道を進むと三頭大滝への大きな案内板とベンチがある**ハチザス沢《ざわ》の頭《あたま》**に着く。

　ここから左に進路をとり、三頭大滝へ向

四季折々に表情を変える三頭大滝

その名の通り三頭大滝の眺めがよい滝見橋

小菅村の松姫峠付近からは三頭山がよく見える

かう。「深山《みやま》の路」とよばれる尾根道をゆるやかに下り、２つ目の道標（**深山の道・石山《いしやま》の路合流点**）を左に曲がると、「石山の路」に入る。岩まじりだが、整備された歩きやすい広葉樹の道を下っていく。沢に向かって急坂を下り、小さな沢を石づたいに渡って下ると「ブナの路」に合流する。

まっすぐ進み橋を渡れば、大滝休憩小屋に出る。その先が三頭大滝を望む**滝見《たきみ》橋**で、橋の中ほどから見る大滝が圧巻だ。正面に落差33mの大滝と眼下の流れが美しい。春は新緑、秋は紅葉と、四季折々の眺めを楽しめる。

滝のマイナスイオンを堪能したら、冒頭で紹介した森林セラピーロード「大滝の路」を進む。疲れた足にも優しいウッドチップが敷かれ、木の香りが心地いい。遠望がきく見晴し台を過ぎると、まもなく森林館に到着する。階段を下りてアスファルトの道に入ると、**都民の森バス停**に戻る。

プランニング&アドバイス

下山後には、都民の森からバスで約20分の数馬の湯で疲れを癒すことができる。三頭山の頂上へは、紹介した都民の森以外からも登ることができる。西側の鶴峠からブナ林がきれいな尾根道を登り三頭山をめざすコースを紹介しよう。JR中央本線上野原駅から富士急山梨バスで鶴峠へ（バスは曜日により便数が異なるので注意）。鶴峠からハイマゼ尾根を登って小焼山、神楽入ノ峰を経てさらに尾根道を登って三頭山西峰へ（約3時間）。新緑や紅葉の時期は森全体が美しい。登山者が少ないだけに、静かな山あるきが楽しめるだろう。

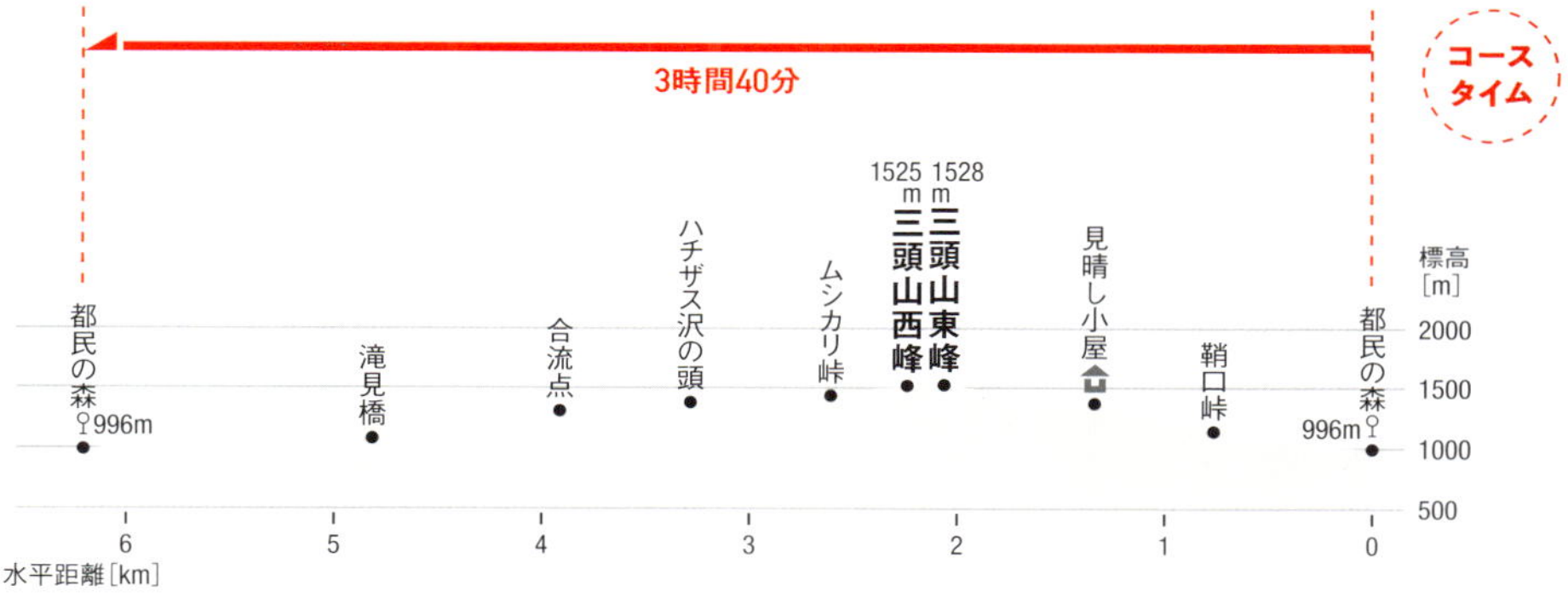

サブコース

ヌカザス尾根を登り三頭山へ

小河内神社↓イヨ山↓ヌカザス山↓三頭山↓ムシカリ峠↓ブナの路↓都民の森　5時間20分

Map 6-2B 小河内神社バス停

Map 6-4C 都民の森バス停

コースグレード	中級
技術度	★★★☆☆ 3
体力度	★★★☆☆ 3

意外に思われるかもしれないが、奥多摩《おくたま》には鷹ノ巣山の稲村岩尾根（P36コース4）をはじめ、急登がたくさんある。ここで紹介する、三頭山《みとうさん》北面のヌカザス尾根ルートもそのひとつ。浮橋で奥多摩湖の湖面を渡ったあとは、登りがいのある道のりとなる。

JR奥多摩駅から乗車したバスを、スタート地点の**小河内《おごうち》神社バス停**で下車する。奥多摩湖の対岸へ続く麦山《むぎやま》浮橋の心地よい揺れを楽しみながら渡る途中、見上げる山並みに奥多摩の山深さを感じる。橋を渡り終え、奥多摩周遊道路を右手に進むと、ほどなく**ヌカザス尾根登山口**が見えてくる。

諸説ある奥多摩三大急登のひとつに数えられることも多いこのルート。登りはじめは杉林の急勾配となるので、しっかりと準備運動をしてから歩きだしたい。

傾斜がややゆるくなってくると、広葉樹が目立ちはじめ、木々の合間から奥多摩湖を見下ろせる。光の入る明るいブナ林となり、やがて**イヨ山《やま》**に着く。この先ヌカザス山《やま》までは尾根道であり、心地よい風が吹き抜ける。登山道には岩や木の根が多くなるため、足をとられないように注意したい。

しばらく進んで、目の前に現われた急斜面を登りきると、**ヌカザス山**頂上だ。「糠《ぬか》指山《ざすやま》」と漢字で書かれた標識がある。

頂上をあとに、春には新緑、秋には紅葉

周囲の山々や湖面に映る景色を楽しめる麦山浮橋を渡ろう

小さな広場のようなヌカザス山の頂上

が美しいブナ林のなかを下る。ツネ泣《なき》峠を過ぎると滑りやすい急斜面の登りとなり、ここが「ツネ泣き坂」といわれる由縁がよくわかるだろう。要所にはロープが張られているが、雨の日や雪解けの際には滑落に注意したい。ツネ泣き坂を登りきると再び歩きやすいブナ林の道となり、木々の様子を楽しむ余裕も生まれる。

玉川《たまがわ》からの登山道、続いて**鶴《つる》峠からの登山道**をそれぞれ右側から交じえると、ゴールの三頭山はもうすぐだ。三頭山はその名の通り3つの頂があるが、御堂《みどう》峠まで来たらまずは最高峰の中央峰《ちゅうおうほう》へ。そして、大岳《おおだけ》山《さん》方面を望める**東峰《とうほう》**へ足を延ばそう。展望を楽しんだら来た道を戻り、御堂峠から**西峰《せいほう》**に登り返す。視界が開け、南側に大きく富士山《ふじさん》を望むことができる。北側には雲《くも》取山《とりやま》をはじめ、石《いし》尾根に連なる山々が見渡せる。ここでランチを楽しむ登山者も多い。

下山は整備された木の階段を下って**ムシカリ峠**にいたり、左に折れ都民の森方向へブナの路《みち》を進む。途中、沢を何度か横切るが、よく整備され危険箇所はない。沢沿いに下りきると、大滝《おおたき》休憩小屋が現われ、その先が三頭大《おお》滝を間近に見ることができる**滝見《たきみ》橋**だ。流れ落ちる大滝の景観を楽しんだら、ウッドチップの敷きつめられたセラピーロード（大滝の路）を通り、**都民の森バス停**をめざそう。

イヨ山への急登。ブナ林の個性的な幹の表情に疲れも癒やされる

プランニング&アドバイス

麦山浮橋は奥多摩湖の低水位時は外されて通れないので事前に確認する。通れない場合、小河内神社の5つ先の深山橋バス停で降りて、深山橋、三頭橋を経て奥多摩周遊道路を進む。都民の森は月曜日（祝日の場合は翌日）と年末年始が休館日。駐車場は閉められ、バスも運休となるのでホームページなどで確認してから出かけたい。なお、バスは冬期も運休となる。

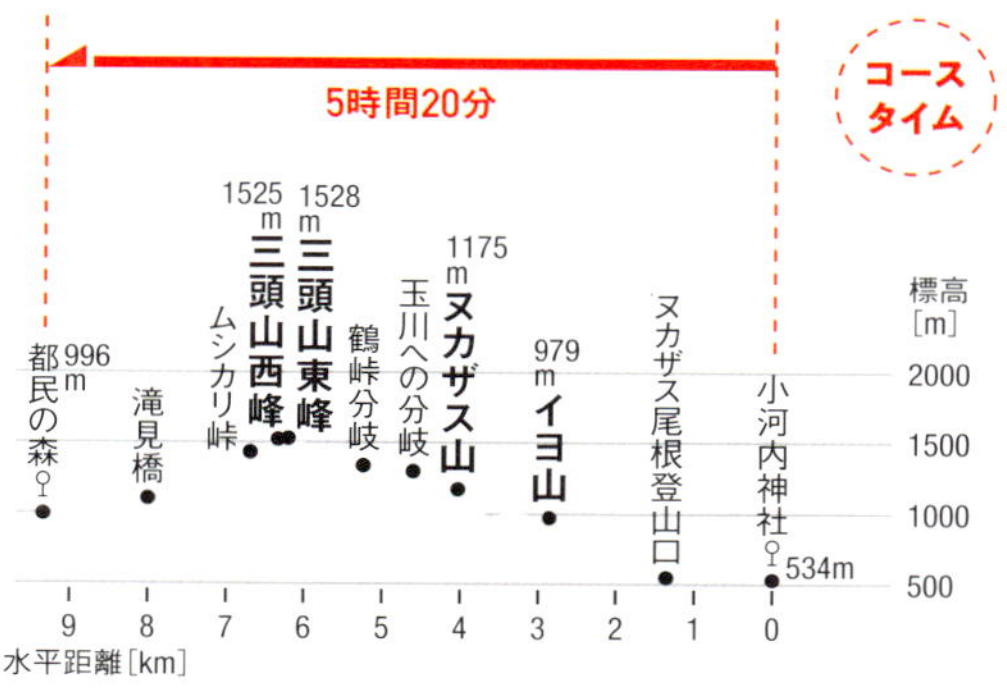

三頭山から槇寄山を経て数馬へ

三頭山↓ハチザスの頭↓槇寄山↓大平分岐↓数馬の湯　2時間45分

Map 6-4B　三頭山西峰

Map 5-1C　温泉センターバス停

コースグレード	初級
技術度	★★☆☆☆ 2
体力度	★★☆☆☆ 2

三頭山《みとうさん》からの下山ルートのひとつとして、眺望のよい槇寄山《まきよせやま》を経て数馬《かずま》に下るコースを紹介する。笹《ささ》尾根の心地よい稜線歩きと、展望のよい槇寄山からの眺めを楽しみ、最後は数馬の湯でリラックスする、贅沢な行程だ。登山適期は4月中旬～11月下旬だが、ブナの新緑（4月中旬～5月下旬）や、紅葉（10月中旬～下旬）が美しい時期がもっともおすすめだ。

三頭山西峰《せいほう》から整備された木の階段を下りていくと、**ムシカリ峠**に着く。左に折れると都民の森に行くが（P48参照）、まっすぐ進んでわずかに登り返すと丸太づくりの三頭山避難小屋が現われる。この先は下山地の数馬の湯までトイレがないので、ここを利用するとよい。

小屋からはゆるやかに登って大沢山《おおさわやま》、その先の三頭大《おお》滝への分岐（**ハチザス沢《ざわ》の頭《あたま》**）までは平坦な道が続くが、その先は一気に急な下りとなる。岩や木の根で滑りやすいところもあるので、注意して下っていこう。下りが終わると、クメタケタワという標柱のある平坦な場所に出る。

ここから槇寄山を経て西原《さいはら》峠までは、ほぼ平坦で心地よい尾根歩き。展望は期待できないが、木々の緑やさわやかな空気を満喫できる。30分ほどゆるゆると歩を進め、郷原《ごうはら》への分岐の道標を見送れば、先ほどの

尾根上の平坦地・クメタケタワ

仲の平集落にある小さな観音堂

写真／庄内春滋、渡邉明博　文／庄内春滋

槇寄山頂上からは富士山が望める

三頭山に続いて、再び富士山《ふじさん》を望む**槇寄山**に着く。テーブルのある広々とした頂上では、丹沢《たんざわ》方面も含めた眺望を満喫できる。

頂上をあとに数分下ると、昔から東京側の数馬と、山梨側の上野原《うえのはら》を結ぶ峠であった西原峠に着く。分岐を左に折れて笹尾根を離れ、ゴールとなる数馬の湯をめざす。急で危険な箇所はないが、降雨のあとなどはぬかるんで滑りやすいところもあるので、油断せずに歩を進めたい。

途中にある地域のテレビ共同アンテナを過ぎると、進行方向右側の視界が開け、大《おお》岳山《だけさん》を遠望することができる。今日最後の眺めを楽しみたい。その先、すぐに国定忠治が遠見した木という標柱が現われ、まもなく**大平《おおだいら》への分岐**に出るが、ここは直進し仲《なか》の平《たいら》バス停方向へ進む。

集落まで下りてくると小さな観音堂がある。その脇を通り、しばらく進むと数馬の湯の源泉が右手にあり、その先で三頭沢に架かる橋を渡れば**仲の平バス停**はもうすぐだ。バス停を過ぎて、車道をゆるやかに下ると数馬の湯が視界に入る。

数馬の湯の目の前が**温泉センターバス停**なので、JR武蔵五日市《むさしおっかいち》駅行きのバスの時刻を確認し、温泉でゆっくりと今日の疲れを癒して帰路につこう。

三頭山避難小屋。トイレもある

プランニング&アドバイス

JR武蔵五日市駅から都民の森への直行バスは平日8時22分、休日は8時10分が始発となる。コースタイムと帰りのバス時刻を考えると、この始発バスに乗車するようにしたい。なお、直行バスは12月から2月まで運休、3月も土曜・休日の運行のみなので確認してから出かけよう。また、月曜日の都民の森休園日も運休となる(夏休みや紅葉シーズンは運行)。

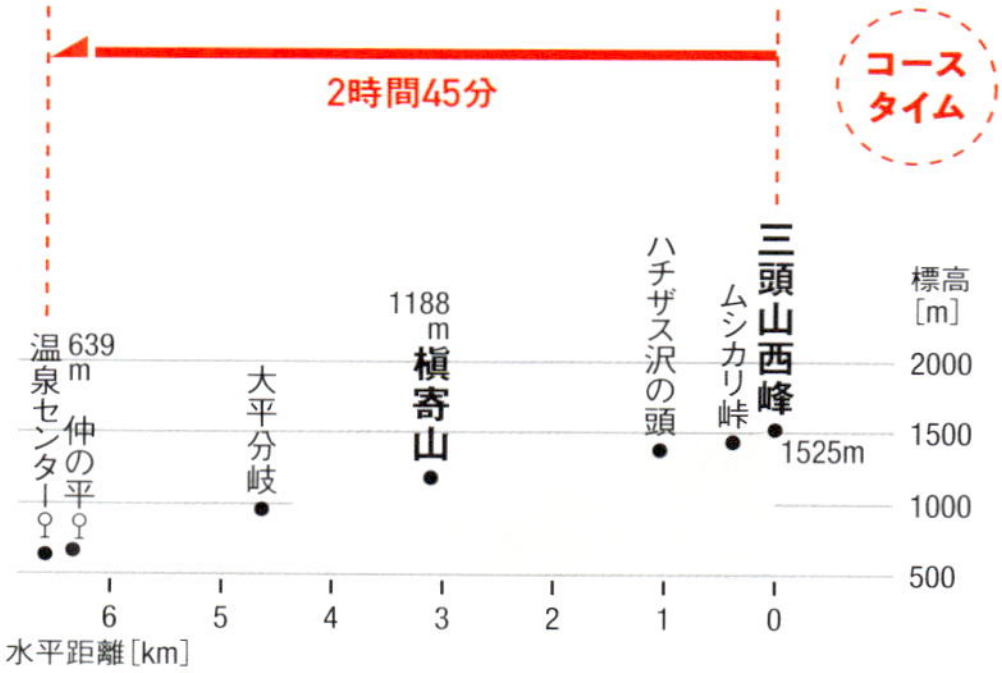

大岳山頂上から望む晩秋の御前山（11月）

日帰り

御前山
大ブナ尾根
栃寄大滝

奥多摩三山の一峰。
カタクリと広葉樹、
巨岩の渓谷を楽しむ

日帰り 奥多摩湖→大ブナ尾根→惣岳山→御前山→栃寄大滝→境橋　計5時間20分

コースグレード	中級
技術度	★★☆☆☆ 2
体力度	★★★☆☆ 3

写真／青木貴子、宮川 正、上田恭裕　文／青木貴子

御《ご》前山《ぜんやま》はピラミッドのような美しい三角形の山容を持ち、奥多摩《おくたま》山域のほぼ中央に位置するため、どの方角からでもその雄姿を特定しやすい。三頭山《みとうさん》、大岳山《おおだけさん》とともに奥多摩三山として数えられる、人気の山である。

　4月には、登山口の奥多摩湖ではサクラを、頂上一帯ではカタクリの群生を見ることができる。また、広葉樹林におおわれているため新緑や紅葉もすばらしく、晩秋ならば落ち葉を踏みしめながら静かな山歩きを楽しめる。

　コースは北側の奥多摩湖からも、南東側の檜原《ひのはら》からもよく整備されている。また、東側の大岳山や南西側の三頭山を結ぶ縦走路もあり、季節やメンバーに応じて幅広い山行計画を立てられるのも魅力のひとつである。

　今回は奥多摩湖からサス沢山《さわやま》、惣岳山《そうがくさん》を経て御前山山頂にいたり、さらに奥多摩体験の森へ。巨岩と滝がある栃寄《とちより》沢を下り、境橋《さかいばし》バス停まで歩くコースを紹介しよう。

サス沢山から奥多摩湖を見下ろす

サス沢山へは木の根が露出した急登が続く

日帰り

奥多摩湖から大ブナ尾根で頂上へ。下山は栃寄沢経由で境橋へ

JR奥多摩駅からバス約20分、**奥多摩湖バス停**で下車。バス停近くには奥多摩湖を見渡せるベンチやトイレがあるので、ここで出発前の準備を整えよう。ここから小河内《おごうち》ダム遊歩道の左側を回るが、めざす山並みが正面に見えるので気分が高まってくる。

ほどなく「奥多摩湖いこいの路」のゲートに出る。登山口はゲート手前の左側広場の奥になる。登山口から石段を上がり、尾根の分岐を左に登っていく。ここから木の根が露出した急登となり、いっきに高度をかせいでいく。足をとられないよう、ゆっくり登っていこう。斜面がゆるやかになったころ、サス沢山に着く。新設された展望テラスからは奥多摩湖や雲取山《くもとりやま》に続く石《いし》尾根が一望でき、小休止にはちょうどよい。

眺めを楽しみながらひと休みしたら、惣岳山をめざす。サス沢山からの大《おお》ブナ尾根は岩がゴロゴロと露出した急登だが、ブナの大木などがあり気持ちのよい道だ。惣岳山手前の急坂を慎重にひと登りすれば、**惣岳山**頂上である。ただし残念ながら展望はない。ここは月夜見山《つきよみやま》、三頭山へ縦走する小河内峠への分岐になっている。春にはこのあたりからカタクリの群生が見られるため、花期には多くの登山客でにぎわう。

ここから御前山までは約20分。途中2カ所に小さな見晴台があり、それぞれ北側・南側の展望を見ることができる。そこからひと登りで、**御前山**頂上に到着する。

頂上から木段を下り、湯久保《ゆくぼ》尾根分岐を左に行けば、御前山避難小屋だ。清潔な小屋でトイレもある。ここで休憩するのもよいが、水場は飲用不適のため注意したい。

小屋下部からは「体験の森」を降りていく。湧水の広場やシロヤシロの広場など体験学習の場所がいくつもあり、指導標も整備されていて安心できる道だ。「体験の森」を半分過ぎたあたりから登山道と林道・車

約10本の木橋が設置された巨岩の栃寄沢の下り

惣岳山～御前山付近のカタクリ。見頃は4月中旬ごろ

道を繰り返しながら下ると、**体験の森入口**のトチノキ広場に着く。

広場から10mほど車道を下ると、右側に階段がある。これを下って栃寄沢に入る。右にはゴハンギョウの滝が見えるが、大樹が茂る季節は目にすることは難しい。なお、この沢道は左側の車道と並行しているが、沢の終点近くまでほぼ車道と交差することはない。足に不安を感じる場合は、そのまま車道を下ることも考慮したい。

下りはじめは急下降で、沢音を聞きながら慎重に歩いていく。苔むした岩のあいだを通過する箇所もあるので、足を滑らせないように注意しながら行こう。

いくつもの木橋を渡りながら沢沿いに下っていくと、しだいに樹林が深くなり、右側に切り立った巨岩が現われる。さらに進み、水の音が大きくなると栃寄大《おお》滝に出るが、滝は岩陰の奥でややわかりずらい。

徐々に傾斜がゆるくなり、ワサビ田を過ぎれば沢の終点で、**車道と合流**する。そのまま車道を20分ほど下ると、多摩川の左側の橋上にある**境橋バス停**に到着する。

栃寄大滝。光により岩陰で神秘的な色を呈す

プランニング&アドバイス

大岳山と三頭山のほぼ中央に位置し、奥多摩主脈縦走路上にあることから、多彩なアプローチや下山ルートが設定できる。御前山から鋸山～大岳山を経て御岳山まで足を延ばすコースや、惣岳山から小河内峠を経て三頭山に向かうコースも計画でき、1日で奥多摩の代表的なコースを回れる。下山も奥多摩湖、栃寄沢、湯久保尾根経由宮ヶ谷戸、小河内峠から藤倉へとバリエーションが豊富なので、時間と体力により設定でき、エスケープルートとしても考慮できる。奥多摩駅側、武蔵五日市駅側いずれに下山するのも、バスの時刻は事前の確認が必要。特に五日市側は本数が少ないので注意。

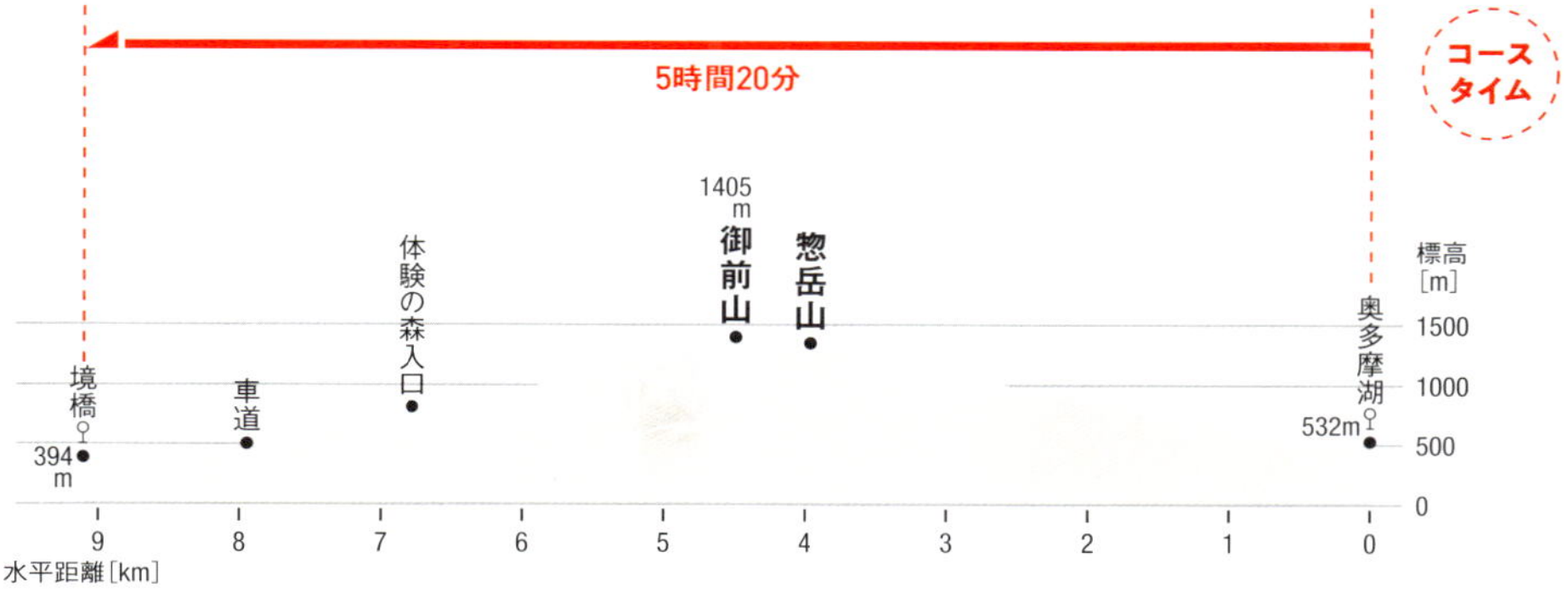

サブコース

御前山から湯久保尾根を下る

御前山↓湯久保山↓宮ヶ谷戸↓小沢　2時間

御前山《ごぜんやま》頂上から下山するルートはいくつかあるが、ここでは南東の湯久保《ゆくぼ》尾根を下り、檜原《ひのはら》村宮ヶ谷戸《みやがやと》集落の小沢《おざわ》バス停へ出るコースを紹介する。展望はあまりきかないが、よく整備された登山道は歩きやすく、膝に優しい。傾斜も激しくないので、ゆっくりと尾根歩きが楽しめる。春なら登山道にはスミレなどが多く見られ、花を愛でながら下山できるのがうれしい。

御前山から東の御前山避難小屋方面へ、急な丸太階段を下っていく。下りきると分岐があり、避難小屋と大《おお》ダワ・湯久保を分ける。左に行くとログハウス風の御前山避難小屋が建っている（トイレあり）。カタクリの花が目当てなら、頂上一帯とこの避難小屋周辺までが群生地となっているので、見おさめていこう。

先ほどの分岐まで戻り、大ダワ・湯久保方面へ杉林の斜面を下っていく。まもなく現われる分岐を湯久保尾根・宮ヶ谷戸バス停方面へ。ここからが尾根歩きのスタートだ。本コースには道標が点在するが、いずれも宮ヶ谷戸、もしくは小沢バス停をとっていけば、コースをはずれることはない。

ほどなく左側が少し開け、樹間越しに大《おお》岳山《だけさん》が見え隠れするようになる。この先進むにつれ、その姿がだんだん大きく見えてくるのも楽しみだ。なだらかなアップダウンを続けていくと、杉林と杉林の合間で右側が少し開け、浅間《せんげん》尾根が望める。

Map 6-3D　御前山

Map 2-4A　小沢バス停

コースグレード	初級
技術度 ★★☆☆☆	2
体力度 ★★☆☆☆	2

ウトウ岩の右側を巻くように下る

伊勢清峯神社の鳥居。神社は少し右に進む

写真／高梨智子、青木貴子、楠田英子　文／高梨智子

立派な山名石柱が立つ御前山頂上

湯久保山《ゆくぼやま》のピークは樹木でおおわれ、はっきりしない表札が木にかけてあるだけなので、気にしていないと通り過ぎてしまうような場所だ。やがて左側頭上、うっそうとした植林のなかに仏岩《ほとけいわ》ノ頭《あたま》が見えてくるが、ここは巻いて通り過ぎる。さらに下っていくと、左右にブナやミズナラなどの広葉樹が目立つようになる。春には新緑、秋は紅葉が美しい明るく開けたところだが、その先はほとんど樹林帯となる。

　まもなく「この先道悪し」という標識とともに、巨大なウトウ岩が現われる。ここはロープの張られた岩場になっている。わずかの距離だが、慎重に足もとをよく見ながら下ろう。なおも樹林帯を下ると、右に浅間尾根が見渡せる開けた場所に出る。本コースでは数少ない好展望なので、楽しんでいこう。

　長い下りがしばらく続き、やがて右手に伊勢《いせ》清峯《きよみね》神社の鳥居が見えてくる。そのまま直進しても合流するが、バスの時間に余裕があれば、立ち寄っていきたい。さらに急坂を下り、登山道が舗装道に変わると、宮ヶ谷戸集落に出る。集落に入り、右折した先を左折すればバスの待合所が、さらに赤い欄干の橋を渡ったところに**小沢バス停**がある。JR武蔵五日市《むさしいつかいち》駅までは約30分で到着するが、1時間に1本程度なので、事前に時刻表をチェックしておこう。

プランニング&アドバイス

惣岳山から御前山にかけては、カタクリの群生地となっている。奥多摩湖湖畔のサクラの花がみごとな4月中旬ごろ、カタクリの花も美しく咲き誇る。東京都山岳連盟の自然保護委員が毎年カタクリパトロールを行っており、保護をよびかけている。御前山避難小屋は清潔に保たれ、トイレも使える。ただし、小屋脇の水場を利用する場合は、煮沸して使うこと。

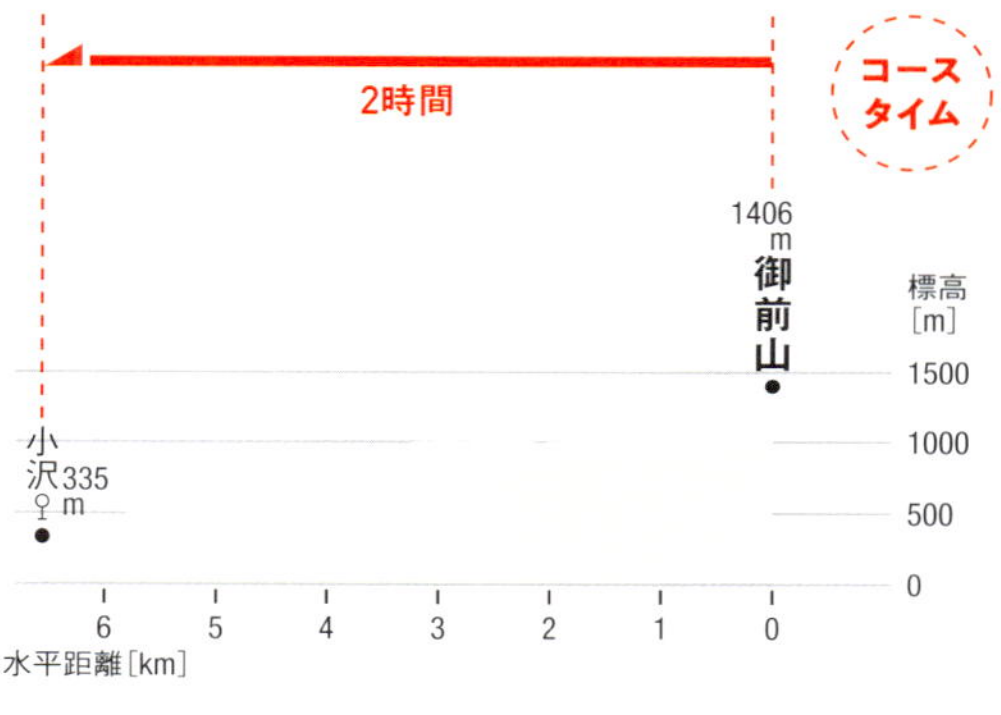

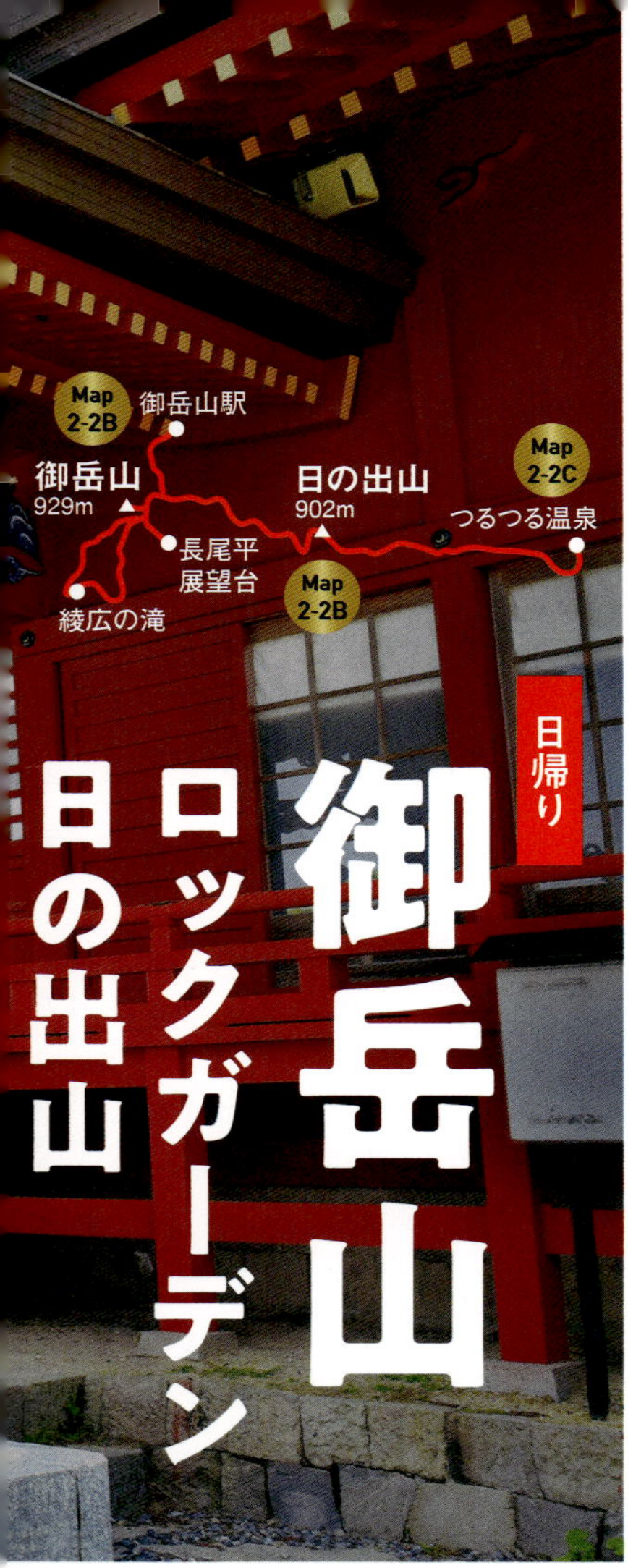

日帰り

御岳山 ロックガーデン 日の出山

御《み》岳山《たけさん》頂上（標高９２９ｍ）に建つ武《む》蔵《さし》御《み》嶽《たけ》神社は、紀元前創建と伝えられ、御岳山が古代から山岳信仰の地として栄えたことを教えてくれる。現在も宿坊が並び、山上公園も整備されていることから、多くの人々に愛されている。

ここでは神社参拝後、養沢《ようざわ》川源流にかかる２つの滝（七代《なよ》の滝、綾広《あやひろ》の滝）と若葉や紅葉が美しいロックガーデン、さらに東京都心の眺望がすばらしい日《ひ》の出山《でやま》へのコースを紹介する。

日帰り

御岳山、日の出山と歩いてつるつる温泉に下山

ＪＲ青梅《おうめ》線御嶽駅を下車し、駅前の国道を渡った場所にケーブル下《した》行きのバス停がある。バスに乗りこみ、終点まで10分ほどで到着する。車で行く場合は、御岳山ケーブル滝本《たきもと》駅に約１３０台の駐車場があるが、紅葉などの混雑時期にはすぐに満車になるので注意が必要だ。

滝本駅からケーブルカーを利用すると、

山岳信仰の霊山に参拝し 天然の岩の庭園と 下山後の温泉を楽しむ

日帰り 御岳山駅→長尾平分岐→七代の滝→綾広の滝→長尾平分岐→日の出山→つるつる温泉　計4時間45分

コースグレード｜初級

技術度｜★★☆☆☆ 2

体力度｜★★☆☆☆ 2

写真／吉田公彦、菊地弘幸、高梨智子　文／吉田公彦

御岳山頂上にある武蔵御嶽神社の本社拝殿。朱色が美しい

富士峰園地のレンゲショウマ（8月）

新緑と花の御岳平。右奥の三角錐の山は日の出山

約6分で**御岳山駅**に到着する。下山もケーブルを利用する場合は往復切符が販売されていないので、混雑時期には御岳山駅にて下りの切符を事前に購入しておきたい。駅前には土産物店が数軒並んだ広場（御岳平《だいら》）があり、右手の展望台からは東京都心が見渡せる。ここにある富士峰《ふじみね》園地行きのリフトに乗っていくと見晴らしのよい展望台があり、富士峰園地の斜面では、8月には関東屈指のレンゲショウマが群生するのを見ることができる（P114コラム参照）。

御岳山駅横でトイレをすませ、準備を整えたらいよいよ出発だ。はじめは舗装された平坦な道が続き、やがて右側に御岳ビジターセンターが見えてくる。御岳山は古くから山岳信仰の山だったため、伐採や植林の影響を受けていない。ムササビなどが生息する自然が残されており、ビジターセンターによる自然観察会などが企画されている。道沿いの宿坊に泊まり、自然や文化を堪能することもおすすめだ。

ここから神社までは宿坊が並び、案内の看板にしたがって舗装路を曲がりながら進むと、右側に樹齢1000年といわれている**神代《じんだい》ケヤキ**（国指定天然記念物）が見えてくる。神代ケヤキを過ぎると神社前の土産物店が両側に軒を連ね、そこを進むと神社の鳥居前に出る。左に行けばロックガーデンや大岳山《おおだけさん》方面への道だが、ここでは古くから山岳信仰、修験道の中心として、鎌倉の有力な武将たちの信仰を集めた武蔵御嶽神社に参拝していこう。

石段を上がっていくと宝物殿《ほうもつでん》がある。鎌倉時代の武将で、源頼朝の下で鎌倉幕府創業の功臣として活躍した畠山重忠が奉納した大鎧《よろい》（国宝で日本三大鎧のひとつ）など、貴重な文化財が収蔵されている。宝物殿を右手に石段を登ると**御岳山**頂上となる武蔵御嶽神社の本殿で、ここからの眺めがよい。またこの神社ではオオカミが守り神だったが、いつのまにかオオカミがイヌに転じ、近年ではペットブームに乗り、愛犬と一緒

円錐形の峰は日本武尊をまつる男具那社のある奥の院

パワースポットといわれる綾広の滝（落差約10ｍ）

に参拝することで、愛犬の健康を願う人々が参道をにぎやかにしている。

参拝後は神社の階段を少し降りたところに分岐があり、右手の細い道に入る。そのまま数分下ると、長尾《ながお》茶屋のある**長尾平《ながおだいら》分岐**に出る。こちらで休憩してもよいが、時間があれば**長尾平展望台**に行ってみよう。展望台にはあずまやがあり、そこから東京都心の眺望がよい。

景色を堪能したら**長尾平分岐**まで戻る。左の道はロックガーデンに向けて下るコース、右のゆるやかに下る道は大岳山や奥《おく》の院《いん》に行くコースとなる。ここではロックガーデンへ行ってみよう。ロックガーデンは「東京の奥入瀬《おいらせ》」ともたとえられ、5月の若葉、11月上旬ごろの紅葉など、あざやかな渓流美を堪能することができる。

分岐からいっきに下って**七代の滝**に到着する。落差50m・大小7段の滝からなる、幽玄な趣のある場所である。ここから長い鉄の階段を上がると天狗《てんぐ》岩が鎮座し、クサ

宿坊が建ち並ぶ山上集落。その上部に武蔵御嶽神社がある

リづたいに登っていくと、天狗の像が安置されている。

天狗岩を越えると、いよいよロックガーデンに入っていく。苔むした岩間を流れるゆるやかな清流沿いの道を20分ほど登っていくと、トイレと休憩所がある。ここでランチタイムとするのもいいだろう。

そのまま渓流沿いに登っていくと**綾広の滝**に出る。落差は10mほどの滝であるが、武蔵御嶽神社のみそぎの神事が行われるところである。滝を見下ろしながら急坂を登ると、大岳山へ通じる登山道に合流する。ここを右に曲がり、なだらかな道を歩いていくと、天狗の腰掛《こしかけ》杉とよばれる大杉がある。天狗が腰かけられるように、大きくせり出した枝が特徴だ。このそばの道を左に登れば、武蔵御嶽神社の奥の院へ行くことになる（P66コース8参照）。

奥の院には行かずに道なりに進んでいくと、長尾平分岐の手前に新式のトイレがある。**長尾平分岐**からも道なりに進むと、先ほど見上げた**神代ケヤキ**に出て、そのそばから右に日の出山への道に入る。

ゆるやかな道をたどり、**金比《こんぴ》羅《ら》尾根への道**を分けると急な登りになる。岩の露出した道から回りこむと東雲《しののめ》山荘（無人・施錠）が建っている。ここは予約すれば宿泊が可能なので、グループなどで利用する場合に価値が高い。トイレ横をひと登りすると**日の出山**の頂上だ。

頂上は、奥多摩《おくたま》や丹沢《たんざわ》の山々をはじめ、東京都心まで見渡せる秀逸な場所で、多くの登山客がここでランチをとって過ごしている。正月には名前のとおり、初日の出を迎える人も多い。5月中旬には、ここから見える武蔵御嶽神社と宿坊を包みこむヤマザクラの遠望がみごとである。

日の出山の南端から石段の急坂を下ると、

大小8段の滝がある七代の滝。滝の上には天狗岩がある

5月のロックガーデンは若葉が美しい

御岳平から尾根のかなたに東京スカイツリーを望む

金比羅尾根に続く道となり、やがて**三《み》ツ沢《ざわ》分岐**に着くが、このあたりは養沢鍾乳洞、金比羅尾根のコースが入り組んでいるので道標に注意したい。

道標にしたがって植林の道を下ると、途中の顎掛岩《あごかけいわ》に馬頭《ばとう》観音が祀られている。最後に急な斜面を下ると**滝本不動尊**があり、その先で舗装された林道に出る。あとは林道を20分ほど下ると都道184号に出て、左に折れて少し登り、駐車場を過ぎたところに**つるつる温泉**が建っている。

洋風の生涯青春の湯と、和風の美人の湯の2つの大浴場と露天風呂があり、奥多摩でも人気の温泉施設だ。アルカリ性のお湯は体を温め、山歩きの疲れをとってくれる。ここで汗をかいた体を洗い、1日の疲れを癒すとよい。温泉前からは、JR武蔵五日《いつか》市《いち》駅行きのバスが出ている。

プランニング&アドバイス

レンゲショウマで有名な富士峰園地だが、早春にはロウバイとカタクリ、秋には紅葉と、季節ごとに花や木々の美しさを楽しめる。さらに都心まで遠望できる眺めもすばらしい。リフトでの移動なので、時間を調整してぜひ寄ってみよう。また予約が必要だが、御岳山集落の宿坊に泊まってみるのもおすすめ。山岳信仰の歴史にふれると、ケーブルカーなどなかった時代の人々が、勾配のきつい参道を苦労して登ろうとした気持ちを推しはかることができるだろう。

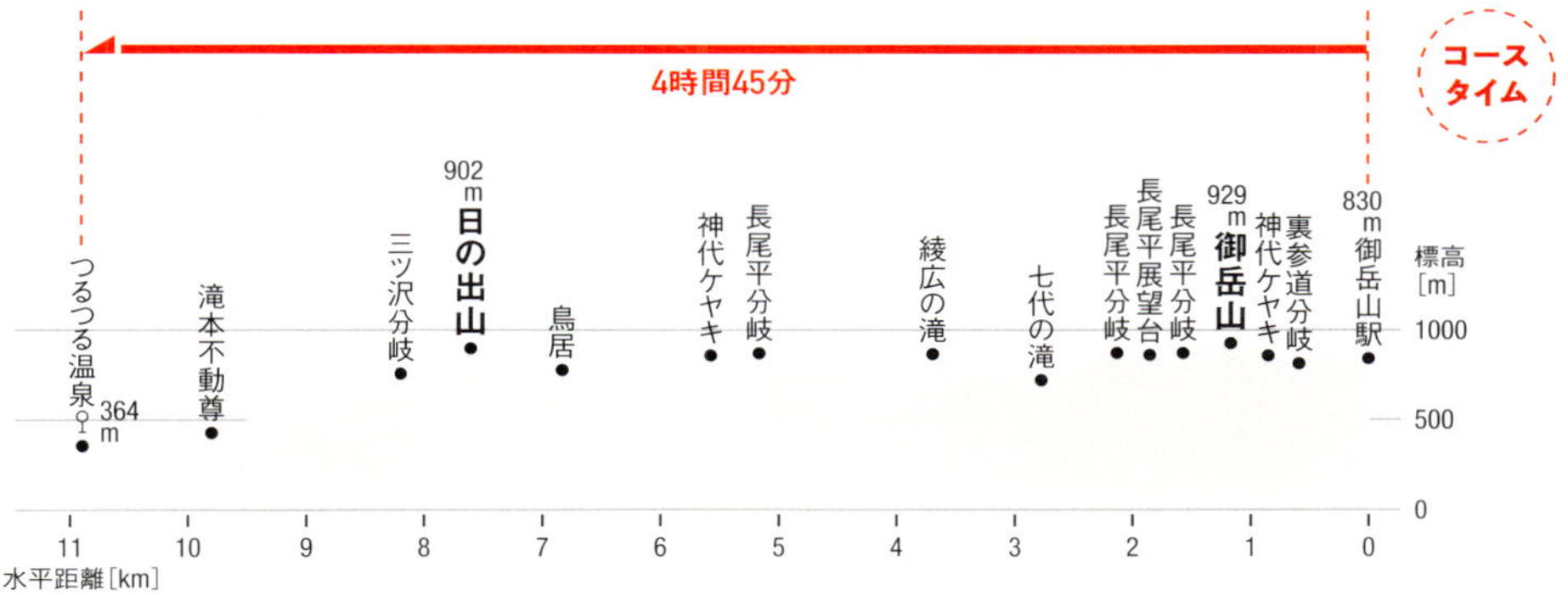

サブコース

大塚山から御岳山を経て越沢に下る

古里駅↓大塚山↓御岳山↓鳩ノ巣駅　5時間10分

ケーブルカーを使わずに、自然豊かで静かな御岳山《みたけさん》の山歩きを堪能できるコースを紹介しよう。

スタートはJR青梅《おうめ》線**古里《こり》駅**。駅前のコンビニエンスストアで携帯食を用意したら、コンビニ横の吉野《よしの》街道を進む。万世《まんせい》橋で多《た》摩《ま》川を渡ってしばらく歩くと、右手に茅葺き屋根の立派な丹三郎《たんざぶろう》屋敷長屋門がある。ここは、原島丹三郎友連という小田原北条氏に仕えた人物の住居跡で、地名に自らの名を付けて「丹三郎村」とし、西多摩郡奥多摩の開発に尽力したそうである。

丹三郎の火の見櫓前の御岳山への道標を右にとると、御岳山丹三郎登山口にいたる。丹三郎園地公衆トイレや靴を洗う水道もあるので、ここを拠点にして御岳山を往復してもよいだろう。

獣よけの柵を入りジグザグに道を登っていくと、うっそうとした杉林になる。このあたりは古くはスギの産地で、飯盛《めしもり》杉という立派なスギがあり、古くから丹三郎のシンボルとして人々に保護されてきたという。

杉林を登りきると、丹三郎平《たんざぶろうだいら》の尾根に出る。右が自然林、左が杉林の尾根道を登り、林道を過ぎると大塚山《おおつかやま》園地休憩所にいたる。大塚山無線中継所を右に見て進むと、まもなく**大塚山**頂上に到着する。ここは4月のミツバツツジが美しい。

大塚山を越えると、左がケーブルカー駅、真ん中が富士峰《ふじみね》園地への階段道、右が御岳

Map 2-1B　古里駅

Map 2-1A　鳩ノ巣駅

コースグレード	中級
技術度 ★★☆☆☆	2
体力度 ★★★☆☆	3

屋根つきでありがたい大塚山園地休憩所

丹三郎集落にある御岳山登山口

写真／吉田公彦、菊地弘幸　文／吉田公彦

山参道への分岐となる円塚山《まるつかやま》園地に出る。右の道を進むと御岳ビジターセンター横に着く。ここから宿坊の集落を通って、**神代《じんだい》ケヤキ**を右手に参道の石段を登り、**御岳山**頂上の武蔵御嶽《むさしみたけ》神社に参拝しよう。

神社に参拝したら宿坊集落に戻り、茅葺き屋根の馬場《ばば》家御師《おし》住宅の左横の道を行けば、大楢峠《おおなら》へと向かう裏参道の入口がある。ここには、井戸水をくむ場所の上に標識が立っているので、よく注意して見ること。

山腹を巻くように下っていくと、**大楢峠**に出る。ここは三《み》ッ釜海沢《がまうなざわ》方面、上坂《あがっさか》海沢方面、鳩《はと》ノ巣《す》方面の三叉路になる。

ベンチで休憩したら、下りにかかろう。しばらく下っていくとあずまやがあり、越沢《こいざわ》バットレスを登るクライマーの姿を見ることができるだろう。

越沢林道の終点に出たら、舗装路の林道を下っていく。東京都水道局棚澤《たなざわ》第二ポンプ所を過ぎ、雲仙橋《うんぜん》で多摩川を渡ればJR**鳩ノ巣駅**に出る。秋には川沿いの鳩ノ巣渓谷のウォーキングコースを通り、紅葉を満喫しながら帰路につくのもいいだろう。

クライミングの名所・越沢バットレス。岩に取り付くクライマーの姿が見える

プランニング&アドバイス

紹介した下山コースは、2020年2月18日まで大楢峠〜越沢林道間が工事のため通行止めとなっている。この間は西側の城山を経由するルートが迂回路となる。奥多摩ビジターセンターや御岳ビジターセンターのホームページで通行止め情報を掲出しているので、チェックしてから計画を立てよう。なお、逆コースを城山経由で登る場合は、時間が30分ほど余計にかかることを頭に入れて行動してほしい。

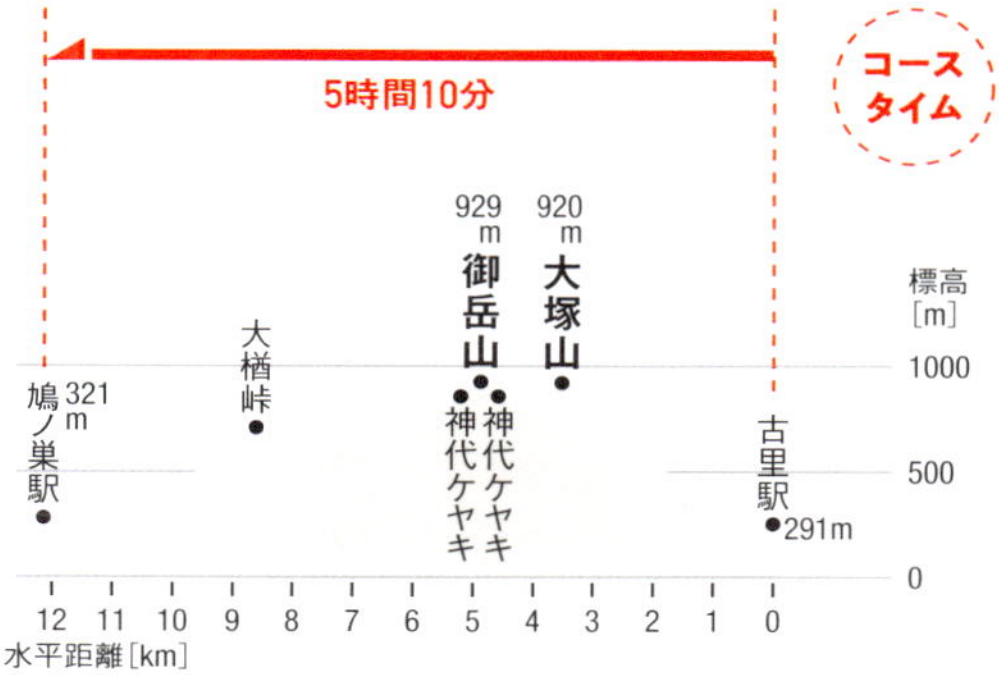

5月連休でにぎわう大岳山の頂上。正面に富士山が望める

遠方からもよくわかる奥多摩の名峰。頂上からの展望を満喫

日帰り 御岳山駅→御岳山→鍋割山→大岳山→鋸山→登計峠→奥多摩駅 計5時間50分

コースグレード	中級
技術度	★★★☆☆ 3
体力度	★★★☆☆ 3

奥《おく》多摩《たま》三山（大岳山《おおだけさん》、御前山《ごぜんやま》、三頭《みとう》山《さん》）のなかで、もっとも東寄りに位置するのが大岳山だ。JR青梅《おうめ》線からアクセスしやすいうえ、多様な登山コースがあることから、初心者から経験者まで幅広く楽しめる山となっている。山頂部が突起状の特異な山容はどこから見てもよくわかる、奥多摩を代表する名峰だ。それだけに、日本二百名山や田中澄江著『花の百名山』（イワウチワ）にも選定されている。

ここでは、御嶽《みたけ》駅からバスとケーブルカーを利用し、御岳山《みたけさん》から稜線沿いに大岳山に登り、鋸《のこぎり》尾根を奥多摩駅まで下るコースを紹介する。

日帰り

御岳山から大岳山に向かい、鋸尾根を奥多摩駅に下る

御岳山駅に着いたら、まっすぐ広場（御《み》岳平《たけだいら》）に進む。ここからの眺めはすばらし

日帰り

大岳山

御岳山・鋸尾根

奥の院山腹にある男具那社（別名男奥那社・おぐなしゃ）

大岳山荘手前のクサリ場。谷側への滑落注意の看板がある

く、多摩川が遠く都心に注ぎこみ、右には日《ひ》の出山《でやま》への山並みが続いている。

駅舎の右側を進み、鳥居をくぐる。御岳ビジターセンターを右に見て御師《おし》集落を抜け、**神代《じんだい》ケヤキ**を経て鳥居前広場へ。参道の石段を登り**御岳山**頂上の武蔵《むさし》御嶽神社に着いたら、登山の無事を参拝していこう。

参道の階段を戻り、右脇にある道の入口から長尾平《ながおだいら》分岐をめざす。茶屋のある**長尾平分岐**からは道が3方向に分岐する。左を行けば長尾平展望台へ、階段を下る道は七《な》代《よ》の滝やロックガーデンをめぐるコースへ(P58コース7参照)、ここはまっすぐ進んで天狗《てんぐ》の腰掛《こしかけ》杉へ向かう。

分岐から数分の天狗の腰掛杉で道が二分し、道標の「奥《おく》の院《いん》」方面に進む(もうひとつの道は最短で大岳山に向かうコース)。

水道タンクのところから鳥居をくぐって尾根筋に入り、武蔵御嶽神社の御神木だという、堂々とした古木が立ち並ぶなかを進んでいく。クサリ場のある大岩を巻き、ジグザグに切って尾根を登っていく。周囲は、春にはシロヤシオやトウゴクミツバツツジが目に入る。

岩がちの道をひと登りで、石の祠がまつられた**奥の院**に立つ。遠くからはピラミッド型に見えるピークで、昔は甲籠山《こうろうざん》ともよばれていた。展望こそきかないが、さすがに奥の院だけあって静寂に包まれている。

樹間に見える大岳山に向かって下っていくと巻き道に合流し、展望のない**鍋割《なべわり》山《やま》**を越える。綾広《あやひろ》の

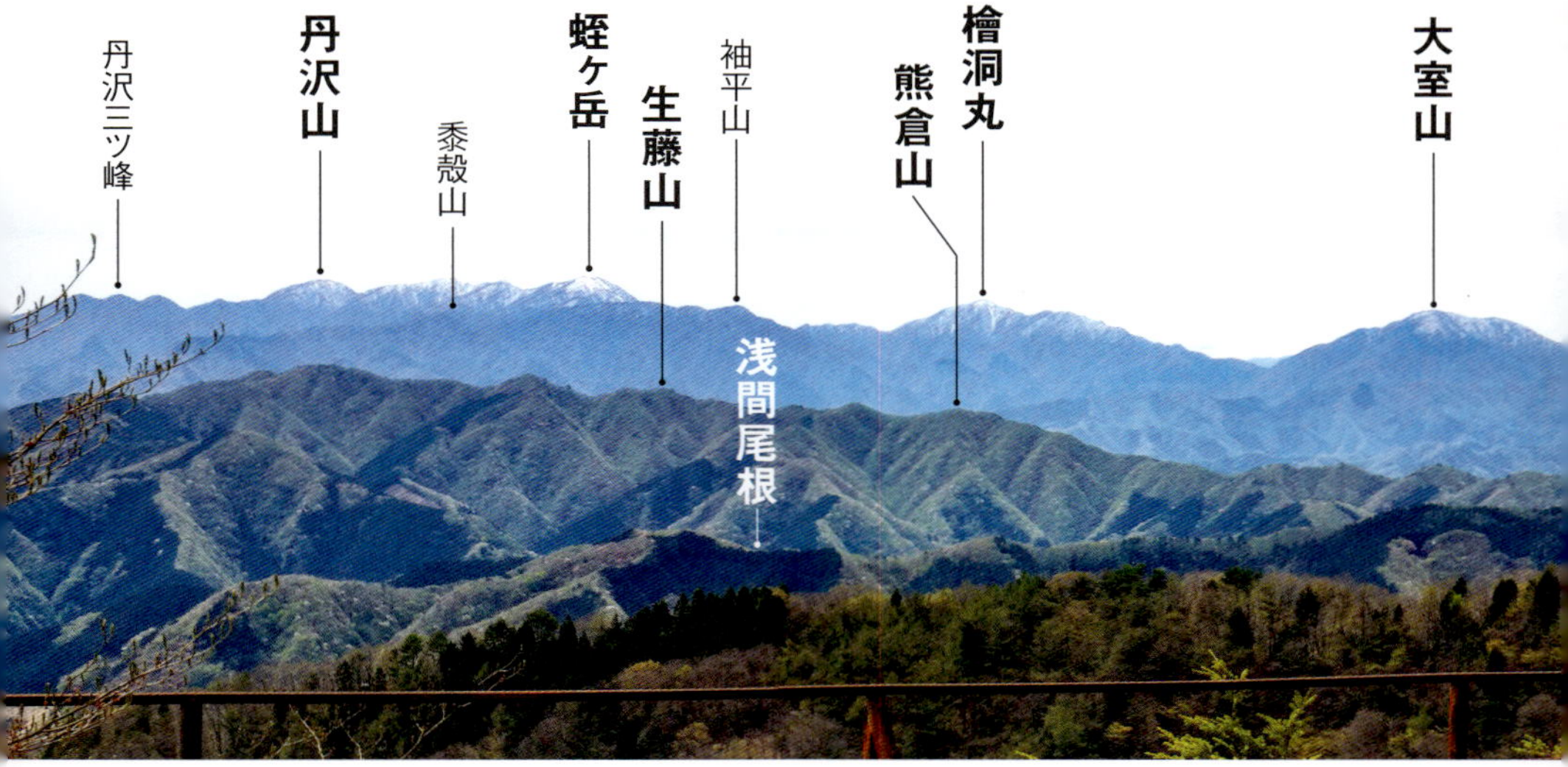

大岳山荘前から南面の丹沢の山並み

樹林に囲まれた鋸山の頂上。ベンチがありひと休みできる

滝やサルギ尾根からの道を合わせ、さらに進むと岩場があるが、危険箇所にはクサリが設置されており、ゆっくり歩けば問題はない。難所といえるほどの箇所はないため、初心者でもサクサクと歩を進められるだろう。

さらに進んでゆるやかに下ると、左下に大岳山荘（閉鎖中）の屋根が見えてくる。**大岳山荘**前の右奥にトイレがあるので、登頂前に休憩するのにちょうどよい。山荘のすぐ上にある大岳神社は古くからの伝統を持つ神社で、杉木立に囲まれひっそりとしている。大きくはない社殿だが神々しい雰囲気が漂い、オオカミに似た狛犬が社殿を守っている。

境内を通り、急登を上がって岩が露出した箇所を慎重に通過すると**大岳山**の頂上に到着する。南面が開けており、富士山《ふじさん》や丹《たん》沢《ざわ》山系を眺めながら腹ごしらえとしよう。

下山は鋸尾根をたどる。頂上から北西方向に直進し、急坂を下っていく。その先は、しばらく気持ちのよいササの道を進む。御前山方面への分岐を見送って、もうひと登りしたら**鋸山**《のこぎりやま》の頂上だ。展望のない静かな頂だが、まだまだ続く下りに備えてひと休

奥の院からは西にめざす大岳山の頂上を望むことができる

天聖神社付近まで下ると、眼下に氷川集落が見えてくる

みしていこう。山名標柱の周りには丸い石がたくさん転がっている。

　鋸山から小ピークをいくつも越えながら標高を下げていくと、目の前が開けて御前《ごぜん》山《やま》の眺めがよい場所に出る。その下に大きな岩場があり、道が左右につけられている。左は切れ落ちた岩壁を直接下るクサリのあるコースで、ここではスリップに考慮し、右手の岩場を迂回するコースで下る。次に鉄のハシゴを下ると標高726mのピークに出る。ここが天聖《てんせい》神社で、天狗を刻んだ石塔2体がある。また、眼下に氷川《ひかわ》の集落が見える。

　さらに下ると車道に飛び出し、**登計《とけ》峠**に着く。車道を少し歩いて山道をひと登りすると、五重塔と神社のある愛宕山《あたごやま》に着く。境内を抜けて急な階段を下ると愛宕山登山口の園地に出る。

　道路を左にとり、昭和《しょうわ》橋で多摩川を渡れば、JR**奥多摩駅**はもうすぐだ。途中、国道との交差点右側に奥多摩ビジターセンターがあるので、時間に余裕があれば立ち寄ってみよう。

愛宕山からは急で長い石段を下っていく

プランニング&アドバイス

大岳山頂上からは、御岳山への尾根、鋸尾根、馬頭刈尾根の3つの尾根が派生するが、どのコースも下山に2時間以上かかる。もっとも早く下山できる白倉コース（P74）で、エスケープルートとしても利用できる。ただし下山地のバスダイヤに考慮する必要がある。標高が低い山だけに盛夏は暑いので、北側の海沢谷（海沢探勝路・P71）と南側の大岳沢（大岳鍾乳洞・P72）、御岳ロックガーデン（P58コース7）のような沢筋のコースと組み合わせてもよい。大岳山頂から富士山を眺望するには秋〜春がよい。年にもよるが、山頂に残雪のある3〜4月にかけて美しい富士山が見られる。

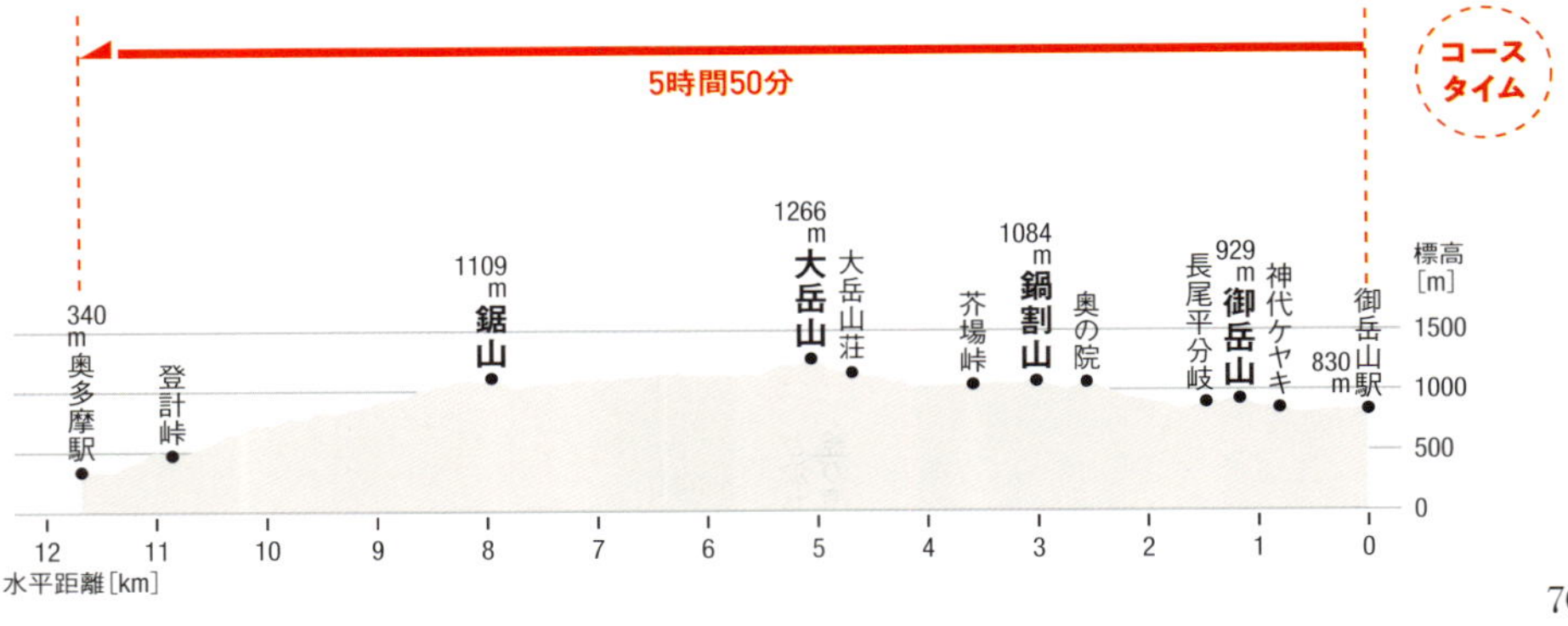

サブコース

海沢探勝路

白丸駅↓海沢園地↓大滝↓大岳山

4時間

Map 2-1A 白丸駅

Map 2-3A 大岳山

コースグレード	中級
技術度	★★★☆☆ 3
体力度	★★★☆☆ 3

本コースは、JR白丸《しろまる》駅から大岳山《おおだけさん》への標高差約900m、距離約11kmを海沢《うなざわ》谷沿いに進むコースだ。大岳山のルートのなかでも健脚者向けで、地図によっては破線（難路）で表示されることもある。しかし実際は危険箇所は少なく道標もあるので、時間と道迷いに気をつけつつ、ぜひチャレンジしてみたいコースだ。

このコースのいちばんの見どころは、海沢園地から続く「海沢三滝」だ。3段・合計落差12・5mの「三《み》ツ釜《がま》の滝」から、6mの上段と3mの下段がねじれるかのごとく流れる「ネジレの滝」、三滝最大で、美しくも迫力のある「大《おお》滝」（落差約20m）まで、海沢谷にかかる3つの滝が楽しめる。また、透明度の高い水の流れと、木々やシダ、コケ類の緑が織りなす空気感は気持ちがよく、海沢園地を起点に三滝をめぐるハイキングだけでも、充分にその魅力を満喫できる。

白丸駅から初夏にはフジの花が咲く数馬《かずま》峡《きょう》橋を渡り、里を感じながら渓谷沿いの遊歩道を歩く。静かな谷沿いの林道を抜けて、**海沢園地**へ。**大滝**など三滝を鑑賞したら海沢谷の高巻き道を進み、その後しばらくは海沢谷沿いをたどる。ワサビ田を過ぎ、沢の出合からは急登で標高を上げていく。やや厳しい登りだけに、一歩一歩ゆっくりと歩を進めていこう。

稜線に出れば、大岳山の頂上まではもうすぐだ。途中、多様な景色を堪能しながら得る**大岳山**頂上からの景色は、ひと味もふた味も違う。

釜から釜へと流れ落ちる三ツ釜の滝

海沢三滝でもっとも迫力がある大滝

写真／天藤寛子、菊地弘幸　文／天藤寛子

サブコース

鋸尾根から大岳山を経て大岳鍾乳洞へ

奥多摩駅↓鋸山↓大岳山↓大岳鍾乳洞

6時間20分

Map 6-1D 奥多摩駅

Map 2-3B 大岳鍾乳洞入口バス停

コースグレード	中級
技術度	★★★☆☆ 3
体力度	★★★☆☆ 3

JR奥多摩《おくたま》駅から鋸《のこぎり》尾根で大岳山《おおだけさん》頂上に立ち、大岳山東麓にある東京都の天然記念物・大岳鍾乳洞に下山するコース。

奥多摩駅で下車したら車道を進み、多摩《たま》川を渡る。左に氷川《ひかわ》キャンプ場が見えたら右に登山道入口がある。標識にしたがい愛《あた》宕山《ごやま》方面へ。樹林のなかを少し行くと長い階段が見えてくる。階段を上がると五重塔が現われる。広場で休憩していこう。

登山道を上がって愛宕神社を通り過ぎ、いったん下ると**登計峠**《とけ》に着く。車道と登山道が交じわる場所だが、登山道を真っ直ぐ進む。鋸尾根の登りはここからはじまる。

杉林を進むにつれ傾斜が急になっていく。急登を上がると、最初のピークに出る。ここには天聖《てんせい》神社があり、大天狗《おおてんぐ》・小天狗《こてんぐ》の石像が並んでいる。ここからの眺めはすばらしく、九竜山《きゅうりゅうさん》や御《ご》前山《ぜんやま》、サス沢山《さわやま》方面が見える。

いったん下ると道が細くなる。ハシゴがあり、これを慎重に登る。しばらく進むと分岐に出る。クサリ場コースと迂回路に分かれるが、天気がよければクライミング気分が味わえるクサリ場コースに行ってみよう。足場はしっかりしていて安心だ。

クサリを登りきると、御前山の展望が開ける。その後は小さなアップダウンのある、気持ちのよい尾根歩きとなる。大《おお》ダワへの分岐が見えてくると**鋸山**《のこぎりやま》頂上は近い。頂上は展望こそないが、ベンチがあるので休憩

クサリ場コースを通過すると御前山の展望ポイントがある

探検気分を味わえる大岳鍾乳洞に立ち寄るのもおすすめだ

写真・文／塩田諭司

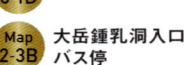

していこう。奥多摩駅からここまで約2時間半。ひと息ついたら大岳山に進もう。

その先も道はしっかりしており、迷うことはない。大岳山頂上直下に来ると分岐がある。右は巻き道で、頂上には行かないので気をつける。頂上への登山道は急坂なのでスリップに注意。直下のクサリ場は足もとが安定し、クサリもしっかりしているので慎重に行動すれば問題ない。ここを登りきると、広々とした**大岳山**頂上だ。

富士山《ふじさん》や周囲の山々の眺めを楽しんだら急な坂を下る。大岳神社まで下ると鳥居が見え、その先に大岳山荘（閉鎖）がある。

山荘をあとに、南側の馬頭《まず》刈山《かりやま》方面をめざす。20分ほどで展望のよいベンチがあり、その先が**白倉《しらくら》への分岐**だが、ここはまっすぐ進む。5分ほどで大岳鍾乳洞への分岐があり、急な下りや徒渉のある道を1時間ほど下ると**大《おお》滝**に出る。落差約30mの大滝は2段の美しい滝で、滝つぼのそばまで寄れるので、時間があれば行ってみよう。爆音と水しぶきに圧倒されるはずだ。

大滝から大岳鍾乳洞へは林道大岳線を歩く。ゲートを過ぎるとアスファルトの道となり、やがて大岳鍾乳洞が見えてくる。大岳鍾乳洞は昭和36年に発見された全長約300mの鍾乳洞で、夏でもひんやりして気持ちがよく、トイレもある。

鍾乳洞から**大岳鍾乳洞入口バス停**までは約30分の車道歩き。赤い欄干の大岳橋が見えたらバス停はすぐそばだ。

落差30mの大滝は圧巻のスケール。滝つぼのそばまで行ってみよう

プランニング&アドバイス

本コースは長丁場なので、夏場はとくに水分補給に注意しよう。コース中はアップダウンや岩場、クサリ場があり、通過の際は注意が必要だ。また雨天時や雨天後は、木の根が滑りやすいので慎重に行動しよう。大岳山荘は閉鎖されているが、山荘前の右奥にトイレがある。大岳鍾乳洞（有料）は時間があればぜひ寄ってみよう。すばらしい鍾乳石に圧倒される。

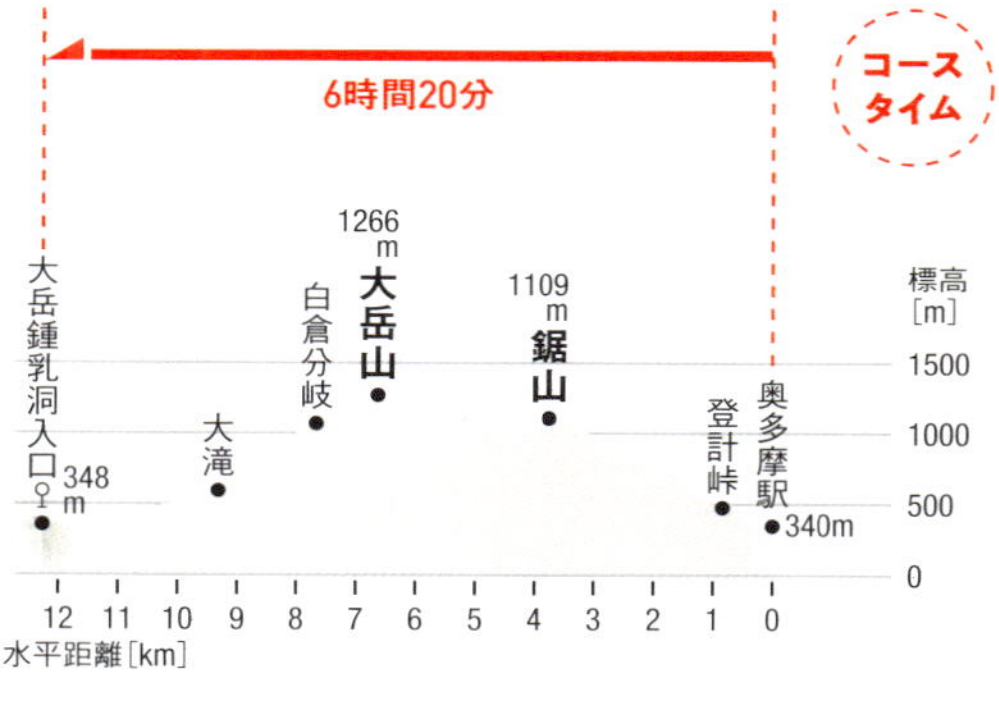

サブコース

大岳山から白倉へ下る

大岳山↓大岳山荘↓白倉分岐↓白倉

2時間30分

大岳山《おおだけさん》からの下りで、時間的に短いのは南面（檜原《ひのはら》側）の白倉《しらくら》バス停に下るコースである。途中から奥多摩《おくたま》三山のひとつ・御《ご》前山《ぜんやま》も見えるそのコースを紹介する。下山地となる白倉バス停からJR武蔵五日市《むさしいつかいち》駅へのバスは本数が少ないので、事前に時間を調べておくことをおすすめする。

大岳山の頂上までは、御岳山《みたけさん》（P58コース7参照）やJR奥多摩駅から鋸尾根《のこぎり》経由のコース（P66コース8の逆コース、P72参照）などがある。

頂上から大岳神社へは、急な下りが20分ほど続く。大きな岩のある道を神社まで下りてくるとすぐ下に鳥居があり、営業していない**大岳山荘**前の広場に出る。

鳥居を背にして右に進み、馬頭刈《まずかり》尾根に入る。道幅こそ狭いが歩きやすい。20分ほど行くと右手の展望が開ける。ベンチもあるので、小休止するのもよいだろう。

そこから5分ほどで**白倉への分岐**に着く。分岐からの歩きはじめは道幅の狭い急な下りだが、途中から間伐によって日差しが差しこむ明るい道になる。途中、何箇所か御前山を望める場所があるので、解放感が味わえるだろう。

コース中には特に危険箇所もなく、気分よく高度を下げていく。コースの下部でいったん**林道**を横切るが、また登山道に戻る。白倉バス停への道標にしたがって下るとバス通りに出て、左手が白倉バス停だ。道路の反対側に商店があり、飲み物などが買えるので、バスの待ち時間でひと息つこう。

Map 2-3A 大岳山

Map 2-4A 白倉バス停

コースグレード	中級
技術度	★★☆☆☆ 2
体力度	★★☆☆☆ 2

途中、御前山の展望を楽しみながら下山できる

日差したっぷりの明るい尾根道は心地よい

写真／平間和宏、庄内春滋　文／平間和宏

コラム1

奥多摩からの富士山撮影ポイント［石尾根］

奥多摩の山は、稜線や頂上などさまざまな場所から富士山の展望を楽しむことができる。その絶景を写真に残したい写真愛好家は多いが、「なかなか上手に撮れない」という声も耳にする。『富士山絶景撮影登山ガイド』（小社刊）の著者である低山フォトグラファー・渡邉明博が、そのポイントとコツをアドバイスする。

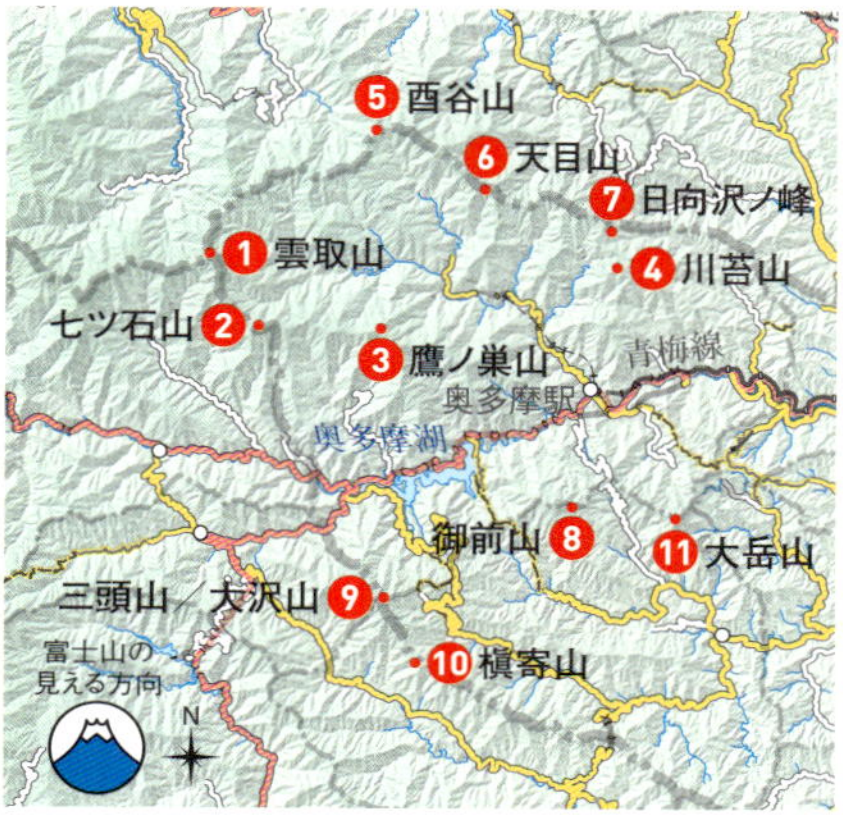

※山名下のキロ数は富士山までの距離、その下のコース番号は紹介しているコースガイド（サブコース含む）を示します

1 雲取山

●57.2km　●コース1 2 3 15

東京を代表する山の頂だけに展望はすばらしいが、富士山の前景がやや物足りない。季節の彩りをからめて朝夕の斜光線で平凡さを補いたい。また小雲取山側に少し下ったところでは、秋ならばカラマツの黄葉との組み合わせも絵になる。雲取山荘か頂上直下の避難小屋に泊まって撮影するのがいいだろう。

3 鷹ノ巣山

●58.1km　●コース4

頂上からは南面が大きく開けて富士山を望めるが(P38右下の写真)、前景にするものが少ないので、長めのズームレンズで画角を変えながら作画するのがおすすめ。季節は新緑か紅葉期がよい。また形のよい三頭山が眼前にあるので、ぜひ狙ってみたい。朝夕の斜光線を狙うので、鷹ノ巣山避難小屋に泊まりたい。

2 七ツ石山

●55.8km　●コース1 2 15

頂上からでも充分に富士山を狙えるが、ここはあえて七ツ石山東どなりの千本ツツジからの撮影をおすすめする。名前の通りツツジが多く咲くので、開花期に富士山と組み合わせて撮影したい。なお、ツツジの開花が大事なので、奥多摩ビジターセンターやヤマレコなどで情報を得るのがよいだろう。七ツ石小屋か鷹ノ巣山避難小屋のどちらかに泊まり撮影したい。

写真／小倉謙治、天藤寛子、渡邉明博　文／渡邉明博

❹ 川苔山

●64.3km ●コース11

富士山は見えるが、右に大きく尾根の灌木が入りこむ。これを活かすか、長いレンズで切り取るかになる。春の新緑か秋の紅葉で撮影をしたい。奥多摩側の川乗橋バス停か鳩ノ巣駅からがメインルートになるが、いずれも時間がかかるのが実情だ。富士山を撮るだけが目的なら埼玉県側の広河原逆川林道上の有間峠（位置はMap4-2A）からが最短になる。

❻ 天目山（三ツドッケ）

●64.2km ●コース3 11

奥多摩らしい雰囲気が漂う頂上で、展望がよい。富士山手前に鷹ノ巣山の稜線が入る。ただし頂上の灌木がややうるさいので、撮影にはひと工夫が必要だ。春ならば長いレンズで狙うか、秋ならば色づいた手前の灌木を入れて撮影するのもよいだろう。朝夕を狙うので、一杯水避難小屋を利用したい。東日原バス停からヨコスズ尾根を登るのが最短コース。

❼ 日向沢ノ峰

●65.5km ●コース11

あまり知られていないが、穴場的撮影ポイントである。有間峠まで車で入ると最短で稜線に立てる（ただしアクセス路となる広河原逆川林道は通行止めの場合がある）。前景、中景、遠景が整っていて、谷間越しに見る富士山は絵画的だ。色合いを考えると春か秋がよいだろう。

❺ 西谷山

●64.9km ●コース3

富士山がばっちり見えるとはいい難いが、奥多摩の奥深さは表現できる。撮影は西谷山避難小屋付近からで、前景にカラマツが入るので黄葉する秋がベスト。アプローチが長いのが難点で、西谷山避難小屋泊まりでの撮影が前提。ただし、週末は避難小屋が満員で泊まれないこともあるので、テントを持参するなど、泊まれないことも想定した装備を準備し撮影に臨もう。

8 御前山

●55.5km ●コース6

正確にいえば、御前山より少し西に下った惣岳山の通称「ソーヤーのデッコ」とよばれているところが撮影ポイント。前景の稜線がすばらしいので、うまく配して撮影するとよいだろう。新緑か紅葉がベスト。朝が勝負なので、御前山避難小屋に泊まり撮影したい。

［奥多摩三山周辺］

9 三頭山と大沢山

●49.3km ●コース5

三頭山と大沢山は近いので両方を紹介する。ともに三ツ峠山と御正体山にサンドイッチされた構図は安定感がある。三頭山は若干木々がうるさく、構図を決めるのに苦労するかもしれない。一方、大沢山は手前が開けているので作画はしやすい。なお、登山口になる都民の森の駐車場が開くのが朝遅いため、日の出の撮影が難しい。できれば三頭山避難小屋に泊まり両山で撮影したい。

10 槇寄山

●48.1km ●コース5

頂上南面はさえぎるものなく撮影でき、中央沿線の権現山稜線を配した構図は安定感がある（P51上段の写真）。広角レンズから望遠レンズまでフルに活用できる。できれば富士山に雪があるときに撮影するのがベストで、冬晴れのような空気の澄む日を狙うことだ。仲の平の駐車場を利用し、日の出前に着いておきたい。

11 大岳山

●57.9km ●コース8

御岳山とともに人気の高い、四季を通して撮影できる山である。前景になる浅間尾根や笹尾根などの重なりがおもしろく、広がりのある富士山が撮影できる。また、長いレンズで撮影すれば積み重ね構図で引き締まった富士山も狙える。ただし朝夕に狙うには、御岳山の山上集落の宿坊に泊まるしかないだろう。

春、サクラが満開の浅間嶺展望台から望む大岳山

名瀑でのマイナスイオンと「歴史の道」浅間尾根で奥多摩の山々を満喫

コースグレード | **初級**

技術度 ★★☆☆☆ 2

体力度 ★★★☆☆ 3

日帰り 払沢の滝入口→払沢の滝→時坂峠→展望台→数馬分岐→浅間尾根登山口 **計5時間20分**

写真／星野恒行、菊地弘幸　文／星野恒行

奥《おく》多摩《たま》の登山道は昔から、米や木炭、生活日用品を運んだ生活道路が多い。浅間嶺《せんげんれい》も、江戸時代は「甲州中道《なか》」とよばれた江戸と甲州を結ぶ要路が通っていた。この道は山梨県境の笹《ささ》尾根と南秋《みなみあき》川を挟んで並行に東西に走る浅間《せんげん》尾根上にあり、関東ふれあい道「歴史の道」として親しまれている。頂上へは浅間尾根登山口からのコースがポピュラーだが、今回は逆コースとなる払沢《ほっさわ》の滝を楽しんでから、時坂《とっさか》峠を通って浅間尾根を歩くコースを紹介する。

日帰り

払沢の滝から入山し、浅間嶺を越えて数馬へ下る

JR武蔵五日市《むさしいつかいち》駅からバスに乗り**払沢の滝入口バス停**で下車。バスルートによっては、本宿《ほんじゅく》役場前で下車して歩いても5分ほどだ。バス停の少し先にある案内板の坂道を上がっていくと、東京都で唯一「日本の滝百選」に選ばれた**払沢の滝**に着く。

落差60mの滝の流れでマイナスイオンをたっぷり浴びたら、来た道を戻り、駐車場

春は林道からも尾根づたいの美しい新緑に出会える

落ち葉が敷きつめられた道（浅間嶺手前）

入口を左にとる。そのまま進んでいくと、「時坂峠・浅間嶺」の道標がある。道標を左に折れ、時坂集落内を通るつづら折りの車道を縫うようにつけられた山道を登っていく。集落を抜けて、さらに鳥居まで登りつめると時坂峠だ。

ここから左に幅広い道を歩いて、時坂集落からの車道が左から合流すると峠の茶屋に着く。茶屋前からは御前山《ごぜんやま》や大岳山《おおだけさん》の眺めがよい。茶屋から左に下る道を進んでいくと分岐があり、これを左に入るとまもなく茶店「お休み処瀬戸沢《せとざわ》」（4月〜11月の土曜・休日営業）の前に出る。

さらにゆるやかな登山道を進む。途中、木が伐採された大岳山と御前山のビューポイントがある。小岩《こいわ》からの道が合流すると道が二手に分かれるので、左側の展望台を経由するルートをとる。落ち葉が敷きつめられた趣のあるゆるやかな道をゆっくりと登ってから、急坂をひと登りすれば**浅間嶺展望台**に着く。「浅間嶺」の立派な道標の立つ展望台にはベンチがあり、北斜面が大きく開け、大岳山から鋸山《のこぎりやま》を経て御前山に続く稜線の眺めがすばらしい。春はヤマザクラとのコラボレーションがみごとだ。休憩をしながら撮影するのもよいだろう。浅間嶺の道標近くからは、天候に恵まれれば南西に遠く富士山《ふじさん》を望むこともできる。

展望台から道なりに進むと右下に**広場**が見える。あずまやとトイレがあり、ここで休憩するのもよい。北側が開けているので、景色を楽しむこともできる。

広場から展望台と反対側（右側）を登ると富士浅間神社祠がある。浅間嶺の名前の由来といわれている祠だ。そのまま道なりに進むと「小岩浅間」と書かれた札が木に着けられている場所に着く。視界はないが、ここが浅間嶺の頂上（標高９０３ｍ）だ。

さらに樹林帯の尾根道を進んでいく。北斜面が大きく伐採されたところを通るが、ここも大岳山から鋸山を経て御前山に続く稜線の眺めがすばらしい。先ほどの展望台

民宿やそば屋の看板が目印の浅間嶺登山口

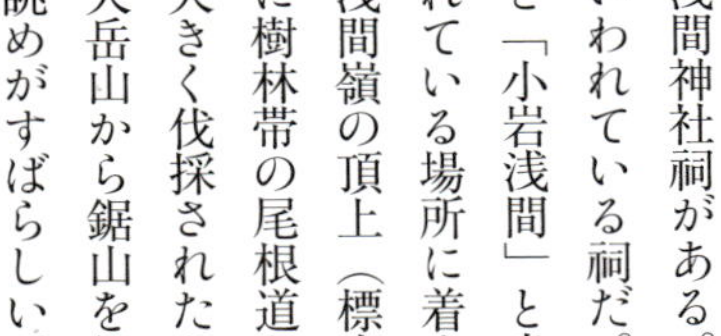

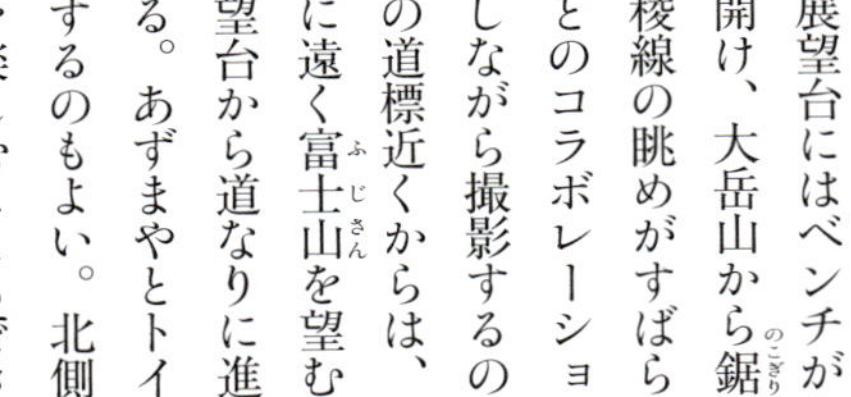

サルの手形がついているといわれる大きなサル岩

払沢の滝の流れには優雅さと力強さがある

のようなヤマザクラはないが、新緑の時期はしばし時間を忘れてしまう。

人里峠《へんぼり》からも浅間尾根上を数馬《かずま》方面へ西進する。多少のアップダウンこそあるが、快適な道だ。途中ガレ場のトラバースルートが通行止めとなっている箇所があるが、尾根筋のゆるやかな道を登っていく。

やがて通称一本杉（一本松）とよばれる地点に着く。周囲はツツジが多く咲くところで、開花のころは目の保養となる。しばらく歩くと「サル岩」と書かれた看板が見える。サル岩はサルの手形がついた大岩で、看板に「よく探せばわかるよ!」と書いてあるので、探してみよう。

サル岩の先が**数馬分岐**で、浅間尾根登山口バス停と風張峠《かざはり》の分岐道標がある。この分岐は左手の道を真っすぐ進む。はじめは樹林帯のなかのゆるやかな下りだが、最後はつづら折りにどんどん下っていく。そば店の前に出て、舗装された道を道なりに下っていけば、**浅間尾根登山口バス停**までは10分ほどだ。

プランニング&アドバイス

払沢の滝から登っても下山地の浅間尾根登山口から登ってもアップダウンに大差はない。ただし下山の時間帯は浅間尾根登山口のほうがバスの本数が少ないので、ダイヤを事前に確認しておくこと。コース中には払沢の滝や浅間嶺展望台など見どころが多いだけに、風景を眺める時間や休憩時間を多く計画に組み込むとよい。浅間嶺と人里峠からは南面の檜原街道側に出るエスケープルートがあるので、万一の時間的余裕がなくなっても1時間程度でバス便のある場所に下山できる。浅間尾根登山口バス停から数馬側へ徒歩約20分で数馬の湯があり、下山後にひと汗流して帰るのもよいだろう。

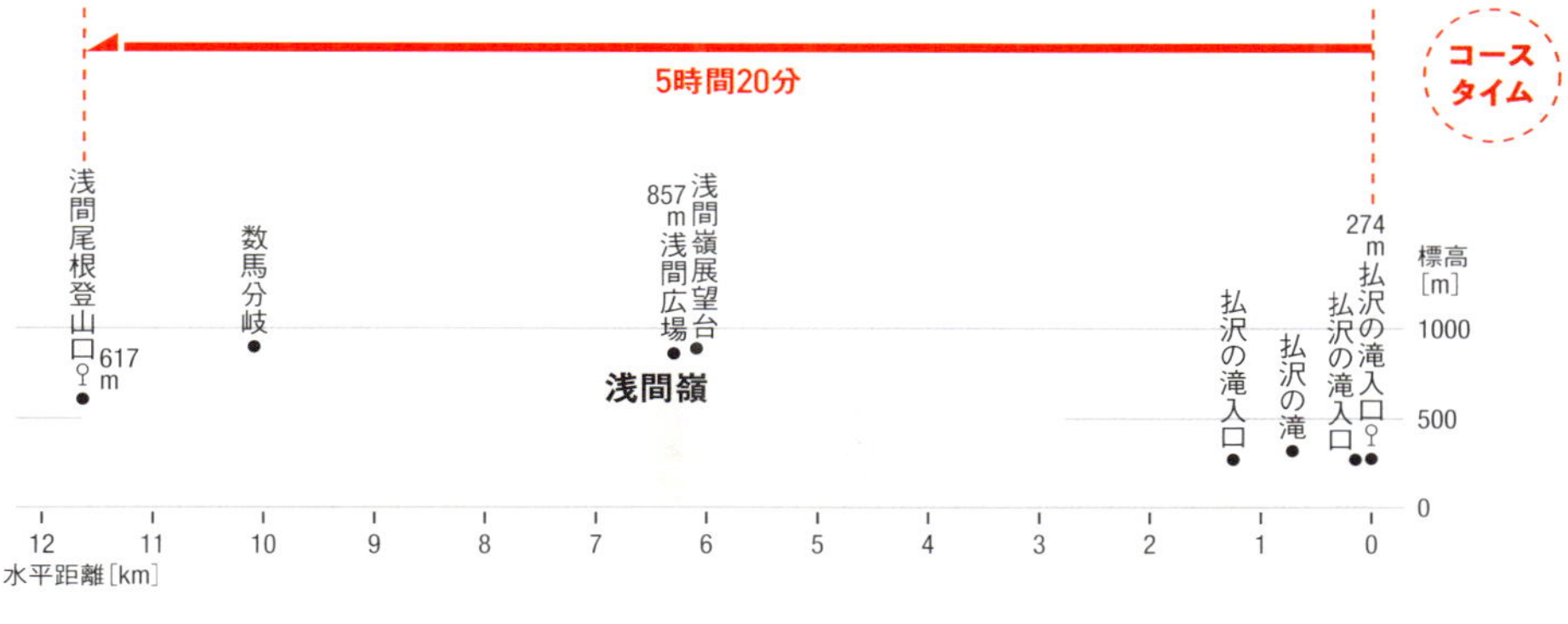

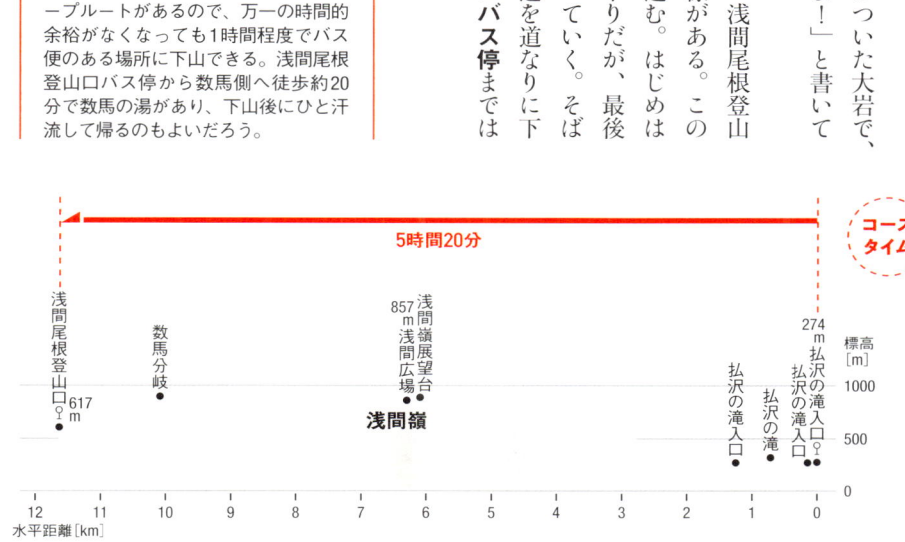

日帰り

鹿倉山

鹿倉山頂上手前の斜面からは大パノラマを堪能できる（中央は御前山）

眼下の奥多摩湖と木漏れ日がまぶしい光彩に包まれた山

日帰り 深山橋→大寺山→大成峠→鹿倉山→大丹波峠→マリコ橋→丹波役場前　計5時間10分

コースグレード｜初級

技術度｜★★☆☆☆　2

体力度｜★★★☆☆　3

写真・文／柳澤達彦

奥多摩《おくたま》湖のすぐ西側、山梨県側から注がれる丹波《たば》川と小菅《こすげ》川に挟まれた場所に位置するのが鹿倉山《ししくらやま》だ。三角点と道標があるだけの頂だが、静かなのでゆっくり休憩したい場所だ。稜線通しに東にある大寺山《おおでらやま》には大きな仏舎利塔がそびえ立っており、4方向に祀られている金箔の仏像が神々しく輝いている。

ここでは、東京都の奥多摩湖西端から登り、大寺山と鹿倉山を経て山梨県丹波山《たばやま》村の中心部へ下るコースを紹介しよう。

日帰り

奥多摩湖畔の深山橋から登り、稜線をたどって丹波山村へ下る

鹿倉山へは、JR青梅線奥多摩駅発の西東京バスでアクセスする。鴨沢西《かもさわにし》行き、小菅の湯行き、または丹波行きのいずれかのバスに30分ほど乗車し、**深山橋《みやまばし》バス停**で下車する。奥多摩湖に架かる深山橋を渡るとおいしいと評判のそば屋「陣屋《じんや》」が右手に現われるので、その手前の細道に入る。なお、陣屋の向かいに小菅行きのバスが通る

登山口から少し登ると樹間から奥多摩湖を見下ろせる

登山口へと続く細い道は、秋には紅葉で彩られる

陣屋バス停があり、ここから歩きはじめてもいい（ただし本数は少ない）。

湖畔を少し歩けば、登山道入口に到着する。秋には紅葉がこの細道を赤く彩り、エメラルドグリーン色の湖とのコントラストが美しい。登山の序盤は急な登りが続く。木々の隙間から奥多摩湖が眼下に望めるので、美しい景色を楽しみながら、ゆっくりと登っていこう。

尾根に出れば傾斜はゆるやかになる。春から初夏にかけて、この尾根はところどころに咲くヤマザクラの淡いピンク色やツツジのあざやかな橙色によって彩られ、尾根沿いの山歩きを楽しい気分にさせてくれる。ただし両脇が急峻なやせ尾根が数カ所あるだけに、通過の際は足もとに充分気をつけよう。

スギやヒノキの樹林帯の先に白亜の大きな建物が見えてくれば、そこは仏舎利塔が建つ**大寺山**だ。仏舎利塔の東方が開けており、奥多摩湖や御前山《ごぜんやま》が望める。広々としている頂上にはベンチも設置されているので、ここでひと休みしていくとよいだろう。

ここから西の尾根は、歩きやすい樹林帯の道が続く。鴨沢への分岐を過ぎ、鹿倉山が近づいてくると尾根幅は広くなり、登山道と並行する作業用林道が現われる。このあたりには木々が伐採されて視界が開けている場所があるので、鷹《たか》ノ巣山《すやま》や雲取《くもとり》山《やま》を一望できるだろう。

そこからさらに少し登れば鹿倉山の頂上は近いが、頂上手前の斜面からは奥多摩湖や御前山、そして今しがた登ってきた白い大寺山の仏舎利塔の大パノラマを堪能することができるので、ぜひとも忘れずに東の景色を眺めよう。

たどり着いた**鹿倉山**の頂上は周囲が木々に囲まれており眺望はあまりよくないが、適度な広さと木陰がある。木の葉を渡る風

鴨沢への分岐。木漏れ日が心地よい

大寺山の頂上に建つ巨大な仏舎利塔

視界が開けた作業用林道。雲取山や鷹ノ巣山が見える

を感じながら、下山に向けて少し休憩していこう。

鹿倉山から大丹波峠《おおたば》までは、登山道と林道が何度も分岐と合流を繰り返す。歩きやすい道が続くので、一気に下ってしまおう。**大丹波峠**から少し斜面を下ると、やがて沢沿いに出る。途中道が崩れているところがあり、増水時には沢に架かる小さな木造の橋が冠水してしまうため、足もとや水量には注意が必要である。

下り終わってマリコ橋を渡れば、国道411号上にある**丹波役場前バス停**まで舗装路が続いている。奥多摩駅行きのバスの本数は限られているので、必ず事前にバスの時刻表を確認しておこう。

プランニング&アドバイス

大丹波峠からは南の小菅村方面にも下ることができる。大丹波峠から丹波山村までのコース途中にある川の増水が予想されるときは、小菅村に降りたほうが安全である。傾斜のゆるやかな歩きやすい作業用林道をしばらく歩くとやがて県道18号と合流し、その後も歩きやすい舗装路が小菅村中心部まで続く（大丹波峠から約40分）。小菅村から奥多摩駅に戻るには西東京バスを利用する。また、日帰り温泉の小菅の湯始発のバスがあるので、登山の疲れを温泉で癒しながらバスの時間を待つのもよいだろう。ただし、奥多摩駅行きのバスは一日4本しか運行していないので、ダイヤは必ず確認しておこう。

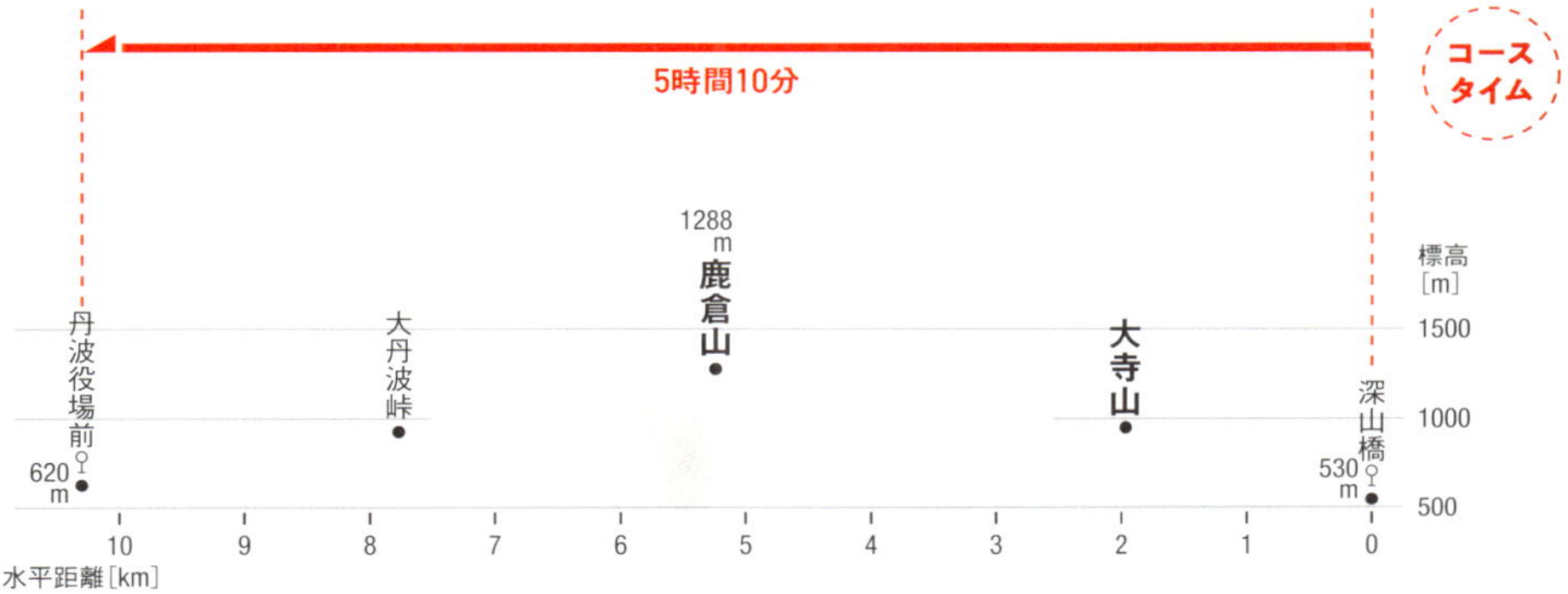

日帰り

川苔山

渓流と圧巻の滝でリフレッシュ 苔にも癒される山旅

コースグレード | 中級

技術度 ★★★ 3

体力度 ★★★ 3

奥多摩屈指の名瀑・百尋ノ滝。約40mの高さから水が落ちるさまは圧巻だ

日帰り 川乗橋→百尋ノ滝→川苔山→舟井戸→大ダワ分岐→大根山の神→鳩ノ巣駅 計6時間12分

写真・文／楠田英子

川《かわ》苔《のり》山《やま》は奥多摩《おくたま》の山でも決して高くはないが、アクセスがよく登山コースも豊富なため、四季を通じて大勢の登山者でにぎわう人気の山だ。美しい渓谷と大きな滝を持ち、頂上からの景色もすばらしい。花も多く、変化に富んだ山歩きができる。

ここでは西側の川乗橋《かわのりばし》から入山して百尋《ひゃくひろ》ノ滝を経て頂上に立ち、JR青梅《おうめ》線鳩《はと》ノ巣《す》駅に下山するコースを紹介する。

日帰り

百尋ノ滝から川苔山に登り、大根山の神、鳩ノ巣駅に下る

JR奥多摩駅からバスで約15分、**川乗橋バス停**で下車する。林道前のゲート脇を抜けて、舗装された林道をゆるやかに登る。時おり工事車両が通ることがあり、注意したい。10分ほどで、右手奥に三角のめざす川苔山が見える。竜王《りゅうおう》橋を渡ると、左手に渓流が近づいてくる。林道ゲートから1時間ほど歩くと、ベンチや水力発電を利用したバイオトイレがある**細倉《ほそくら》橋**に着く。

発電小屋の先からは、川苔谷沿いに並行する登山道歩きとなる。道はこれまでとは異なり、道も細く、岩も濡れていて滑りやすい。やがて、水の流れる音がどんどん大きくなってくる。渓流を何度か橋で渡り、苔と滝を楽しみながらの山歩きとなる。沢から少し離れると橋が斜めになっている地点があり、少しのスリルを味わいながら慎重に渡る。その先で片側が切れ落ちている箇所を足もとに気をつけながら進むと、下に滝が見えてくる。その先で大きな橋を渡るが、濡れていると滑りやすいので景色に気をとられないようにしたい。

急勾配の細い道を登り、またいくつか橋を渡る。山を回りこむように延びる平坦な道を進むとゆるやかな下りとなり、橋で対岸に渡って樹林帯に入っていく。二度三度と対岸へ渡り返しながら、川苔谷を奥へ奥へと進んでいく。

やがて沢から離れ、岩場に続く道に川苔

細倉橋から先がいよいよ登山道のはじまりだ

沢沿いの道では斜めの橋もあり気をつけて歩こう

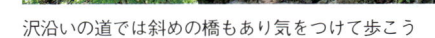

山・百尋ノ滝と滑落事故発生通行注意の看板が見えてくる。その看板の下には水場がある。水場からは岩場の道になるが、滑落事故も起きており、充分に注意して通過すること。両手を上手に使って登っていこう。

対岸の頭上に林道のガードレールが見えてくると川苔山と百尋ノ滝の分岐で、百尋ノ滝に寄り道をして行こう。補助ロープのついた急な階段を2つ降りると、目の前に圧巻の**百尋ノ滝**が姿を現わす。滝つぼまで近づけるので、冷たい水でリフレッシュし、マイナスイオンのシャワーを身体いっぱい浴びていこう。

ひと休みしたら階段を登り返して分岐に戻り、川苔山へと向かう。この先のトラバース道でも滑落事故が起きており、要注意だ。岩場や鉄製のハシゴを2つ過ぎたころには、沢の音も小さくなってくる。3つ目の鉄バシゴを越えると、本ルートの下山者に向けた通行注意の看板がある。それを過ぎるとゆるやかな登りとなる。これで危険箇所を抜け、少しほっとする。

小さな赤い鳥居が見えてきたら、急な登りとなる。途中道標が2つあり、それを過ぎるとゆるやかな道が山を回りこむように続く。しだいに下りになると道標があり、火打石《ひうちいし》谷に出る。足を滑らせないように徒渉して右手に進む。

沢沿いの道をゆるやかに登れば**足《あし》毛《げ》岩分岐**で、川苔山・日向沢《ひなたざわ》ノ峰《うら》方面に進む。急登をこなすと、沢のなかに堰堤や石を積み上げた跡のある場所が見えてくる。ワサビ田の跡である。苔むして緑がきれいだ。

この先しばらくワサビ田の跡に沿って登っていくと、少し開けた場所に出る。途中道がわかりにくい箇所もあるので、霧などで視界がきかない時は注意して歩こう。

足もとを見れば春はハシリドコロが群生し、岩の水が浸み出しているところには、ネコノメソウやエンゴサクが咲いており、

渓谷美を楽しみながら何度も沢を渡っていく

東の肩まで来ると川苔山頂上は目前となる

展望に恵まれた川苔山の頂上で景色を満喫

花好きにはたまらない。花の百名山なのも納得だ（川苔山の花はP115コラム参照）。倒木は苔むして、これもまた趣がある。頭上は木がおおい茂り、新緑や紅葉もみごとだ。ゆっくりと花や木々とふれあったら、頂上をめざして先に進もう。

やがて沢を離れるとジグザグの急登になり、登りきるとベンチや休憩スペースがある**東の肩**に到着する。ここは川苔山頂上と、下山する鳩ノ巣方面、古里《こり》駅へいたる赤杭《あかぐな》尾根の十字路となっている。

20分ほどで登り着いた**川苔山**の頂上からは360度が見渡せ、雲取山《くもとりやま》をはじめとする奥多摩の山々はもちろん、天気がよければ富士山《ふじさん》を拝むこともできる。

頂上を満喫したら往路を**東の肩**へ戻る。古里駅と鳩ノ巣駅方面への看板をよく確認し、鳩ノ巣方面に下山する。鳩ノ巣へは行程が長く、樹林内の単調な下りが続くため、あせらず休憩を多めにとりながら進もう。

最初は急な滑りやすい道なので注意して下ると、水場への分岐に出る（水場へは右手の急斜面を下る）。分岐よりほどなくしてベンチが2つあり、その先から広々とした道となる。さらに進むとまたベンチが2つあり、それを過ぎて5分ほど歩くと、大《おお》ダワ・本仁田山《ほにたやま》方面への道を分ける**舟井戸**《ふないど》という場所に出る。名前の通りあたりは窪地になっており、船の底のように見える。

小さいが立派な大根山の神の祠

ワサビ田跡とハシリドコロ群生地を過ぎていく

舟井戸を過ぎると道は細くなり、植林された樹林のなかの単調な下りとなる。道間違いしそうなところには道標があるが、杉林の尾根道で同じような景色のため、登山道以外に迷いこまないように気をつけて歩こう。また、ここまででかなり体力も消耗しているので、張り出した木の根や滑りやすい岩に注意して下っていこう。

大ダワの分岐を鳩ノ巣方面にとるとしばらくでベンチや太い丸太があり、小休止できる。この先、足もとに岩がゴロゴロした場所を下る。沢を渡り、岩場を通過して道なりに下っていくと、東京都水道水源林の看板がある。さらに下ると左側の視界が開け、樹間からエビ小屋山《ごややま》が、下にはガードレールが見えてくる。なおも標高を下げると階段があり、これを下ると先ほど見えていたガードレールの舗装林道に出る。ここが西川《にしかわ》林道終点だ。

西川林道を右手に少し登ると広場となっており、**大根山《おおねのやま》の神《かみ》**の祠がある。ここは瘤《こぶ》高山《たかやま》・大ダワへ向かう道の分岐にもなっている。大根山の神に安全登山を感謝して、再び山道に入る。単調な植林帯が続くため、この先も気を許さず、慎重に下っていこう。やがて熊野《くまの》神社と観光トイレの分岐に出て、左手の観光トイレのほうに向かう。

棚澤《たなさわ》集落の民家の脇に下り立てば、登山道が終わる。急勾配の舗装道路をまっすぐ下ると、右手の公園内に観光トイレがある。さらに集落内を下っていき、踏切を渡ると**JR鳩ノ巣駅**前に到着する。

プランニング&アドバイス

登山口の川乗橋にトイレはなく、下山口の鳩ノ巣まで基本的にトイレはないので、奥多摩駅でバスに乗る前にトイレはすませておこう。途中の細倉橋のトイレは調整中や、使えても混雑時期には行列ができる。逆ルートの場合は、川乗橋からのバスの時間を調べておこう。本数が少なく、奥多摩駅まで歩くと1時間ほど。下山ルートは、最後はうっそうとした樹林帯の下りとなるので、日の短くなる紅葉シーズンは、午後4時ごろまでに下山できるよう心がけたい。マイカー利用の際には鳩ノ巣駅近くの町営駐車場を利用し、青梅線で奥多摩駅まで移動して本コースを歩くとよいだろう。

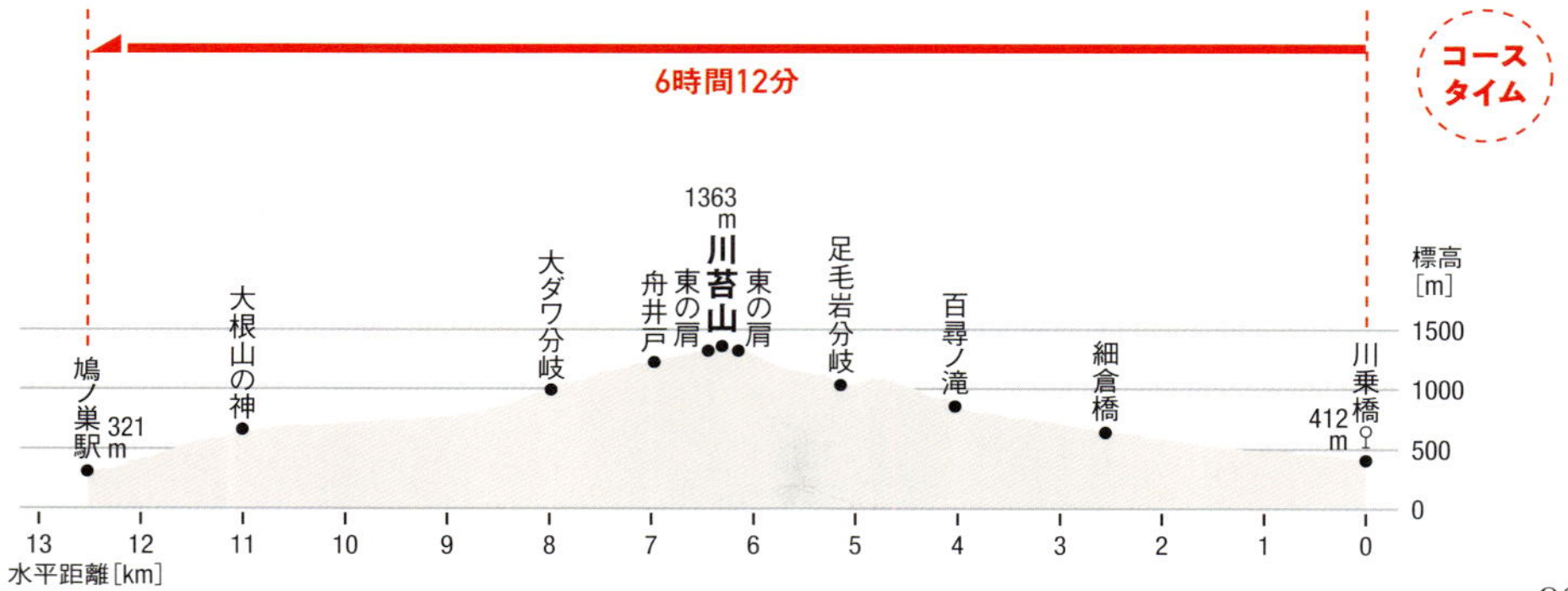

サブコース

川苔山から本仁田山を経て奥多摩駅へ下る

川苔山↓本仁田山↓安寺沢↓奥多摩駅

4時間25分

Map 4-3A 川苔山

Map 6-1D 奥多摩駅

コースグレード | 中級

技術度 ★★★ 3

体力度 ★★ 2

川苔山《かわのりやま》から本仁田山《ほにたやま》を経て奥多摩《おくたま》駅へダイレクトに下るこのコースは、累積標高差約１５００ｍ。本仁田山～奥多摩駅間でも約８８０ｍの標高差があり、これは北アルプスの涸沢《からさわ》と北穂高岳《きたほたかだけ》との標高差に匹敵する。そのような数字を意識して歩くのも、山の楽しみ方のひとつだろう。なお、本コースには水場がないので、登りや下りでも水は充分確保していく必要がある。

川乗橋《かわのりばし》バス停から川苔山へはP86コース11を参照のこと。

川苔山の頂上周辺は、春先にはトウゴクミツバツツジの淡いピンクの花が新緑に色を添えてとても美しい。**川苔山**頂上から大《おお》ダワまでは、落葉広葉樹の尾根道を下るが、急な箇所もあるので、足もとには気をつけたい。

途中、鞍部の大ダワを挟んでめざす本仁田山が壁のように立つのが見える。**大ダワ**から**瘤高山**《こぶたかやま》（コブタカ山《やま》）を経て、本仁田山への登りに差しかかる。

たどり着いた**本仁田山**頂上からは、遠く関東平野や芙蓉《ふよう》の峰（富士山《ふじさん》）を望むことができる。

本仁田山でひと呼吸整えたら、安寺沢《あてらざわ》集落をめざして標高差約７００ｍを下る。スギやヒノキの樹林帯のつづら折りの急な道を、休憩をとりながら下ると**安寺沢**に着く。民家脇の石段を下ると車道に出る。ここから**奥多摩駅**までは車道を40分ほど歩く。

石が積まれた本仁田山の頂上

大ダワからはめざす本仁田山が見える

写真／星野恒行　文／藤島 浩

サブコース

鳩ノ巣駅から川苔山を経て赤杭尾根を下る

鳩ノ巣駅↓川苔山↓赤杭山↓古里駅

6時間25分

JR鳩《はと》ノ巣《す》駅北側の棚澤《たなさわ》集落にある熊野《くまの》神社から大根山《おおねのやま》の神《かみ》や舟井戸《ふないど》を経て川苔山《かわのりやま》の頂上に立ち、静かな赤杭《あかぐな》尾根を軽快に下る、川苔山では比較的健脚向きコースを紹介する。鳩ノ巣駅から集落を抜けてそのまま登山道がはじまるこのコースは、昔から山が身近な存在だったことを感じさせる。

鳩ノ巣駅前で支度をすませたら、踏切を渡って出発しよう。集落内の車道をそのまま最後まで上がった登山道入口から入るルートが一般的だが、途中左に折れて熊野神社境内を抜け、古い社左奥の登山道を登っていくルートを行ってみよう。神社から少し登れば登山道入口からの道が右より合流し、樹林帯の道を心地よく登っていく。息が荒くなるころ、小さな祠がある**大根山の神**に着く。ここは大《おお》ダワや本仁田山《ほにたやま》への分岐点となっている。

祠の先の広場前の道をいったん右へ下り、左側の石段から再び登山道に入る。少し登れば、右に今日の下山ルート・赤杭尾根と尾根上のピークであるエビ小屋山《こややま》が望める。

ゆるやかな樹林帯の道をしばらく登ると、東京都水道水源林の大きな看板が目に入る。奥多摩《おくたま》の森が、水源林としていかに貴重な存在かを感じさせる。

いくつかの枯れ沢を渡り、目の前に大きな岩壁が見えてくると、明るく少し開けた休憩するのによさそうな場所に出る。道なりに進んで右に折れ急登をこなすと**大ダワ**

Map 4-4A 鳩ノ巣駅

Map 4-4B 古里駅

コースグレード	中級
技術度 ★★★☆☆	3
体力度 ★★★☆☆	3

川苔山頂上へと続く登り坂は疲れが癒せるプロムナードだ

曲ヶ谷南峰から赤杭尾根へ続く稜線を軽快に下っていく

との分岐に出て、川苔山方面へ。このあたりは岩がゴロゴロしており、注意して登ろう。途中のベンチを過ぎ急坂をひと登りして、道がゆるやかになると**舟井戸**に着く。ベンチもあり川苔山が望める。

ここからは開けた登山道となる。右に曲《まがり》ヶ谷北峰《がやほっぽう》への道を分けると、水場看板がある。左下の沢沿いに水場があるので、必要に応じて補給していこう。川苔山直下の**東の肩**に出たら左に折れ、約10分で**川苔山**の頂上に着く。東西に長い頂からは、雲取山《くもとりやま》から富士山《ふじさん》まで見渡せる。

頂上をあとに**東の肩**まで戻ったら古里《こり》駅方面へまっすぐ進み、**曲ヶ谷北峰**の道標を右に上がる。岩場の道を抜け、視界が開けたところが曲ヶ谷南峰《なんぽう》だ。ここから斜面を一気に下っていく。正面はるか先には飯能《はんのう》市街が見えている。

ここからは赤杭尾根上を行く。**エビ小屋山分岐**を左に進み樹林帯の道を軽快に下ると、川苔山登山口と書かれた道標のところに出る。右に折れてしばらく林道を歩き、**真名井《まない》林道**に出る手前で赤杭山《あかぐなやま》方面の道標に導かれ、再び登山道へ。視界がない樹林帯の道が続くが、時おり三頭山《みとうさん》が遠望できる。**赤杭山**のピークは平坦なうえ視界もなく、見落としてしまうかもしれない。

そのまま稜線を下っていき、**峰戸山《みのとやま》の下**で道が右へ折れ、美林の道を進むとズマド山鞍部に着く。直進が川井《かわい》駅、右が古里駅を指す道標にしたがい右へ。しばらくはゆるやかな下りだが、やがて大きく高度を下げていく。古里駅への道標を左へ折れると、途中で本仁田山が遠望できる。さらにほぼ直線に下り、コンクリートの階段を降りると車道に出る。左に曲がり道なりに行くと熊野神社で、横を抜けるとJR**古里駅**に着く。

大根山の神を過ぎ、エビ小屋山と赤杭尾根を望む

プランニング&アドバイス

①水場は川苔山手前の沢だけなので、鳩ノ巣駅で必ず補給する。②下山路の赤杭尾根は登山者が少ないせいか、やや不明瞭な箇所があるので注意。③鳩ノ巣駅はホリデイ快速が停車しないので、各駅停車の時刻を確認して早立ちを心がける。④比較的ロングコースだけに、秋からの日が短い時期は早立ちすること。⑤コース途中にトイレがなく、出発前にすませておく。

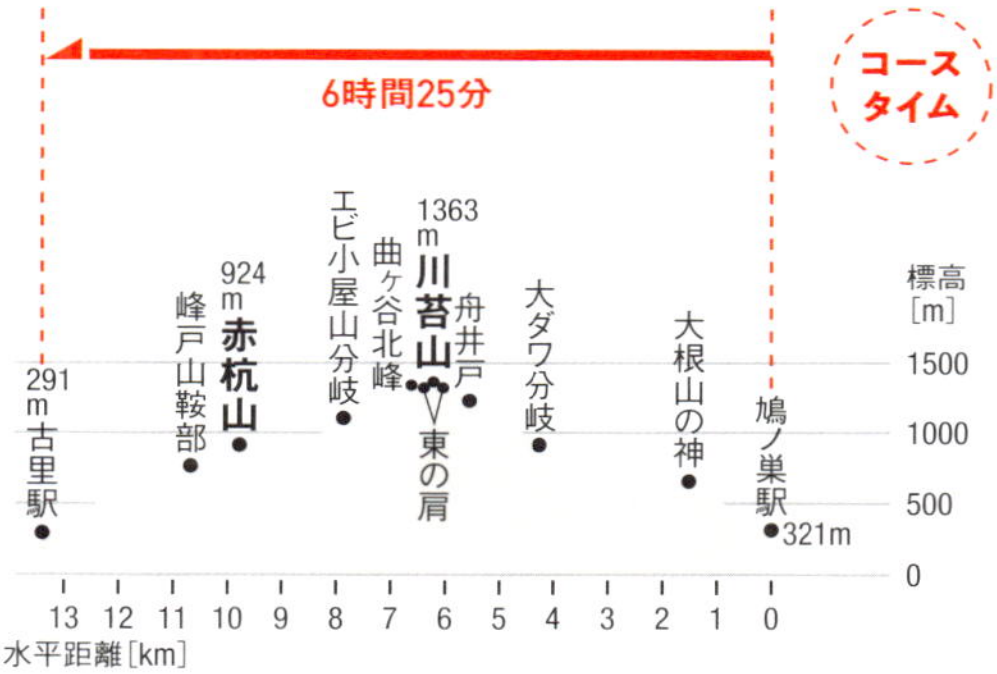

サブコース

川苔山から蕎麦粒山を経て東日原へ下る

川苔山↓蕎麦粒山↓一杯水↓東日原

9時間40分

Map 4-4A 鳩ノ巣駅

Map 8-3C 東日原バス停

コースグレード	中級
技術度	★★★☆☆ 3
体力度	★★★★☆ 5

川苔山《かわのりやま》からの下山ルートのひとつとして、長沢背稜《ながさわはいりょう》を進み、蕎麦粒山《そばつぶやま》を経由するロングルートが考えられる。その魅力は静かな山歩きと、避難小屋での宿泊を楽しむことにある。川苔山から蕎麦粒山を経由し、一《いっ》杯水《ぱいみず》避難小屋で1泊。ヨコスズ尾根を東日《ひがしにっ》原《ぱら》へ下る健脚コースを紹介する。

1日目 **川苔山**までは、P86コース11の逆コースを参照。川苔山頂上から**東の肩**に戻ったら、日向沢《ひなたざわ》ノ峰《うら》・蕎麦粒山方面へ向かう。**曲ケ谷北峰**《まがりがやほっぽう》を経て狼平《おおかみだいら》で赤杭山《あかぐなやま》への登山道を見送り、蕎麦粒山方面へ進むと、獅《し》子口《ぐち》小屋跡への分岐がある**横ケ谷平**《よこがたにだいら》に着く。『花の百名山』で有名な田中澄江は、獅子口小屋で食事をしたことを記しているが、現在、小屋は跡形もない。小屋跡への道を右に分けて直進し、軽いアップダウンを繰り返すと、**踊平**《おどりだいら》に到着する。ここにも小屋跡への道があるが、崩落のため通行止めとなっている。

さらに、のんびりと静かな尾根道を進む。蕎麦粒山への巻き道を見送ると、**日向沢ノ峰**に着く。川苔山や石《いし》尾根の展望が開けているので、ひと息ついていこう。

オハヤシの頭《かしら》、桂谷《かつらだに》ノ峰《うら》を通過し、いったん下ると、いよいよ蕎麦粒山への急坂に差しかかる。これを登り終えると、川苔山方面の眺めが気持ちよく、道標と三角点のある**蕎麦粒山**頂上に達する。山名は山頂の形が蕎麦粒に似ているためといわれる。

桂谷ノ峰付近から見た蕎麦粒山

一杯水避難小屋。トイレもある快適な小屋だ

写真・文／長谷川治宏

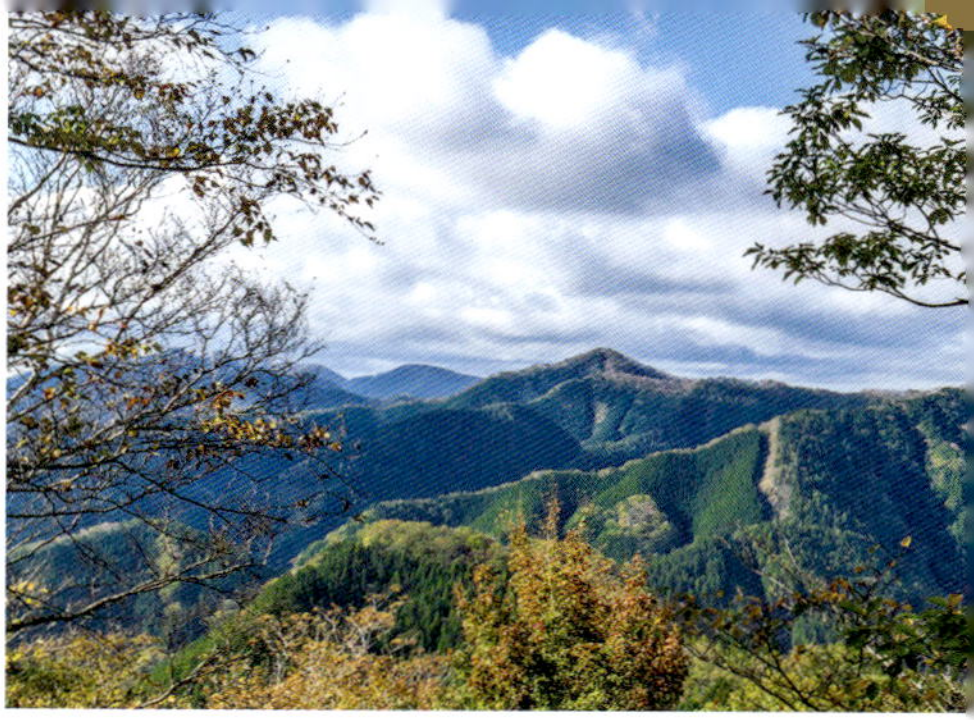

登山道から見た北面の秩父方面の展望

また、頂上付近の岩が燧石質《すいせき》であったため、火打石《ひうちいし》山《やま》ともよばれている。奥多摩では標高の高い山だが、やや奥まった場所にあるため、訪れる人は少ない。

頂上をあとに一杯水をめざして尾根を下る。15分ほど進むと仙元峠《せんげん》に到着する。昔、この峠（仙元尾根）は秩父《ちちぶ》と多摩《たま》を結ぶ唯一の道だったという。峠の名前は、水の源「仙元」に由来し、祠には現在も水の神「木花咲耶姫命《このはなのさくやびめのみこと》」がまつられている。

さらにブナ林をゆるやかに下っていくと一杯水があるが、近年は湧水量が少なく、涸れていることもあるので、必要な水は持参するのが賢明である。一杯水から5分ほどで今宵の宿、**一杯水避難小屋**に到着する。

2日目 2日目は行程に余裕があるので、避難小屋から北へ30分ほどにある、展望のよい**天目山**《てんもくざん》（三《み》ツドッケ）に登ってから下山するのがおすすめだ。頂上で石尾根や富《ふ》士山《じさん》の展望を楽しんだら、**一杯水避難小屋**まで戻りゆるやかなヨコスズ尾根を下る。なだらかで心地よい道だが、足場の悪いところもあるので注意したい。

道はゆるやかに高度を下げ、やがてつづら折りの急坂を一気に下る。民家の裏を通り舗装道路に出て、その先の日原街道を右に曲がれば、**東日原バス停**はすぐだ。

道標と三角点のある蕎麦粒山の頂上。訪れる人は少ない

プランニング&アドバイス

宿泊地となる一杯水避難小屋は人気の山小屋で、週末には混み合っていることも多い。万一のことを考え、テント持参で来ている登山者もいる。一杯水の水場が通常の水量であれば問題ないが、宿泊に備えた水を余分に持っていると安心できる。小屋にはトイレがあり、室内は土間と板張りの居室に分かれており、炊事や睡眠も快適な小屋といえるだろう。

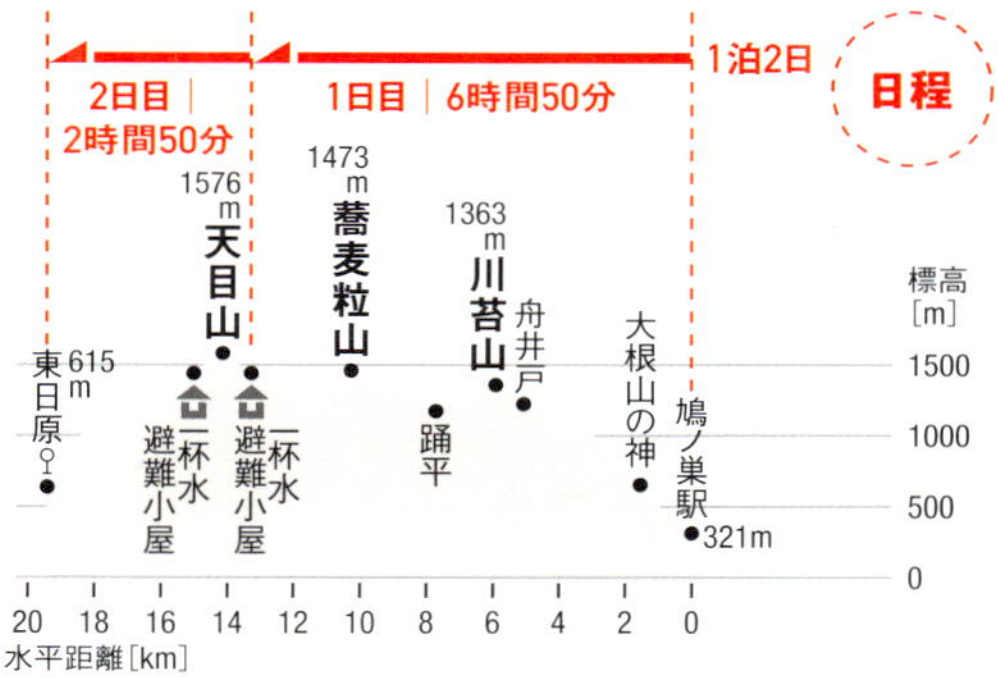

日帰り

棒ノ折山

奥秩父の展望、ゴルジュの景観とスリル 二重の楽しみを満喫

コースグレード｜初級

技術度 ★★★ 3

体力度 ★★ 2

日帰り｜清東橋→棒ノ折山→権次入峠→白谷沢→さわらびの湯　計4時間10分

白谷沢の途中からゴルジュ部分を見上げる

写真／宮川正、青木貴子　文／宮川正

雲《くも》取山《とりやま》から東へ、西谷山《とりだにやま》や蕎麦粒山《そばつぶやま》などを連ね東京都と埼玉県の境を成す尾根上に座る棒《ぼう》ノ折山《おれやま》（棒《ぼう》ノ嶺《みね》）。登りやすく、頂上から埼玉県南部の山々の眺望もよいうえ、埼玉県側には温泉もあるので、休日には多くのハイカーや家族連れでにぎわう。標高の高い山ではないが、爽快感とスリルが楽しめる白谷《しらたに》沢の沢歩きや、高水《たかみず》三山《さんざん》と組み合わせてロングコースにするなど、変化に富む楽しみ方もできる山である。

ここでは東京都側からアプローチして頂上に登り、帰りは埼玉県側の白谷沢を下るルートを紹介する。通年登れるが、新緑や紅葉の時期に訪れれば、周囲の景観に感動しながら歩くことができるだろう。

日帰り

百軒茶屋の登山口から棒ノ折山頂上へ

東京都側からのアプローチは、JR青梅《おうめ》線川井《かわい》駅から清東橋《せいとうばし》方面行きのバスを使う。**清東橋**でバスを下り、さらに車道を数百m先へ進んで百軒《ひゃっけん》茶屋を過ぎた右手に棒ノ折山への**登山口**の標識がある。

沢沿いのワサビ畑のなかを20分ほど登っていく。小祠がある場所で道は左に折れ、針葉樹林のなかのやや急な登りになる。道はほぼ直登だが、よく整備されていて歩きやすく、ゆっくり登れば疲れは少ない。

稜線が近づくとやや道が荒れてきて、大きな岩のあいだを抜けるような箇所もある。やがて頭上が明るくなってきて、登山口から1時間半強で**棒ノ折山**の頂上に飛び出す。広場になっている頂上は正面が開けていて、晴れていれば奥多摩《おくたま》や奥秩父《おくちちぶ》の山々を一望できる。ベンチやあずまやもあるので、腰を下ろして休憩したり、食事をするのに適している。

頂上でゆっくり休憩し、登りの疲れがとれたら埼玉県側へ下山しよう。頂上から東側へやや急な尾根を10分あまり下ると**権次《ごんじ》入《り》峠**（ゴンジリ峠）で、道はここで二手に

白谷沢登山口。右へ進むと有間ダムに出る

権次入（ゴンジリ）峠の標識

分かれる。そのまま進む道は、黒山《くろやま》を経て高水三山へと続く稜線だ（P100参照）。

左へ折れ、丸太の階段が組まれたやや歩きづらい道を下っていく。20分ほどで岩茸《いわたけ》石のある**三叉路**に出るので、ここを左に折れて、白谷沢方面への道に入る。

斜面を横切るようにつけられた道を10分あまり進み、右へ斜面の階段を下りると、丸太のベンチが設置された休憩スペースがある。その向こうにある林道を横切って、白谷沢の沢筋に下りていく。

白谷沢の上部は巨岩のあいだを沢水が走るゴルジュ（＝廊下）を形成しており、本コースでもっとも魅力的な景観が展開する。しかし、急なクサリ場や滑りやすい岩が多いだけに、下りに使う際には慎重に足場を求め、滑落したりしないよう充分注意する必要がある。それを別にすれば、両側の高い岩壁や沢の流れに新緑や紅葉の色が映る景色は、思わず目を奪われるに違いない。

緊張して下りた場所から振り返り、巨大な石門と樹々がつくる光景を目にすると、

大きな岩茸石が見えてきたら手前の道を左へ行く

棒ノ折山頂上は、晴れていれば奥秩父の山々を見渡せる

ほっとすると同時に、いつまでも眺めていたくなるだろう。

　ゴルジュ帯を終えると、やがて登山道は沢筋を離れていくぶん歩きやすい道になり、20分ほどで名栗《なぐり》湖畔の**白谷沢登山口**に出る。

美しい植林のなかの登山道を棒ノ折山へ登っていく

登山口を右に折れて湖を左に見ながら湖畔沿いの車道を歩いていくと、10分ほどで有《あり》間《ま》ダムの上に出る。

　ダムの堰堤を通過して突き当たった車道をさらに10分ほど下っていけば、飯能《はんのう》駅方面行きのバスが出ている**さわらびの湯バス停**に到着する。バスは比較的本数が多いので、入浴施設のさわらびの湯で汗を流して帰るのもおすすめだ。

プランニング&アドバイス

清東橋への西東京バスの川井駅バス停は、青梅街道の川井交差点の奥多摩側にある。バスは上日向止まりの便もあるので、あらかじめダイヤを確認しておこう。上日向で下りた場合、清東橋まで20分ほどの歩行になる。下山口の埼玉県側のバスの便は比較的多いが、帰宅の鉄道の便も含めて確認し、遅くても何時までに下山する必要があるか、などを計画に入れておきたい。下山路の白谷沢を登路に使う場合、滑落のおそれがあるゴルジュ帯を登りで通過することになり、安全度が高い。この場合、下山時には岩茸石を直進して滝ノ平尾根に入り、さわらびの湯の近くに直接出るルートも検討しておくとよい。

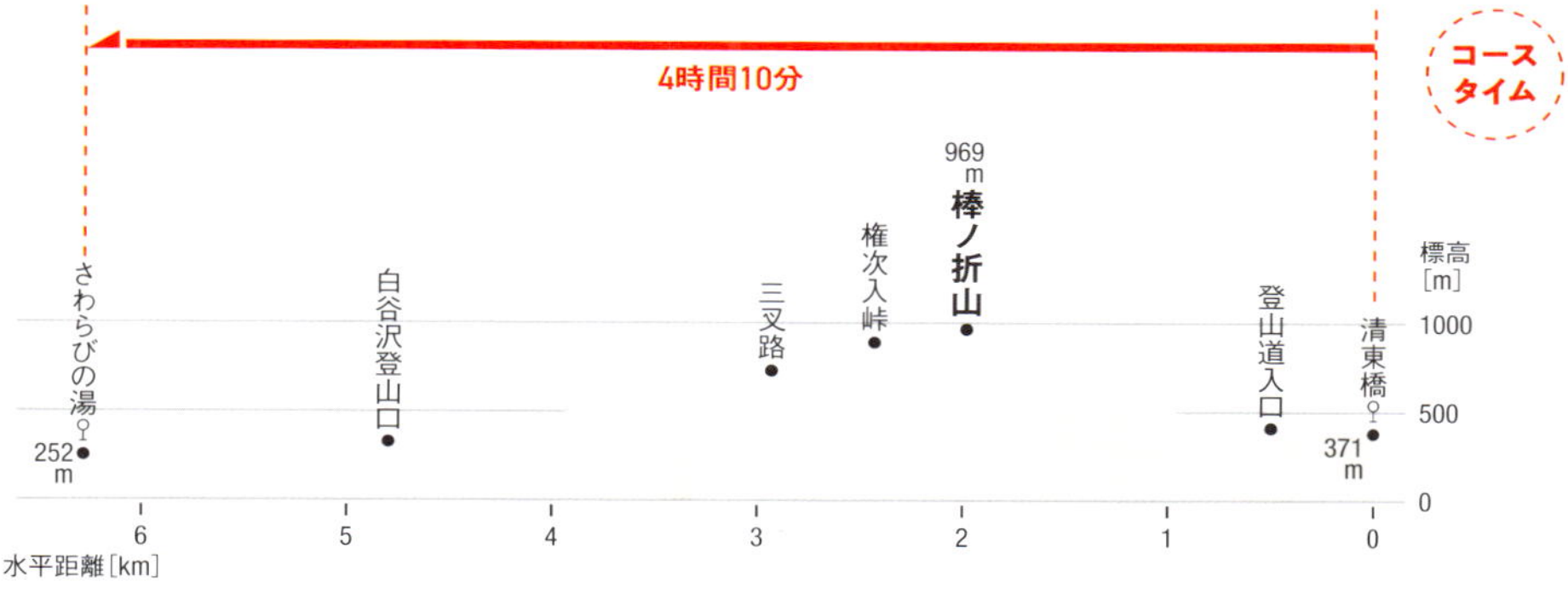

サブコース

棒ノ折山から岩茸石山、御嶽駅へ

清東橋↓棒ノ折山↓岩茸石山↓御嶽駅

5時間55分

Map 4-3B 清東橋バス停

Map 2-1C 御嶽駅

コースグレード	中級
技術度	★★☆☆☆ 2
体力度	★★★☆☆ 3

先述のコース（P96コース12）は棒《ぼう》ノ折《おれ》山《やま》から埼玉県側に下山するルートを紹介したが、ここでは棒ノ折山から奥多摩《おくたま》の展望を楽しみながら東京都側へ下山するルートを紹介する。

見晴らしのよい尾根歩きを楽しめるだけでなく、東京側から入山した場合には再び同じ東京側へ戻るので、行き帰りの交通の計画を立てやすい。

清東橋《せいとうばし》バス停から**棒ノ折山**を経て**権次入《ごんじり》峠**までは、P96コース12を参照のこと。

権次入峠から道標の「黒山《くろやま》・岩茸石山《いわたけいしやま》」方面へ向かう。多少のアップダウンはあるが全体的に歩きやすい尾根には、ところどころに休憩用のベンチが設置されている。尾根からは奥多摩南部の山々の眺めもよい。

20分ほどで**黒山**に着く。ここで小沢《おざわ》峠方面への道と分かれ、さらに1時間ほど歩いたあたりではじめて岩茸石山の姿が見えてくる。これまでのいくつかの小さなピークと異なり、高くどっしりと見える姿に思わず身構える。

さらに15分ほど進んだ名坂《なさか》峠で大丹波《おおたば》方面からの登山道と合わせ、やや急で滑りやすい斜面を10分ほど頑張ると、高水三山《たかみずさんざん》の一峰・**岩茸石山**の頂上に出る。頂上は広場になっており、木のベンチもあるので休憩をとっていこう。岩茸石山は高水三山の縦走者や、展望を楽しむために御嶽《みたけ》駅などか

高水山越しに都心のビル群が見えることもある

途中、木の根が露出している箇所もある

稜線上から望む奥多摩の山々の奥に、真っ白な富士山が頭を出す

ら登ってくる登山者が行き交うだけに、多くの登山者でにぎわっている。

　その頂上からは今歩いてきた棒ノ折山や権次入峠からの尾根、さらに奥秩父《おくちちぶ》や奥多摩の山々を望むことができる。隣の高水山《たかみずさん》の奥に目を凝らすと、遠く都内のビル群の姿も眺められる。

　一服したら、道標にしたがってこちらも高水三山の惣岳山《そうがくさん》へと向かう。頂上から御嶽方面へ岩の斜面を充分注意して下り、杉林におおわれた道を30分ほど行くと、惣岳山の山体が現われる。木の根がおおう大きめの露岩の道をゆっくり登っていけば、金属の網に囲われた青渭《あおい》神社の社のある**惣岳山**に着く。この頂上は見晴らしがあまりないので、少し休んで先に進もう。

　南へ延びる尾根につけられた長い下り道には急な部分もあるので、転倒などしないように気をつける必要がある。

　慈恩寺《じおんじ》まで出たら、**御嶽駅**はすぐだ（岩茸石山～御嶽駅間の詳細はP102コース13を参照のこと）。

岩茸石山頂上。振り返れば歩いて来た棒ノ折山からの尾根が一望できる

プランニング&アドバイス

岩茸石山から御嶽駅へ下るのに必要な時間は2時間ほどだが、疲労を感じたり時間が遅くなったりした場合には、名坂峠から西に50分ほど下ると川井駅への西東京バスがある八桑（やくわ）バス停へ出られる。ただしバスの最終は18時台なので注意（平日は19時過ぎ）。岩茸石山からは高水山を経てJR青梅線軍畑駅に下ってもいいだろう（P102コース13の逆コース参照）。

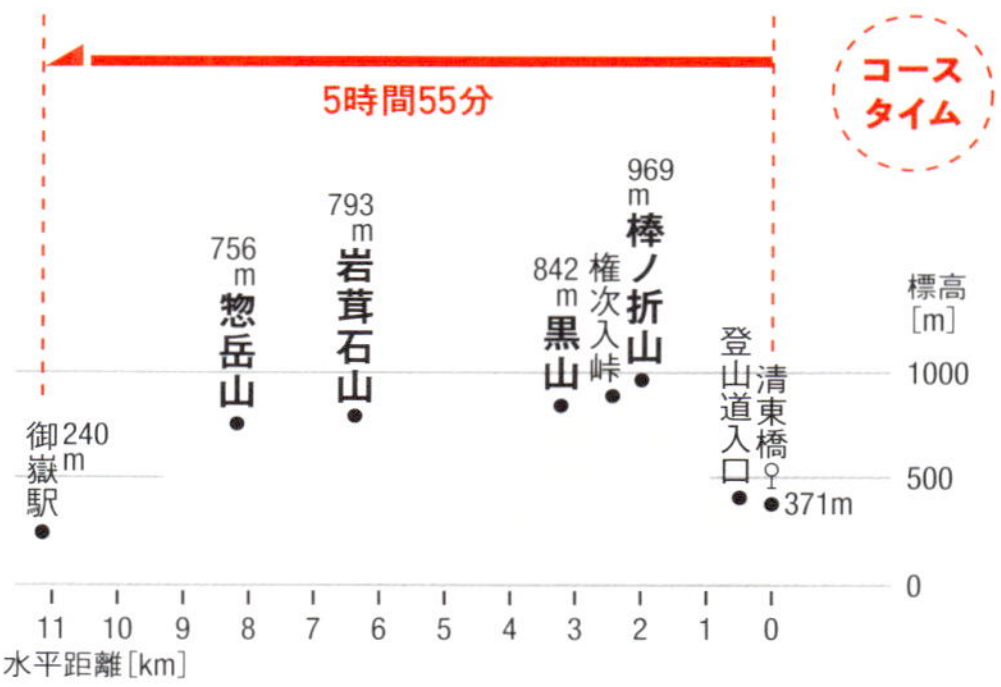

写真・文／久保田正明

日帰り

高水三山

高水山 岩茸石山 惣岳山

気軽な縦走感覚で3つのピークを結ぶ。好アクセスも魅力

ツツジのころの常福院。秋には美しい紅葉が迎えてくれる

コースグレード｜初級

技術度｜★★☆☆☆ 2

体力度｜★★☆☆☆ 2

日帰り　軍畑駅→高水山→岩茸石山→惣岳山→御嶽駅　計4時間25分

御《み》岳《たけ》渓谷の北岸に位置する高水三山《たかみずさんざん》は、高水山《たかみずさん》・岩茸石山《いわたけいしやま》・惣岳山《そうがくさん》の3つのピークをミニ縦走感覚で楽しめるのが魅力。JR青梅《おうめ》線の駅から直接スタートして駅に戻るため、アクセスも良好だ。下山地の御嶽《みたけ》駅は、土曜日や休日に運行される特別快速も停車するので、帰宅時のストレスも少なくなる。

日帰り

軍畑駅から高水三山を経て御嶽駅へ

スタート地点となる**軍畑《いくさばた》駅**は、各駅列車しか停車しない無人駅だが、トイレは駅に併設され、駅前には商店もあり、飲料水や菓子パンなどが入手できる。朝7時から営業しているが、季節や曜日で多少変更もあるので、あてにしすぎないほうがよい。

登山道へは商店と線路のあいだを進み、小さな踏切を渡り坂道を下っていく。赤い鉄橋を右後ろに見送り、川音を絶えず右側に聞きながら車道を歩く。**平溝橋《ひらみぞ》**で左に折れ、川沿いに進むと交通量も少なくなる。その先で大きな石標を目印に右に進むと、すぐに高源寺《こうげんじ》に出る。入口には簡易トイレがある。さらに進み、舗装道路に飽きてきたころ、右手に「つりぼり場」が現われる。土曜・休日の営業で、軽い飲食ができる。

ここが**登山口**で舗装路は終わり、本格的な山道となる。目の前に大きな堰堤の壁が現われるが、左に階段が設置され上部に回りこめる。小さな沢を何度か渡り返しながら高度を上げ、沢音も聞こえなくなったころに伐採地の草地に出る。道標にしたがい右に進むと、テーブルやベンチが設置された場所があるので、ひと休みしていこう。

小休止後、左右に手入れされた杉林をゆるやかに登ると、右に上成木《かみなりき》への道を分けて左に道をとる。ほどなく右下に舗装されたなちゃぎり林道が見えてくると常福院《じょうふくいん》への分岐があるので、寄り道していこう。急な階段を登れば境内に出る。秋はモミジ、

釣り場の先にある登山口。靴紐を整えて本格的な山道へ

沢音を右手に進むと大堰堤が現われ、左側の階段を登る

常福院を過ぎて開けた稜線に出ると高水山頂上はもうすぐだ

春にはツツジなど、季節ごとに色あざやかに迎えてくれる。寺社の裏にはトイレが設置され、周辺にはあずまやもある。

常福院から**高水山**まではひと登りで着く。頂上は広く、ベンチでくつろぐハイカーでにぎわっている。

ひと息ついて頂上から急坂を下ると、なだらかな道になる。右側は落葉樹の林、左手は植林の森と、趣が異なる。次のピーク岩茸石山へは、左手に巻き道をやり過ごし、急登で少し息を切らせば到着する。広い**岩茸石山**頂上の北側は、今回のコースでいちばんの展望となる、棒《ぼう》ノ折山《おれやま》へと続く稜線が見渡せる。ここは、御嶽駅や棒ノ折山からの交差点になっており、たくさんのハイカーがくつろいでいる。

ゆっくり食事をとり、大休止したら3つ目のピークとなる惣岳山へ。急坂を下ると、ほどなく左側から高水山からの巻き道が合流する。さらに進むと、左面の展望が徐々に開けてくる。春先には新緑とサクラの美しい景観も眺められるだろう。

伐採林を過ぎると惣岳山への岩場に出るが、雨上がりなどは滑るので慎重に通過したい。**惣岳山**頂上には金網で囲まれた青渭《あおい》

巻き道を左に分けると岩茸石頂上は近い

高水山への稜線の左側はツツジなどに彩られる

広い岩茸石山頂上では多くのハイカーがくつろぐ

神社がある。ベンチが設置されていて休憩できるが、残念ながら展望はない。

頂上をあとにすると、すぐに湧水の祠があるが、涸れている時期が多く、飲料には適さない。その先の大木がしめつりのご神木で、コース中でいちばんの大木ではないかと思うほどだ。

十字路に出ると左に沢井《さわい》駅への道が分かれるが、そちらは舗装路なので、悪天時などはエスケープルートに使えるだろう。道沿いに南下し、**大きな石**を目印にジグザグに急坂を下ると、御嶽駅が近づいてくる。

左に慈恩寺《じおんじ》の境内が見えてくると舗装路となり、踏切を渡るとそば屋ののぼりが見える。右に進めば国道411号に出る。**御嶽駅**は右手階段の上で、多くのハイカーでにぎわっているだろう。周辺には飲食店や売店もあり、乗車までの時間調整ができる。

プランニング&アドバイス

別ルートとしては、バスの本数は少ないがJR青梅線川井駅から西東京バスで清東橋行きに乗り、八桑バス停で下車。名坂峠経由で岩茸石山に約1時間で着ける。ここから高水山をピストンし、惣岳山経由で御嶽駅に戻る。舗装道路を歩かなくてすむので一考だ。逆ルートの場合も御嶽駅で下車してすぐ登山道の直登を強いられるが、下山後に長い舗装道路歩きをせずにすむ。体力に自信があれば、岩茸石山から高水山をピストンして戻り、北に進んで棒ノ折山をめざすことも可能（P100の逆コース）。この場合、下山後は埼玉県側のさわらびの湯や名栗鉱泉で入浴もできる。

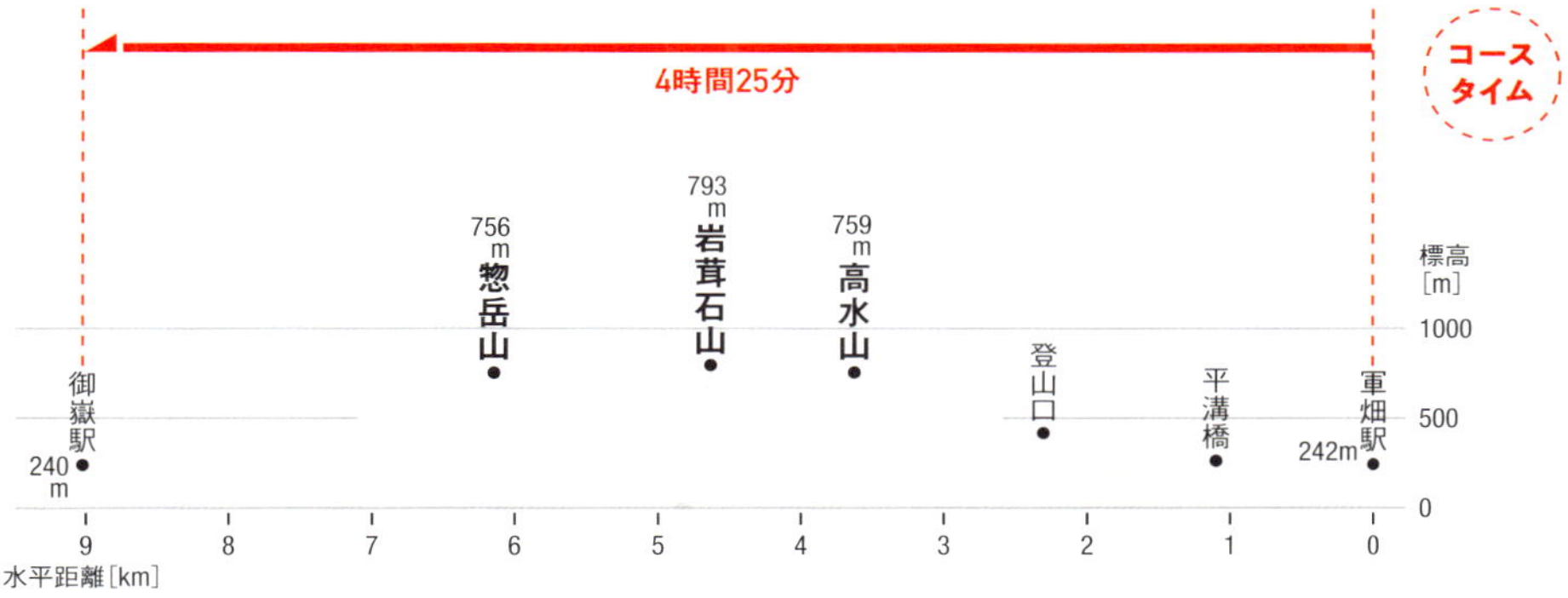

サブコース

上成木から高水山へ

上成木↓なちゃぎり林道↓高水山↓岩茸石山↓惣岳山↓御嶽駅　4時間

Map 4-3C　上成木バス停
Map 2-1C　御嶽駅

コースグレード｜初級

技術度｜★★☆☆☆　2

体力度｜★★☆☆☆　2

ここで紹介する青梅《おうめ》市上成木《かみなりき》からのルートは、高水山《たかみずさん》の表参道として古くから歩かれてきた。大きな杉林を縫いながら進む、とても歩きやすい道である。駅からダイレクトに歩くことができる軍畑《いくさばた》駅からのルート（P102コース13参照）と違って登山者も少なく、静かな山歩きが楽しめる。

起点の上成木へは、JR青梅線青梅駅南口から上成木行のバスが出ている、登山に適したバスは朝7時台のみで、週末にはハイカーで混み合うこともある。乗り遅れそうになった場合、バスは青梅駅ひとつ手前の東青梅駅前と東青梅駅北口にも巡回してくるので頭に入れておこう。ただし、北口バス停は駅から少し離れているので、事前に場所を確認したほうがよい。

終点の**上成木バス停**で下車する。ここからのハイキングコースは、主に棒《ぼう》ノ折山《おれやま》、岩茸石山《いわたけいしやま》、そして高水山への3ルートがあるが、今回は高水山へ向かう。高水山へのルートはバス停からも見えるので、迷うことはないだろう。

舗装路を左折して、「高水山」と書かれた立派な鳥居をくぐってスタートする。昔の参道ではあるが、はじめから急登でひと汗かかされる。道中、何合目かを示す合目石に導かれて標高を上げていく。

前方にドラム缶が見えると、**なちゃぎり林道**に出合う。林道を横切り、階段を登ってベンチを過ぎると、また静かな山道を快適に進む。沢筋に水場の表示があるが、涸

眺めがよい高水三山最高峰・岩茸石山の頂上

立派な鳥居をくぐって登山をスタートする

写真・文／久保田正明

れていることが多く、あてにできない。

白いガードレールが見えると、常福院《じょうふくいん》はもうすぐだ。ここまでは車で来ることもできるが、参拝客用で登山用の駐車場ではないので注意が必要だ。

惣岳山への稜線は東側斜面が開けている

常福院の境内は、ツツジの花やモミジの紅葉などがみごと。四季を通じで楽しめるだろう。あずまややトイレもあるので、ひと休みしてから高水山の頂上をめざそう。
境内から頂上へは、不動堂の裏手の坂を上がっていく。あずまやを過ぎたところが**高水山**の頂上である。
この先**岩茸石山**、**惣岳山**《そうがくさん》を経て**御嶽**《みたけ》**駅**へ下る道は、P102コース13を参照のこと。

大きなスギに守られるように建つ惣岳山頂上の青渭神社

プランニング&アドバイス

常福院は創建年代等は不詳だが、高水山頂上にある不動堂を本堂とし、鎌倉幕府の有力御家人だった畠山重忠も深く信仰したといわれている。本尊の不動尊像は、智証大師が日原の大日如来窟で修行中、浪を切る不動が眼前に出現したものを彫刻し、高水山におさめたものだという言い伝えも残る。高水山へは、そうした歴史を感じながら登るとより感慨深いものとなる。

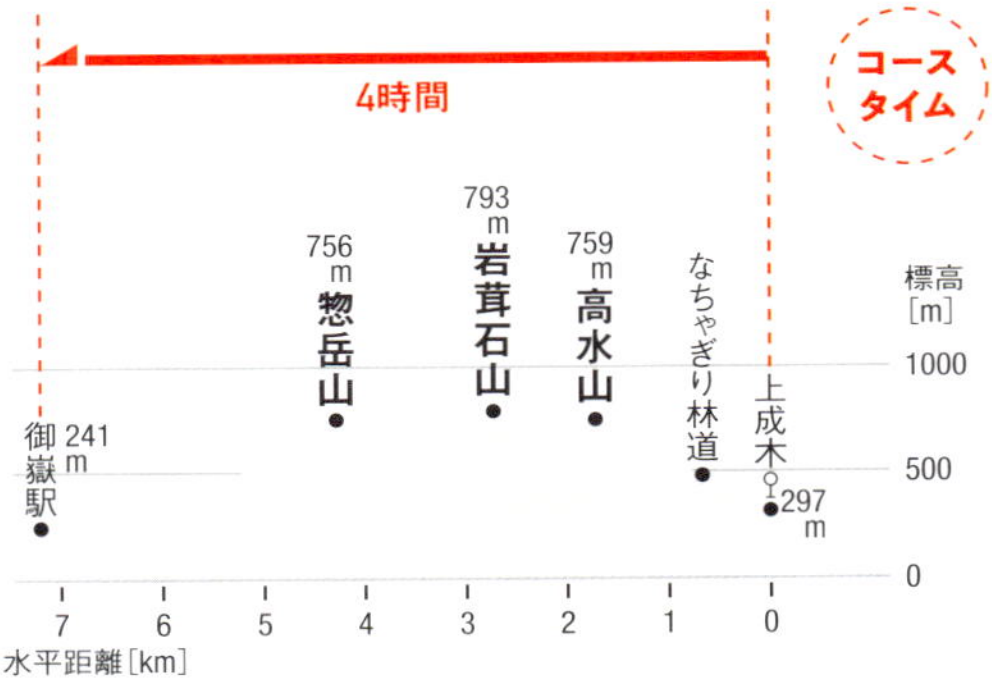

市道山から30分ほどの小ピーク手前から望む臼杵山

日帰り

戸倉三山

臼杵山 市道山 刈寄山

静かな山歩きと
都下の眺めを楽しむ
健脚向きロングコース

コースグレード｜中級

技術度 ★★★☆☆ 3

体力度 ★★★★☆ 4

日帰り　元郷→臼杵山→市道山→入山峠→刈寄山→今熊山→今熊山登山口　計7時間50分

写真・文／庄内春滋

奥多摩《おくたま》の南端、檜原村《ひのはら》とあきる野《の》市の境界に稜線を連ねる臼杵山《うすきやま》と市道山《いちみちやま》、そして、あきる野市内に少し戻った場所にある刈寄山《かりよせやま》は、ちょうど秋《あき》川の支流である盆堀《ぼんぼり》川の流域を囲むように位置している。

この3つの山を「戸倉三山《とくらさんざん》」とよぶが、その名付け親は、カモシカ山行の発案者としても知られる登山家の中村謙氏である。カモシカ山行は、夜を徹して歩く山行、長い距離を歩く山行を意味するが、かつてこの一帯が戸倉村であったことから、3つのピークを一気に歩くイメージで戸倉三山と名付けたのかもしれない。

最高峰の臼杵山でも900mに満たない低山だが、アップダウンが多く、距離も長い。とはいえ、全体的に登山者は少なく、静かな山歩きが楽しめるはずだ。

また、3つのピークからは、樹木越しに周辺の山や都下の市街地が望める。早めの出立と、余裕を持った行動計画で歩きたい健脚向きのコースを紹介する。

日帰り

元郷バス停から三山最高峰・臼杵山へ

JR五日市《いつかいち》線の終着駅である武蔵《むさし》五日市駅前のバス停から、数馬《かずま》方面に向かう西東京バスに乗車し、**元郷《もとごう》バス停**で下車する。降りたバス停の目の前の細い道が登山道に続いているので、臼杵山登山道の案内板の先へ進もう。

畑を抜けていくと、背の高い植林のなかの急斜面を登る登山道となる。奥多摩の森林の静けさを感じながら20分ほど登ると、稜線手前の鞍部に着く。息を整え、もうひと登りするとゆるやかな稜線に出る。

軽いアップダウンを繰り返しながら最初のアンテナ施設を過ぎると、檜原村ハイキングコースの案内板が現われる。その先は、新緑の時期には心地よい緑のトンネルとなり、森林浴気分でのんびり歩きたい。

2つ目のアンテナ施設まで来ると左側の視界が開け、大岳山《おおたけさん》とそこから延びる馬頭《まず》

元郷バス停そばの臼杵山登山口。左手の金網沿いに登山道へ

稜線のところどころで森林浴気分を味わえる

刈《かり》尾根を望むことができる。晴れた日は絶好のビューポイントなので、景色を楽しみながら小休止してもいいだろう。

やがて平坦だった道がいったん下りに変わり、いよいよ臼杵山への急登がはじまる。30分ちょっと頑張って登りきると、臼杵神社のある臼杵山北峰《ほっぽう》へ。社の左右には、イヌかキツネかという2つの説がある石像が鎮座している。

臼杵山南峰からのあきる野市方面の眺め

北峰をあとにいったん下り、荷田子《にたご》からのグミ尾根と合流して登り返すと、三角点が置かれた**臼杵山南峰《なんほう》**に着く。樹木越しにあきる野市の市街地が見え、その先には都下の街並みも遠望できる。

臼杵山からは大小のコブを越えながら、市道山との最低鞍部まで200m近い標高

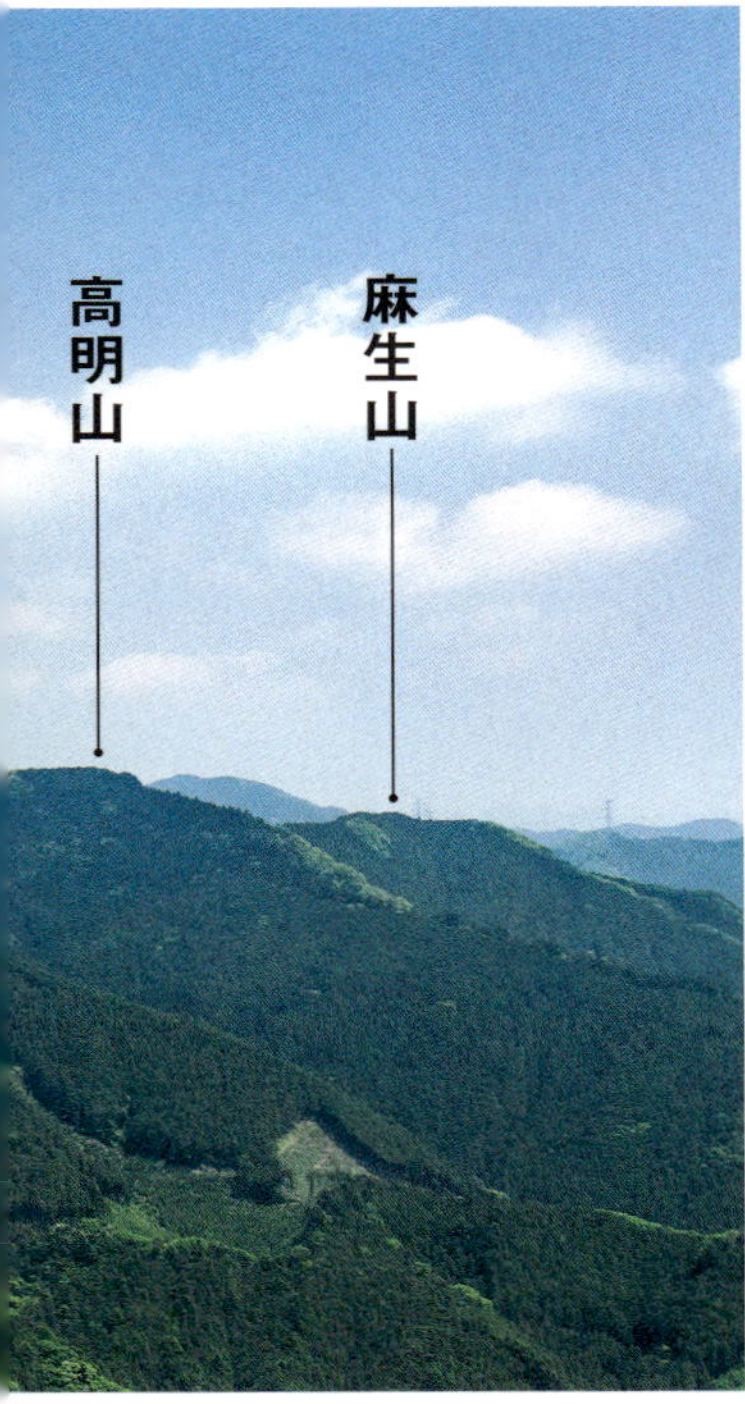

市道山頂上。遠くにめざす刈寄山と今熊山が見える

差を一気に下ることになる。その先はまた急登だけに、こまめに水分や塩分を補給し、行動食もしっかり食べながら進みたい。途中、来た道を振り返ると、通過してきた臼杵山を樹間から垣間見ることができる。

　低山にしては傾斜のきつい坂を登りきるとやっと平坦になり、笹平《ささだいら》からのヨメトリ坂とよばれる道（P113参照）との分岐を経て、**市道山**に着く。かつて市道山は「五日市への道」の要衝であり、その名は市の立つ日にこの山を越えて五日市まで行ったことに由来するという。頂上からは次に向かう3山目の刈寄山が左方向に確認でき、下山口となる今熊山《いまくまやま》まで遠望できる。これから先のコースタイムを確認し、大きな岩をベンチ代わりに昼食を楽しむのもよい。

　腹ごしらえをしたら、刈寄山をめざしていったん急降下し、和田《わだ》峠への分岐を経て峰見《みねみ》通りとよばれる尾根道に入り、大きく下って登り返す。市道山から30分ほどの地点で、振り返ると右奥に臼杵山を望むこと

2つ目のアンテナ施設の先からは大岳山や馬頭刈尾根が見渡せる

ができる。このコースのなかでも絶好の撮影ポイントなので、カメラにおさめておいてもいいだろう。先に進んで、日本山岳耐久レース10㎞地点の標柱を見て鳥切場《とっきりば》を過ぎれば、入山《いりやま》峠が近づいてくる。

入山峠で車道を渡り、木立のなかの登山道に再び入る。分岐を左にとって登っていくと、15分ほどで**刈寄山**頂上に着く。広い

ベンチがある刈寄山の頂上

頂上にはあずまやもあり、北東側に目をやると、眼下にあきる野市の市街地を、その先に青梅《おうめ》市の市街地を望むことができる。

三山巡りを達成したら、来た道を分岐まで戻り、そこを左手に曲がり下山口となる今熊山へ向かう。1時間ほどで着く**今熊山**頂上には今熊神社と公衆トイレがある。

大きな鳥居まで下りてきたら、車道を左に進み、集落を抜けて**今熊山登山口バス停**へ。長い道のりを歩ききったという、心地よい達成感に浸りながら帰路につきたい。

プランニング&アドバイス

本コースはアップダウンが多く、体力を消耗するロングルートのため、事前にエスケープルートを把握しておこう。そうすれは、その日の体調や行動時間によって、余裕を持って対処できる。エスケープルートは、①臼杵山の北峰と南峰の鞍部からグミ尾根を下って荷田子バス停に下る。②市道山手前の分岐からヨメトリ坂を下って笹平バス停へ下る。③鳥切場の先から車道へ出て関場バス停に下る。④刈寄山手前から刈寄林道に出て沢戸橋バス停まで下る。これらのルートを出発前に地図で把握し、それぞれ帰りのバスの時間も調べておくと、行動の判断がしやすくなる。

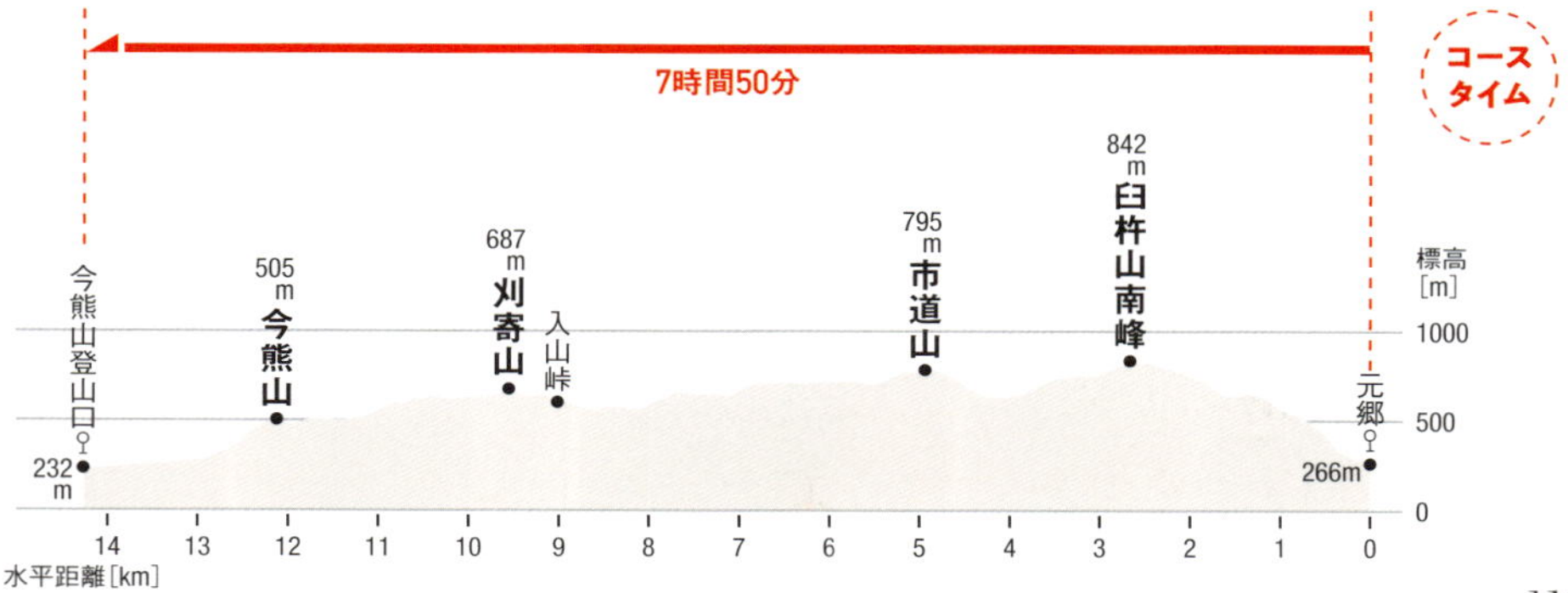

サブコース

笹平から臼杵山を経てグミ尾根を下る

笹平→市道山→臼杵山→荷田子　5時間5分

Map 1-2B　笹平バス停

Map 1-1C　荷田子バス停

コースグレード | 中級

技術度 | ★★ 2

体力度 | ★★★ 3

JR武蔵五日市《むさしいつかいち》駅からのバスを**笹平《ささだいら》バス停**で下車。バス停裏の道を右に進み、笹平橋を渡る。その先で左の天光寺《てんこうじ》への入口を見送り、さらに進んだ左側に市道山《いちみちやま》登山口の道標がある。電柱に隠れ、見落としやすいので要注意。左手の川へ下り、朽ちかけた木橋を渡りきったところから、ヨメトリ坂の登りがはじまる。ジグザグの急登を繰り返し尾根道に出る。頭上は徐々に明るくなり、左側の植間から臼杵山《うすきやま》が垣間見える。再び急坂を登った稜線に臼杵山との分岐があり、右に数分進めば**市道山**だ。

臼杵山へは分岐まで戻り直進。木の根が張り出した急坂を下り、アップダウンを繰り返す。岩がごつごつした急登を越えれば、あきる野の市街地が見渡せる**臼杵山南峰《なんほう》**だ。南峰から北側へ下るとすぐに下山口となる荷田子《にたご》への分岐があるが、臼杵神社のある臼杵山北峰《ほっぽう》に寄る場合は、その分岐から元郷《もとごう》方向へひと登りする。分岐に戻ったらグミ尾根を荷田子へ下ろう。

分岐からしばらく下り、右側が伐採された見晴らしのよい場所からは採石場が見下ろせ、刈寄山方面の眺望も広がる。さらに高度を下げていくと、左側に大岳山《おおだけさん》、馬頭《まず》刈《かり》尾根を望むことができる。ほどなく茱萸《ぐみ》御前《ごぜん》の石碑と祠に出会い、**荷田子峠**で左へ曲がる。植林のなかを下り、人里に出たら獣除けの電気ネットをくぐる。その先の信号を渡り、右に進めば**荷田子バス停**がある。

左奥は大岳山、手前は馬頭刈尾根（グミ尾根から）

臼杵山北峰の臼杵神社。南峰からは5分ほど

写真／高梨智子、小倉謙治　文／高梨智子

コラム2

奥多摩にまつわる花2題

登山の楽しみのひとつ――「花」。奥多摩には花の大群落こそないが、山麓から稜線にいたる登山道で見ることができる花々は、驚くほど豊富。春のスミレにはじまり、秋のマツムシソウまで四季を通じて楽しめる。山域は樹林帯が多いだけに、足もとの可憐な彩りに目を向け、植物図鑑を片手に観察しながら歩くのも奥多摩登山の魅力だろう。

浅間嶺のヤマザクラ（4月）

御岳山のレンゲショウマ

可憐な白い花が印象的なレンゲショウマは、日本特産の1属1種の花。花が蓮の花に、葉がサラシナショウマに似ていることから、その名がつけられたという。本州の太平洋岸のみに分布し、主に湿り気のある山地に自生する。奥多摩では、御岳山駅前広場からすぐの富士峰園地北側斜面に、約5万株・日本一ともいわれるレンゲショウマ群生地があり、7月中旬～9月中旬にかけて写真愛好家やハイカーらを楽しませている。なお、花期には「レンゲショウマまつり」が開催され、フォトコンテストなど各種イベントが実施されている。ただし花期は盛夏だけに、登山は熱中病対策を万全にして臨みたい。

なお、本書の奥秩父の項で掲載している甲武信岳は、田中澄江著『新・花の百名山』でレンゲショウマの山として紹介されているが、その数は決して多くはない。

レンゲショウマ

キンポウゲ科
花期：8～9月
撮影：御岳山

写真／高梨智子・楠田英子

ハシリドコロ
ナス科
花期：4月上旬～5月中旬

ミヤマキケマン
ケシ科
花期：4月上旬～5月中旬

ヤマツツジ
ツツジ科
花期：4月上旬～5月中旬

ヤマアジサイ
ユキノシタ科
花期：6月上旬～7月中旬

ミヤマハコベ
ナデシコ科
花期：4月下旬～6月下旬

■奥多摩屈指の花の山・川苔山

川苔山は、駅から登れ、山中に爽快な滝があることもあり、奥多摩でも人気の高い山だ。しかし、人気の理由はそれだけではなく、花もそのひとつ。川苔山は田中澄江著『花の百名山』に選ばれているだけに、花が多いのだ。群落こそないが、沢沿いではスミレ類やハシリドコロなど、稜線ではアジサイ類などが見られる。花期は4～10月で、開花状況は奥多摩ビジターセンターに問合せるとよい。

キツリフネ
ツリフネソウ科
花期：7月下旬～9月中旬

コガネネコノメソウ
ユキノシタ科
花期：4月～5月

アズマイチゲ
キンポウゲ科
花期：3月下旬～4月中旬

ジロボウエンゴサク
ケシ科
花期：3月中旬～4月中旬

コミヤマスミレ
スミレ科
花期：4月下旬～5月中旬

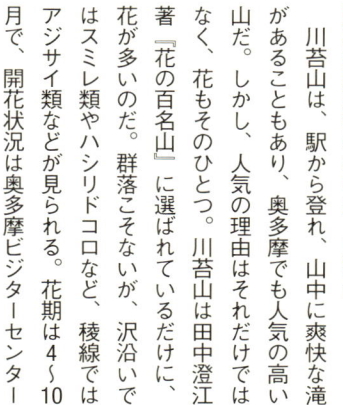

奥秩父
東京に近く、近代登山草創期より
登山者に親しまれたエリア。
標高の割に登りやすい

鷹見岩からの豪快な金峰山の眺め（撮影／長沢 洋）

カラマツ林が広がる三条ダルミを行く（後方は雲取山）

東京都の最高峰から奥秩父主稜へと足を踏み入れる

コースグレード | 中級

技術度 ★★★☆☆ 3

体力度 ★★★★★ 5

1日目 鴨沢→雲取山→雲取山荘　計5時間50分

2日目 雲取山荘→雲取山→飛龍山→三条の湯→お祭　計9時間40分

写真・文／長沢 洋

東京都の最高峰だからこそ有名だといってもいい雲取山《くもとりやま》だが、首都の中心地からたかだか70㎞くらいしか離れていないとはとても思えない山深さである。山国日本の地理的特徴が首都にもあるといえる。

西に飛龍山《ひりゅうさん》へと続く奥秩父主稜線の南側に見下ろすのは多摩川源流域の森で、山梨県内ではあるが、東京都水源林として管理され、美しい広葉樹林がふんだんに残されている。この広大な森があってこそ都会が維持できるのだという、当然の事実に気づかされる。

稜線の北側は重厚な黒木の森におおわれており、これは奥秩父全般の傾向である。

1日目 三峯神社あるいは鴨沢から雲取山荘へ

入山は**三峯《みつみね》神社**から南下して頂上にいたるか、**鴨沢《かもさわ》**から北上するコースなど、いくつかのコースが頂上へ通じている。コース1（P14）やコース2（P22）などを参照のこと。

小広い狼平。この先は道が険しくなる

富士山が顔をのぞかせる雲取山の頂上

2日目

雲取山から縦走路を西進、飛龍山を経て三条の湯へ

1都2県にまたがる**雲取山**の山頂部はかなり広い。最高点は1等三角点のある東京と埼玉の県境で、すぐ横に原三角測點がある。これは、現在の三角点埋設以前の明治16年にこの地に埋められたもので、近代的な国土測量のごく初期の遺物だという。

広い山頂部だけに、1点ですべての眺めが楽しめるわけではない。山頂部を歩き回って山の同定していたなら、時間がいくらあっても足りないくらいである。

眺めを思う存分楽しんだなら、頂上から西、奥秩父《おくちちぶ》主稜に最初に大きく盛り上がる飛龍山へと縦走路に入っていこう。

ひと下りで着く**三条《さんじょう》ダルミ**で三条の湯へ下る道を分ける。ここもなかなか眺めのよいところだが、頂上から下ってきたのなら長居をするところでもない。雲取山荘からの巻き道もここへ出てくるが、ほぼ廃道。

逆側から登ってきた際は、山荘への近道だと思って入らないこと。

ここから西へ続く縦走路は、縦走とはいうものの、稜線の南側の山腹をことごとくピークを巻いてしまう。これは古くからある水源林歩道を歩くことになるからで、仕事道ならわざわざ律儀にピークを踏むこともないわけである。この歩道は笠取《かさとり》小屋付近で水源林が終わるまで同様に続く。

稜線を巻いて樹林帯に続く道がいったん主稜線にさしかかったところが**狼平**《おおかみだいら》とよばれる草原で、かつて資材置場に利用されたので少々人工的な広場に感じられるが、休憩するにはいいところである。

ここから先、三《み》ツ山《やま》の鋸状のピークもすべて道は南を巻くが、平坦な巻き道がつくれるような地形ではなく、相当危うい場所につけられた桟道が連続する。傾斜もあるので、足もとはおろそかにできないし、ことにすれ違いには注意がいる。もっとも、桟道はしっかりした鉄製で安心感がある。

雲取山頂上からの奥秩父主稜方面

山の南側をたどるので概して明るく、ところどころで眺めも開ける。

やがて穏やかな道となって、三条の湯への分岐のある飛龍山の北東の鞍部、**北天《ほくてん》のタル**に下りつく。飛龍山へはここから往復することになる。

さらに桟道をいくつも歩き飛龍山を南から西へと巻いていく。途中小尾根を回りこむところに飛龍山への近道があるが、踏み跡程度なので自信のない人は入らないほうがいいだろう。そのまま進んで頂上の南西にある**飛龍権現**に着く。まだ新しい石の祠があって、前飛龍《まえひりゅう》から熊倉山《くまくらやま》へ続くミサカ尾根がここで分かれる（P124コース16参照）。飛龍山へはここから尾根づたいに登るが眺めはよくないので、わずかに縦走路を将監《しょうげん》峠方向に進んだところにある。このあたりでは唯一といってもいい展望台の禿《はげ》岩にぜひ寄っていこう。ほんの数分先である。禿岩からは人工物といえばほんのわずかに道路が見えるくらいで、見渡す限り山また山である。

飛龍権現から頂上へはシャクナゲをわけるように進む。最高点とおぼしきところは何の標示もない森のなかで、三角点はその先の少し低いところにあり、そこが**飛龍山**の頂上とされている。すっきりとした展望はないが、南側のみ樹林越しに富士山《ふじさん》や大菩薩《だいぼさつ》、遠く丹《たん》沢《ざわ》の山々を指摘することができる。

三角点のわずかに東から赤テープに導かれて下るのが、先ほど通り過ぎた北天のタルからの近道だが、前述どおり、初心者は**飛龍権現**に戻ったほうがいいだろう。もっとも下りの場合は、南に下る限りはどこかで水源歩道に飛び出る。

北天のタルへ戻ったら、三条の湯への道に入る。孫左衛門《まござえもん》尾根を回りこむと、カンバ谷の源頭部を渡る。ここで水が得られる。カンバ谷を右下に見ながら中《なか》ノ尾根の西側に沿って下るころには、あたりは明るい森

飛龍権現。ここでミサカ尾根が合流する

三ツ山付近の桟道。慎重に通過すること

になっている。全般に下りやすい傾斜ではあるが、山抜けによって足場が悪くなっている場所もある。迷うこともない一本道は、いつしか中ノ尾根を東側に乗り越し、少々の急坂を経て**三条の湯**の裏手に出る。

三条の湯から後山《うしろやま》林道終点までは短い距離ではあるが、沢の高巻き道で、片側がすぱっと切れ落ちている。春秋は樹林の美しいところなので、眺めに気を取られたり、ほっとして漫然と歩いたりしていると危険である。登山者も多いので、すれ違いにも注意が必要である。

後山林道へ出てしまえばあとはのんびり歩くだけだが、2時間半は覚悟せねばなるまい。幸い、林道脇の樹林がことのほか美しいのには慰められるだろう。国道411号に出たら、左に進むと**お祭《まつり》バス停**がある。

禿岩から国師ヶ岳方面を望む

プランニング&アドバイス

後山林道は2019年9月現在、片倉橋で車両進入禁止となっており、後山林道終点までマイカーで入って、雲取山～飛龍山の周遊はできない。この後山林道はいささか長くて退屈なので、飛龍山からミサカ尾根を前飛龍、サオラ峠経由で丹波に下るのが時間的にも早い（P124コース16参照）。後山林道を下った場合、お祭でバスの時間待ちが長いようであれば、国道を東に20分ほど進んだ鴨沢西バス停まで行くと、バスの本数が多くなる。また、逆の丹波山方面へのバスに乗れば、丹波山村営の「のめこい湯」があるので、奥多摩駅行きのバスを待つあいだ、汗を流していくことができる。

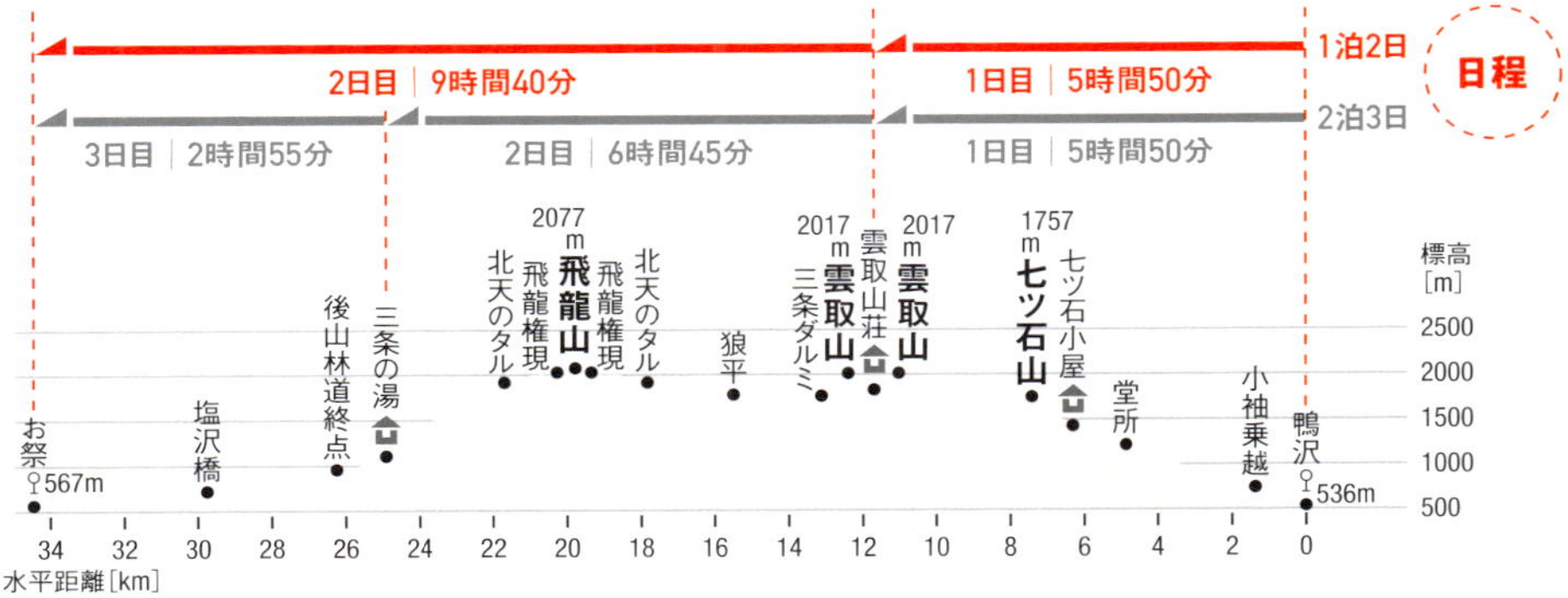

前夜泊日帰り

飛龍山

ミサカ尾根

三窪高原から、将監峠〜飛龍山（中央やや右）にかけての稜線を望む

古くからの峠道と明るい尾根をたどって静かな頂上をめざす

日帰り 丹波→ サオラ峠→ 前飛龍→ 飛龍山→ 三条の湯→ 後山林道→ お祭　計10時間10分

コースグレード	中級
技術度	★★★☆☆ 3
体力度	★★★★★ 5

写真・文／長沢 洋

飛《ひ》龍山《りゅうさん》（埼玉側では大洞山《おおぼらやま》の異称あり）は雲取山《くもとりやま》をしのぐ標高をもち、その名に恥じない堂々たる山容をもっているが、訪れる人は雲取山と比べるべくもない。山梨百名山に選定されてから多少は人影も増えただろうが、雲取山とのセットか、縦走の際に立ち寄る山という印象が強い。

この山だけを登るには、公共交通を使う場合、丹波山《たばやま》村に通じる国道411号（青《お》梅《うめ》街道）から入山するしかない。ここでは丹波バス停からサオラ峠に登り、ミサカ尾根どおしに飛龍山に登り、北天《ほくてん》のタルから三条《さんじょう》の湯を経て後山《うしろやま》林道を下って国道411号上のお祭《まつり》バス停までの周回コースを紹介するが、バスの便数は少なく、綿密な計画が必要となろう。帰りは、お祭バス停から鴨沢西《かもさわにし》バス停まで20分ほど車道を歩けば、わずかながら便数は多い。日帰りで計画するならかなりの長丁場で、三条の湯に1泊してゆっくりと楽しみたいところだ。その場合は遅く出発できる逆コースがいいだろう。

三条の湯への下りは山抜けした箇所がある

サオラ峠。サオウラ峠の別称もある

日帰り

ミサカ尾根を登り頂上へ。三条の湯を経て下山する

丹波バス停からわずかに西へ進み、民家のガレージの柱にある「サヲウラ峠」をさす道標にしたがって、細い車道を登る。丹波集落の屋根がぐんぐん低くなって林道終点に着くが、右手の細道に入ると、奥秋へ続く同様の車道にすぐ出る。わずかに歩くと右手の畑のなかへ峠道が分かれる。

獣よけの柵内に入り、杉林のなかをゆるく登り、「山王《さんのう》沢」と書かれた道標のある場所に出る。ここからしばらく尾根どおしに登ったあと、山腹をジグザグに切って登る。古くからの峠道で歩きづらくはないが、それにしてもかなりの傾斜である。やがて出会う大岩の上から尾根を回りこむトラバースとなるが、崩れやすい地質のせいで道も半分埋もれていて、晩秋などは落葉で道がわかりづらい。急傾斜を横切るので注意が必要だ。やがてアカマツ林に入ると道はよくなり、ミサカ尾根を越える**サオラ峠**へと着く。小広い平地に中川《なかがわ》神社という石祠がある。

峠を越えて向こう側に下る道は三条の湯へ、右折すればミサカ尾根を丹波《たば》天平《でんでいろ》へ向かう。前山の上に富士山《ふじさん》がちらりと頭を見せている。

今までの険路がうそのように、ここから防火線の切られた広い尾根道をのんびりとゆるく登っていく。新緑や紅葉のころにはとても美しい。葉のない時期なら、左右に大菩薩嶺《だいぼさつれい》や雲取山を枝越しに眺めることができるだろう。

やがて狭くなった尾根が同時に急になり、三角点のある熊倉山《くまくらやま》に着く。眺めはあまりない。いったん下ったあとゆるく登っていくと露岩が現われ、前飛龍《まえひりゅう》へ岩尾根の急登がはじまる。

登りついた前飛龍の南端は岩を

三条の湯。入浴して下山にかかるのもよい

山梨百名山の標柱が立つ飛龍山の頂上

積み上げたようなピークで、登ってきたミサカ尾根が見渡せる。わずかに登ると**前飛龍**の頂上だが、これといった特徴のない狭いピークで、休むにも適さないので、ひと休みするならここがいいだろう。ここから岩岳《いわたけ》尾根が分岐するが、下山時に間違って踏みこまないように、針金が渡してある。

前飛龍から登路のミサカ尾根を見る

前飛龍からは、あたりにシャクナゲが多くなる。尾根の西側をからんでいったん笹原の鞍部に下り、再び登りをこなすと雲取山からの縦走路に合流する。かたわらに**飛龍権現**の小さな石祠がある。**飛龍山**へは、縦走路を横切って、やはりシャクナゲの多い稜線をひと登りである（飛龍権現〜飛龍山間はP118コース15を参照）。

飛龍山からは**北天のタル**を経て**三条の湯**へと下るが、詳細はP118コース15をご覧いただきたい。

プランニング&アドバイス

休憩時間を入れると11時間近いかなりの長丁場なので、丹波行きのバス（丹波バス停の到着時刻は平日が8時前、土曜・休日は9時半着）を待っていては日の長い時期でも下山途中に暗くなってしまう可能性がある。奥多摩町や丹波山村にはタクシー会社もないので、丹波山の民宿などに前泊するか、下山途中にある三条の湯に1泊するのが現実的だ。変化をつけるなら、飛龍権現から縦走路を西進して将監峠を経て甲州市落合地区の三之瀬集落へ下るのもおすすめだが（約4時間）、三之瀬からの足の確保がむずかしい（遠方の塩山駅からタクシーをよぶほかない）。

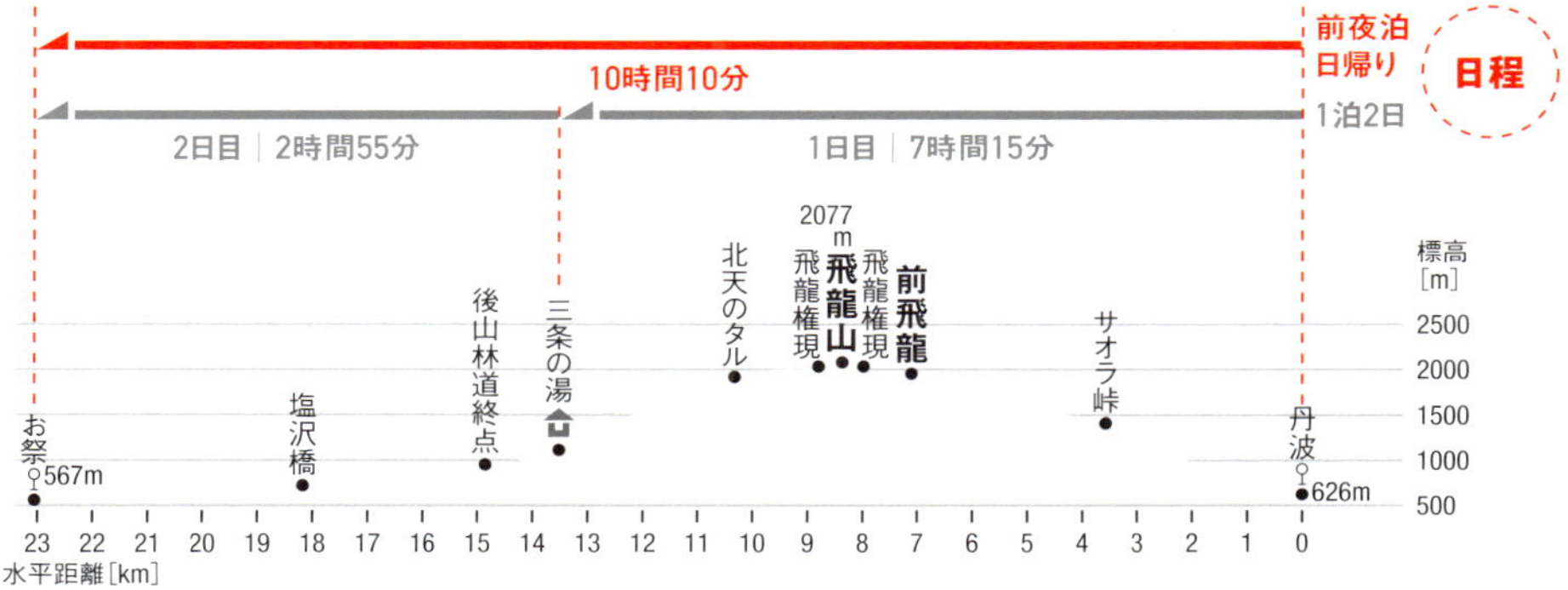

前夜泊日帰り

唐松尾山 笠取山

御殿岩への登りからの唐松尾山（右）

コースグレード | **中級**

技術度 | ★★☆☆☆ 2

体力度 | ★★★★☆ 4

日帰り 三之瀬→山ノ神土→御殿岩→唐松尾山→笠取山→笠取小屋→作場平 計7時間10分

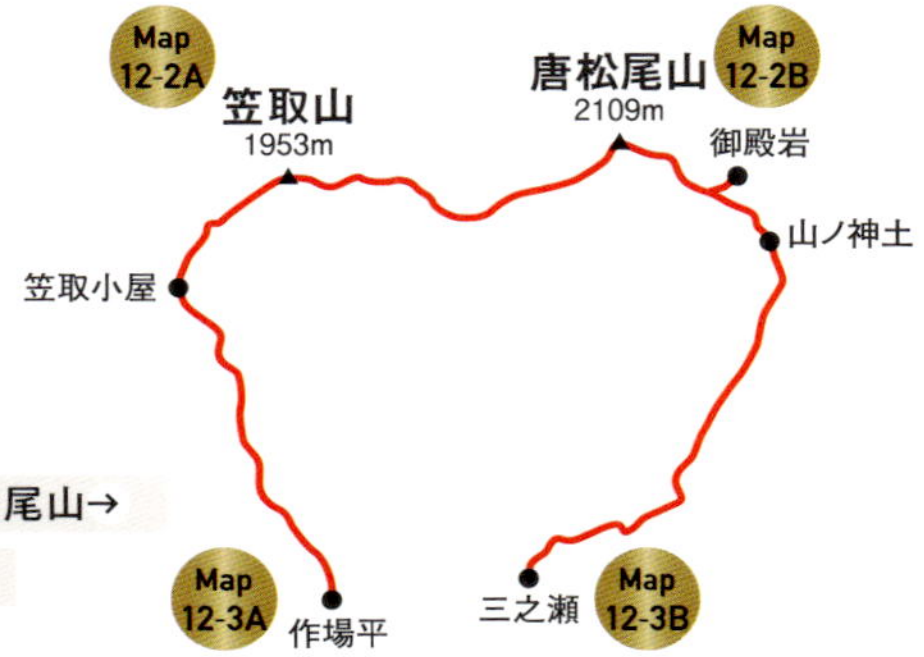

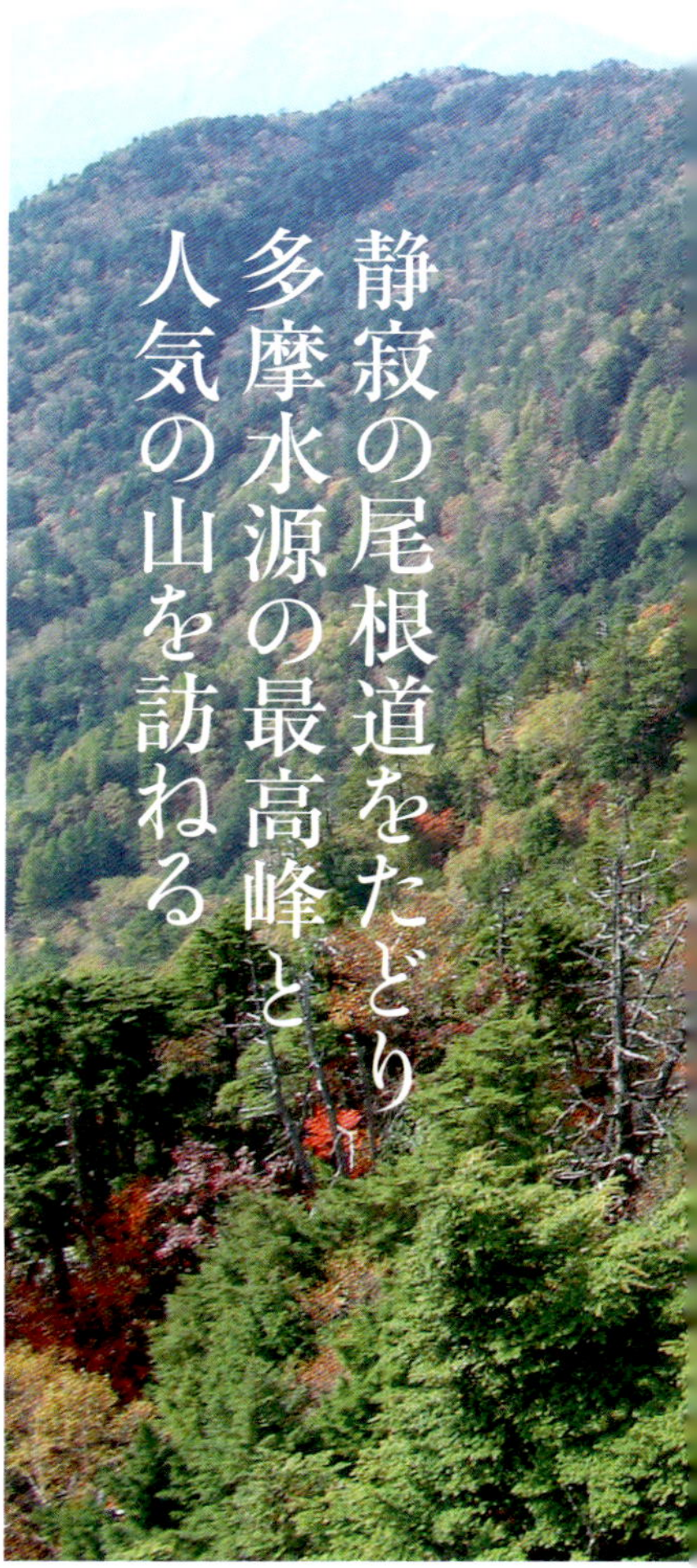

静寂の尾根道をたどり 多摩水源の最高峰と 人気の山を訪ねる

雲《くも》取山《とりやま》から雁《がん》峠にいたる奥秩父《おくちちぶ》縦走路は、縦走とは名ばかりで、主稜上のピークのことごとくを南側から巻いてしまう。これはそのあいだに通じている東京都水源林巡視歩道を歩くからで、主稜を縦走できなくはないが、概して踏み跡は薄い。だが、将監《しょうげん》峠の西、山《やま》ノ神土《かんど》から雁峠にかけては、主稜上にも例外的に立派な道が通じている。このあいだにある唐松尾山《からまつおやま》が多摩水源最高峰（２１０９ｍ）なので、ぜひ登っておきたい。

日帰り

七ツ石尾根を登り、一休坂を作場平へ下山

三之瀬《さんのせ》の民宿みはらしに前泊し、無人の民家の庭先から将監峠への道がはじまる。

まずは一般車通行止の林道歩きである。道は沢沿いに続き、やがて尾根に乗る。この尾根が七《なな》ツ石《いし》尾根で、将監峠への林道はすぐに尾根からそれて東側に延びるが、そのまま尾根どおしに続く広い切り明けを登る。道標が朽ちていることがあるが、まず

笠取山からは一直線の下り

カラマツ林が広がる牛王院平を行く

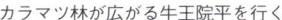

見逃すことのない分岐である。

　四季折々に美しい森を楽しみながら登れるゆるい傾斜が続く。少し急な登りをこなすと、奥秩父にはめずらしい高原状の牛王《ごおう》院平《いんだいら》に鹿よけネットをくぐって入る。カラマツの枝越しに、めざす多摩水源の山々が並ぶ。広い防火線の先で将監峠からの水源歩道と合流し、わずかに進むと、唐松尾山と和名倉山《わなくらやま》への道が分岐する**山ノ神土**だ。

　唐松尾山への道は、沢の源頭部のガレを横切ったりしながら山腹を斜上する。途中、スイッチバックするように御殿《ごてん》岩への道が分岐する。この近辺ではもっとも展望のいい場所なので、時間があれば往復するとよい。**御殿岩**からは尾根づたいに唐松尾山に達することもできるが、踏み跡は薄い。

　登山道が稜線に出たら、まもなく**唐松尾山**に着く。シャクナゲの林にぽつんと三角点があるだけで何の展望もないが、わずかに北へ進んだ岩場からは、西から北の方角に大きな眺めが広がる。

　笠取山《かさとりやま》へは、まず南から西に方向を変えながら鞍部に下り、急な登り返しをする。振り返ると登ってきた唐松尾山が大きい。尾根づたいに突起をいくつか越えていくと黒槐《くろえんじゅ》ノ頭《あたま》に着く。地形図上の２０２４ｍ峰の南のピークである。

　ここで道は主稜線を離れ、山腹を行くようになる。天然のカラマツを配した気持ちのいい笹原を縫うように歩くと、右に笠取山へ直登する道が分かれる。そのまま続く道は水干《みずひ》を経て雁峠へ出られる。急登しばしで笠

南面の犬切峠付近からの多摩水源の山々

取山東峰《とうほう》に着く。いったん下って登り返すと最高点の中央峰《ちゅうおうほう》だが、展望はあまりない。展望がいいのは**笠取山**西峰《せいほう》で、「山梨百名山」の標柱もこちらに立っている。

西峰から見下ろすと、雁峠周辺の草原が実におだやかに広がっている。延々と連なる奥秩父主稜の果てに国師《こくし》ヶ《が》岳《たけ》がどっしりと大きい。好天ならば、南アルプスの山々もかなたにずらりと並ぶだろう。

雲海の向こうに富士山が浮かぶ（笠取山付近）

西峰をあとにほとんど一直線に急に下り、先ほど別れた水干からの道を合わせ、**雁峠分岐**からぐっと広くなった道を下ると、まもなく**笠取小屋**へと着く。ここで山ノ神土で別れた水源林歩道が合流する。

笠取小屋から作場平《さくばだいら》へは、広い林道をたどってヤブ沢《さわ》峠からヤブ沢経由で下るか、小屋の前から水場を経て尾根づたい（一休《いっきゅう》坂）に下るかだが、大差はない。いずれにせよ一休坂下で合流し、わずかに下れば舗装道路の通じる**作場平**に出る。

プランニング&アドバイス

ほぼ一周のコースだけにマイカーには都合がいいが、そうでなければ塩山からタクシー利用以外に三之瀬に入る手段はない。帰りも同様だ。マイカーは作場平や三之瀬〜作場平間に駐車できるが、50分ほど余計に歩くことになる。体調不良時や悪天の場合は、山ノ神土から山腹につけられた水源林歩道をたどるほうが安心だ。小沢を何度も横切るだけに水場も多い。ただし距離が長いので、紹介する稜線どおしの道と時間は大差ない。行程に余裕があれば雁峠分岐から縦走路を雁坂峠へ向かい、道の駅みとみに下るプランもいい(P132、140逆コース参照)。その場合は笠取小屋に1泊することになる。

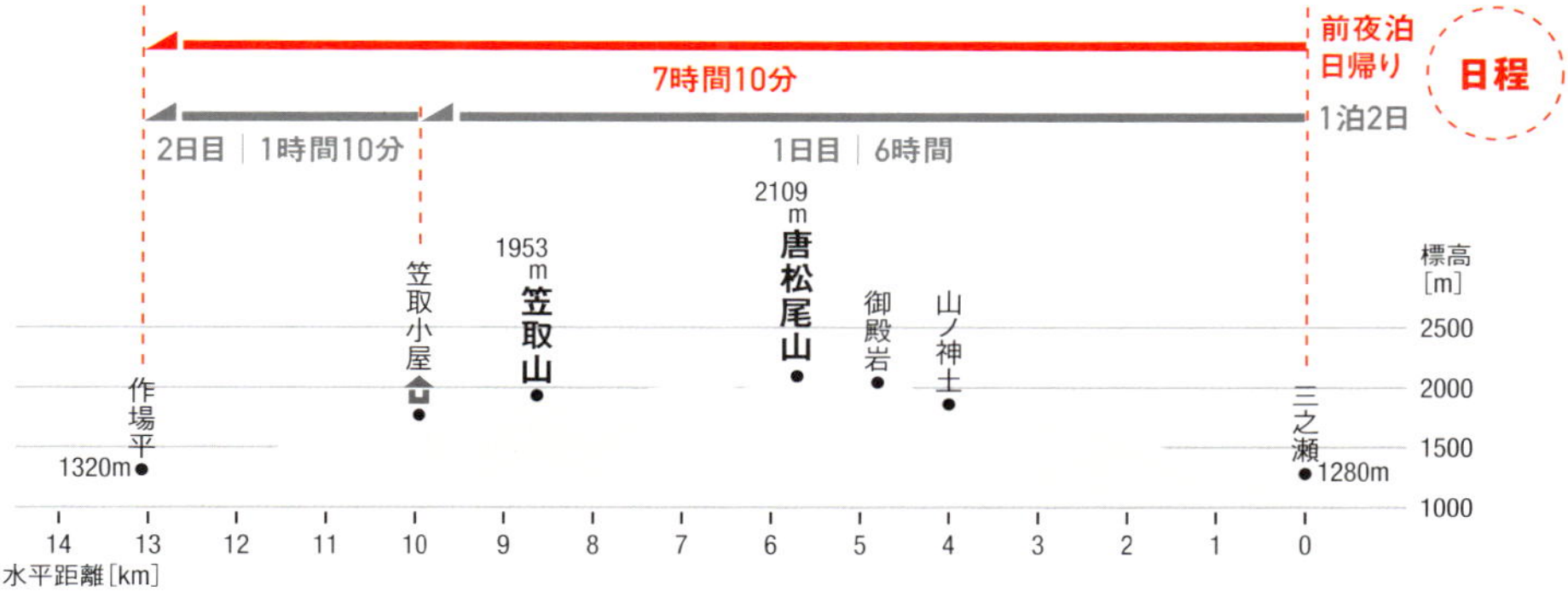

サブコース

雁峠分岐から雁坂峠へ

雁峠分岐↓雁峠↓雁坂峠↓道の駅みとみ　5時間35分

Map 12-2A 雁峠分岐

Map 15-2C 道の駅みとみ

コースグレード	中級
技術度	★★★☆☆ 3
体力度	★★★☆☆ 3

雁《がん》峠からさらに縦走路を北西にたどり、日本三大峠のひとつ雁坂《かりさか》峠へ向かうコース。

雁峠分岐で笠取小屋へ下る道と別れて雁峠へと向かう。草原を横切り林を抜け、広い笹原をゆるく下る。右に雁峠山荘（宿泊不能）を見て下り着いた鞍部が**雁峠**で、ここで南に新地平《しんちだいら》への道を分ける。

雁峠から燕山《つばくらやま》の南斜面にかけては花の多い草原で、眺めを楽しみながらジグザグを切って登ると樹林帯に入る。南側はときどき明るく開ける。燕山の頂上は気をつけていないと見過ごすほどのところ。道はやがて暗い原生林のなかをたどるようになる。

古礼山《これいさん》は北側を巻くこともできるが、もったいないので頂を踏んでいこう。三角点のある頂上からは南側に広大な眺めが得られるからである。この頂上で北へと向きを変え、相変わらずの原生林のなかを下り、ガレ場を過ぎると水《すい》晶山《しょうやま》の登りとなる。水晶山の頂上は樹林のなかで展望は今ひとつだが、わりと明るい感じがする。

ここからはなだらかな尾根道を下る。右に雁坂小屋への近道を分けるころ、前方に南側が明るく開けた**雁坂峠**が見えてくる。峠から東に下れば雁坂小屋はすぐである。

雁坂峠から、西に続くかつての峠道（秩《ちち》父《ぶ》往還《おうかん》）に入る。ジグザグに下って峠《とうげ》沢に出て、目印を頼りに下っていく。左岸に渡るとやがて沢の高みを歩くようになり、工事用林道の終点に出る。林道をたどって**トンネル料金所**へ向かい、道標を追って進むとバス停のある**道の駅みとみ**に着く。

雁峠付近からこれから向かう燕山を望む

かつての交易路の峠だった雁坂峠

サブコース

山ノ神土から和名倉山

山ノ神土↓東仙波↓和名倉山（往復）

6時間20分

Map 12-2B 山ノ神土

Map 12-1C 和名倉山

コースグレード	中級
技術度	★★★★☆ 4
体力度	★★★☆☆ 3

和名倉山《わなくらやま》（甲州側では白石山《しらいしやま》）は奥秩父《おくちちぶ》主稜から北に外れた位置にある。日本二百名山の一峰だが、主稜から離れていることもあり、登山者は少ない。また、手入れがあまりなされておらず、進行方向を慎重に見極める箇所もある。健脚者なら山麓の三《さん》之瀬《のせ》にある民宿みはらしに前泊すれば日帰りも可能だが、通常は将監《しょうげん》小屋で1泊することが前提となる。

三之瀬から山《やま》ノ神土《かんど》まではP128コース17を参照のこと。

山ノ神土で主稜を離れ、北に向けて山腹の道へ。ササが踏み跡をおおう道（不明瞭というほどではない）を進むとやがて尾根筋に出て、リンノ峰《みね》の西側を巻いていく。シャクナゲが彩る西仙波《にしせんば》を過ぎると展望が開け、富士山《ふじさん》やめざす和名倉山への稜線が見渡せる。南面の展望がよい**東仙波**《ひがしせんば》で北に向きを変えるが、まっすぐ進んだ道迷いが発生している。

東仙波からは、森林伐採や山火事跡などの稜線を進む。焼小屋《やけごや》ノ頭《あたま》の小ピークを過ぎ、吹上《ふきあげ》ノ頭《あたま》の西を巻いていく。八百平《はっぴゃくだいら》からは倒木が多くなり、踏み跡を見失いやすいので要注意。

木の幹につけられたテープやリボンを目印に進むと川又《かわまた》への分岐に出る。「↑山頂へ」の標示にしたがって斜面を登るとまもなく**二瀬**《ふたせ》**分岐**で、ここを右にとる。カヤトの原の千代蔵《ちよぞう》ノ休場《やすんば》を過ぎると倒木が多くなり、リボンを頼りに進むと展望のない**和名倉山**頂上にたどり着く。

下山は往路を慎重に引き返す。

樹林のなかの静かな和名倉山頂上

西仙波のシャクナゲ。花期は6月上旬ごろ

写真・文／吉田祐介

1泊2日

甲武信ヶ岳

十文字峠 千曲川源流

千曲川源流帯にかかる滑滝。コース後半のハイライトだ

古い峠道と
日本一の川の源流を
訪ねる山旅

コースグレード｜中級

技術度｜★★★☆☆ 3

体力度｜★★★☆☆ 3

1日目	毛木平→十文字峠→甲武信ヶ岳→甲武信小屋　計6時間35分
2日目	甲武信小屋→甲武信ヶ岳→千曲川源流碑→毛木平　計3時間40分

写真・文／長沢 洋

深田久弥は『日本百名山』で甲武信ヶ《こぶしが》岳《たけ》（甲武信岳）を、けっして目立ったピークではないが、太平洋には荒《あら》川と富《ふ》士《じ》川（笛吹《ふえふき》川）の、そして日本海には、日本一の長さの川、信濃《しなの》川（千曲《ちくま》川）の最初の一滴を落とす山であることや、甲州・武州・信州の三国境という立地をうまく語呂合わせした山名の響きのよさがこの山の声価を高らしめていると書いている。昨今ではほかならぬ百名山ブームが、甲武信ヶ岳を一段と有名にしたといえるだろう。

北麓の長野県川上《かわかみ》村の毛木平《もうきだいら》（毛木場《ば》）から登るのがもっとも容易で、ここを起点にしてシャクナゲと中央分水嶺の十文字《じゅうもんじ》峠経由で甲武信ヶ岳にいたり、千曲川源流に沿って帰ってくるという周回コースは、駐車場も完備され、マイカー登山には最適である。健脚なら日帰り登山も可能だが、昔の山小屋の雰囲気を色濃く残す甲武信《こぶし》小屋に泊まって、ゆっくりと山旅を味わいたい。早朝のすっきりした展望が楽しめるのは、小屋泊まりの特典である。

毛木平の駐車場。タクシーもここまで入る

道脇にたたずむ五里観音像

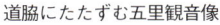

1日目

毛木平から十文字峠を経て甲武信ヶ岳へ

毛木平（毛木場）の駐車場は全舗装で、トイレやあずまやもある。公共交通でここまで来るには、川上村営バスを終点の梓山《あずさやま》で下車し、高原野菜畑のなかを一直線に続く車道を1時間あまり歩くことになる。

駐車場から一般車通行止めの林道を歩く。6月にはカラマツの林床にベニバナイチヤクソウが群落をつくる。レンゲツツジも多い。歩き出してまもなく、標識にしたがって左手に下る。直進する林道は千曲川源流への道で、帰りにはこれを下ってくることになる。

すぐに狭霧《さぎり》橋というしゃれた名前の立派な橋で千曲川を渡ると、道は尾根の先端を回りこんで、すぐ隣の枝沢に沿うようになる。やがて左の道端に五里《ごり》観音像を見出す。

ここからしばらく沢に沿って登っていく。沢から離れると、八丁《はっちょう》坂という、山腹にジグザグに切られた道になる。水が必要な場合は、その手前で補給しておくこと。

古くからの峠路だけあって、歩きやすいようにうまく道がつけられており、急な斜面をさほど疲れも感じないまま、八丁坂《はっちょうざか》ノ頭《あたま》とよばれる、十文字山《やま》から西に延びる尾根上の平に登りつく。このあたりから、時期ならばそろそろアズマシャクナゲの花が現われる。ここから尾根の南側を巻くようにしてゆるく登り、**十文字峠**へ着く。峠の向こうには、大きな山体の両神山《りょうかみさん》をはじめ秩父《ちちぶ》の山々が眺められる。

峠に建つ十文字小屋は丸太づくりで、いかにも昔の山小屋然とした素朴なたたずまいである。遅い出発だった場合は、ここに泊まって翌日甲武信ヶ岳に登ることになるだろう。

小屋付近もシャクナゲが多いが、なんと

アットホームな山小屋の十文字小屋

十文字峠のシャクナゲ。年によるが花期は6月中旬

いっても圧巻なのは、小屋の西側に少し下ったところにある群落で、「乙女《おとめ》の森」とよばれている。森のなかがびっしりとシャクナゲの花でおおわれるさまは壮観である。花期であればぜひ訪れてみたいものだが、シャクナゲは年によって花に多寡がある。花が目的なら、あらかじめ問い合わせておくといいだろう。

十文字峠から甲武信ヶ岳へは、ほぼ長野・埼玉の県境尾根を忠実にたどることになる。まず大山《おおやま》への登りである。木の根が縦横に地表に露出した登山道の両側には、相変わらずシャクナゲが多い。道が右に曲がると傾斜がいったんゆるくなり、まもなく岩場の急登となる。クサリもかかっているが、それに頼るほどでもない。これを登りきると、**大山**の細長い頂上に飛び出す。ここではじめて四方に広い展望が得られる。誰しもひと休みしたくなることだろう。めざす甲武信ヶ岳は、行く手に大きい三宝山《さんぼうざん》に隠されて見ることはできない。千曲川に沿った高原野菜畑の果てに連なる八ヶ岳《やつがたけ》と、両神山の鋸刃のような怪異な稜線が印象的である。

いったん急に下って、稜線の長野県側を巻くように登っていくと、行く手に現われる岩峰が武信白《ぶしんしら》岩山《いわやま》である。たび重なる落雷のため岩がもろく危険なため、頂上へは登山禁止となっている。道はこの山の基部を巻いて続く。

破風山《はふうさん》や雁坂嶺《かりさかれい》の望める岩場を経て、三宝山北の鞍部に着く。尻《しり》岩という巨大

甲武信ヶ岳頂上からの奥秩父西部

大山からの両神山や八丁尾根の眺め

な岩が、暗い林のなかにどんと鎮座している。岩の上にも木が育って、林のようになっているのがすごい。

　ここから三宝山への標高差300mにおよぶ長い登りがはじまる。傾斜はさほどでもないが苦しいところだ。

　たどり着いた**三宝山**は埼玉県最高峰で、林に囲まれた小広い頂上には1等三角点がある。少し先に進んだところにある三宝岩まで行くと展望がきき、甲武信ヶ岳と富士山《ふじさん》が似たような姿を並べている。

　いったん下った鞍部で真《しん》ノ沢《さわ》林道分岐（廃道）と甲武信小屋への巻き道分岐を見ると**甲武信ヶ岳**へはもうすぐだ。

　さすがは中央分水嶺の山、今まで見えなかった太平洋側の山々が一気に視界に広がる。西を見渡すと、南アルプスの南部から中央アルプスを経て、北アルプスの北部までがずらりと並ぶ。本州中部を南北に縦断する、これら「日本の屋根」とよばれる山々を一望できる山はまずほかにはない。また、奥秩父の主な山々をすべて指呼できるのもこの山以外にはない。甲武信ヶ岳の名山たるゆえんのひとつだと思う。

甲武信ヶ岳頂上に立つ日本百名山の山名標柱

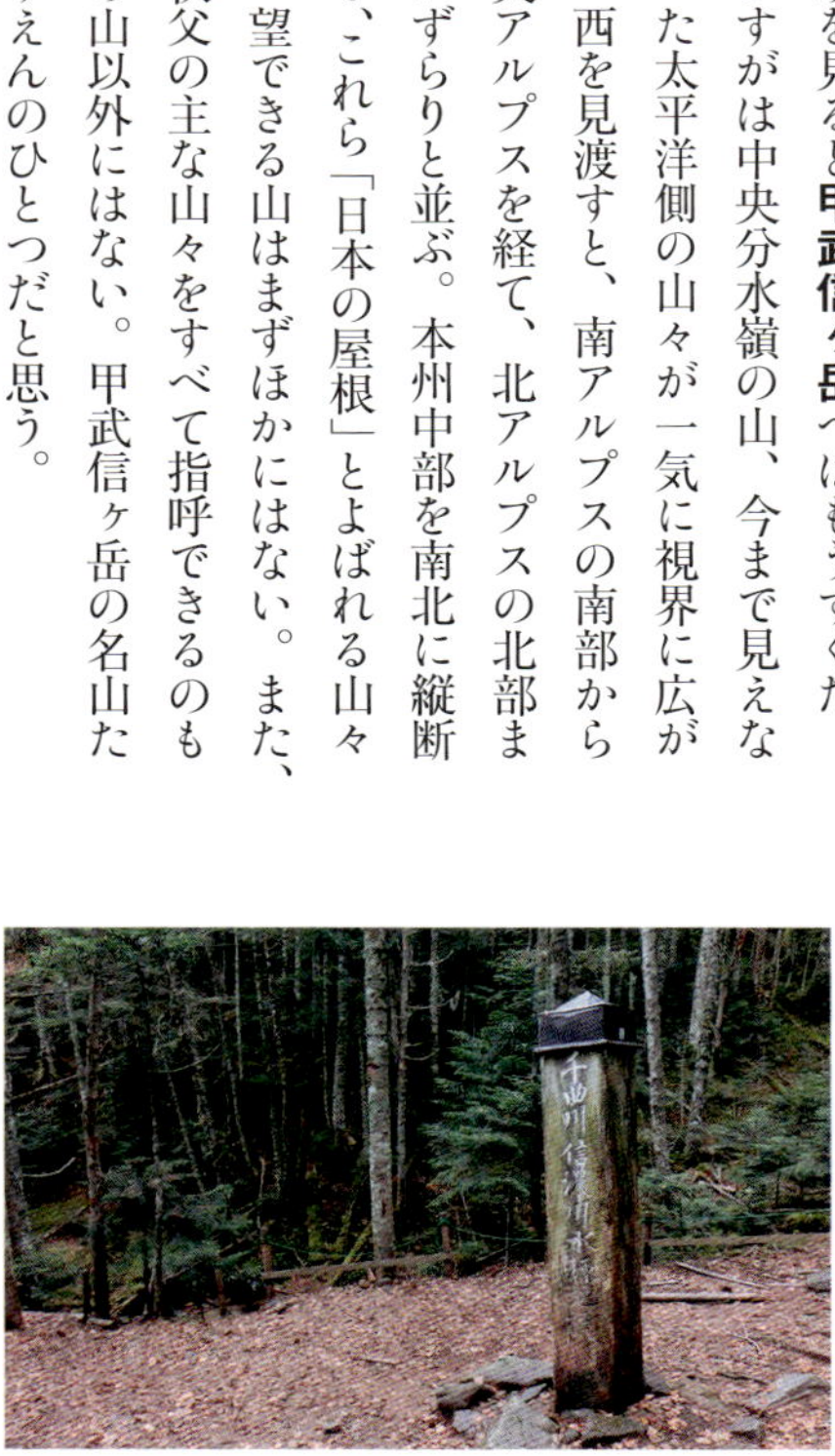

大河の第一滴が落ちる千曲川信濃川水源地標

2日目

甲武信ヶ岳から千曲川源流を経て毛木平へ下山

いかにも奥秩父の山小屋といったたたずまいの**甲武信小屋**に泊まったら、翌朝はもう一度**甲武信ヶ岳**頂上に立つ。奥秩父のヘソからの広大な眺めを楽しんだら、下山にかかろう。すべりやすいザレ場を急に下ると、すぐに道は尾根の北側に入る。よく踏まれた道をゆるく下っていくと、右に毛木平への道が分岐する。

下ることわずかで**千曲川信濃川水源地標**が立っている。ここから350kmあまりを旅して、この川は日本海に注ぐわけだ。

武信白岩山。頂上へは立ち入りできない

下るにしたがって、湿地状だった沢に水流が生まれ、やがて小川になっていく。道は台風による水害で少々荒れた部分もある。源流を何度か丸木橋で渡り返しながら下っていくと、いつしか広葉樹が多くなり風景は明るくなっていく。

美しい**滑**《なめ》**滝**を見るといったん沢の高みを歩くようになり、ちょっとした急坂を経て再び沢沿いをゆるく下っていく。

大山祇命《おおやまづみのみこと》をまつった小社を見ると林道歩きとなり、カラマツ林のなかを出発点の**毛木平**へ戻る。

プランニング&アドバイス

健脚者なら日帰りも可能だが、コース上に営業小屋が2軒あるので、1泊して朝夕の光景を満喫したい。公共交通利用の場合、タクシーなら毛木平へ直接入ることができる。マイカーでなければ戸渡尾根を下って西沢渓谷入口に出るか（P144参照）、雁坂峠へと縦走して道の駅みとみに出ると（P140の逆のコース参照）、特に東京方面からの登山者に都合がよい。紹介コースは逆コースをたどっても時間に大差はないが、日帰りの場合、甲武信ヶ岳の登頂後に縦走が待ち構えていると、気分的にはつらいだろう。

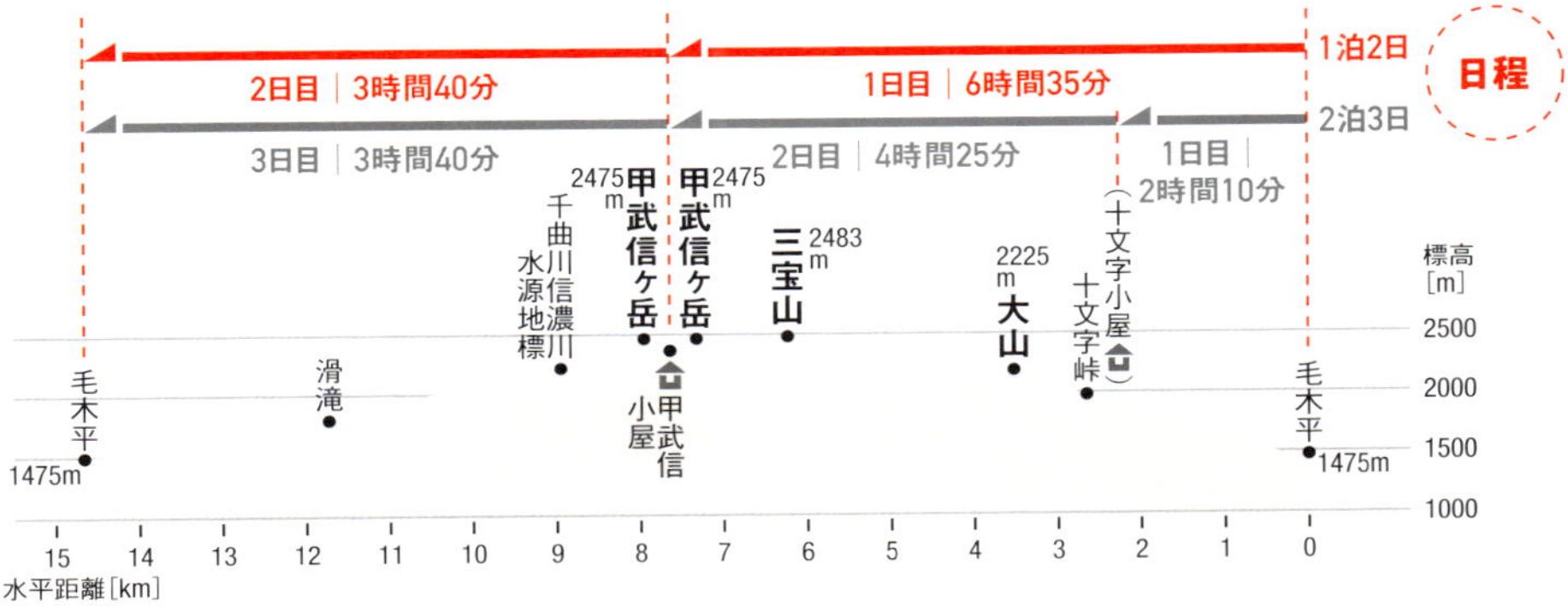

1泊2日

雁坂峠 甲武信ヶ岳

雁坂峠からの眺め（右から雁坂嶺、破風山、木賊山）

日本三大峠と
日本百名山を結ぶ
奥秩父主稜の縦走

コースグレード	中級
技術度	★★★☆☆ 3
体力度	★★★★★ 5

1日目	道の駅みとみ→ 雁坂峠→ 西破風山→ 甲武信ヶ岳→ 甲武信小屋	計9時間
2日目	甲武信小屋→ 戸渡尾根→ 徳ちゃん新道→ 西沢渓谷入口	計3時間40分

写真・文／長沢 洋

雁《かり》坂《さか》峠（標高約2080m）は、北アルプスの針《はり》ノ木《き》峠（約2540m）、南アルプスの三伏《さんぷく》峠（約2580m）とともに日本三大峠のひとつに数えられるが、誰が、いつ、どういった基準でそれを決めたのかはよくわからない。このなかではいちばん標高が低く、しかも秩父往還《ちちぶおうかん》が通じていた雁坂峠が、古くから人の往来がもっともあった峠ではないかと思われる。

1998年の雁坂トンネル開通以前は、この峠道がれっきとした国道140号だった。

笹原に濃い緑の樹木を配した甲州側は実に明るく、眺められる山々も豪勢である。一方の武州側にはいかにも奥秩父らしい黒い森が迫っている。

1日目 新地平から雁坂峠を経て甲武信ヶ岳へ

道の駅みとみから山側の旧道に入って久《く》渡《ど》沢を渡り、釣り場の先で右手の道を上がって一段上の車道に出る。あとは道なりに

笹原が広がる雁坂峠への登路

3等三角点がある雁坂嶺の頂上

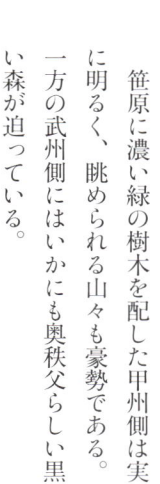

日本三大峠のひとつ雁坂峠（標高2082m）

歩き、**トンネル料金所**を見て峠道へと入る。久渡沢の左岸の高みに道は続く。クッキリ沢を渡ると峠《とうげ》沢の右岸に渡り、明るい河原歩きとなる。左手に現われた道標から沢を離れる。周囲が笹原になると傾斜は強まり**雁坂峠**へ着く。埼玉県側に10分ほど下ったところに、雁坂小屋が建っている。

峠から稜線を西に向かう。相変わらず甲州側は明るく武州側は暗い。やがて道は原生林に入り、**雁坂嶺**《かりさかれい》に着く。これから向かう破風山《はふうさん》から木賊山《とくさやま》方面が眺められる。西に延びるゆるやかな尾根道を上下する。

このあたりは北八ヶ岳《きたやつがたけ》同様の縞枯《しまが》れ地帯で、立ち枯れになった樹林帯が次々に現われ、明るい雰囲気がある。下りきった鞍部から急に登り返して東破風山に着く。ここから破風山の最高点、三角点のある西破風山までは平坦な岩尾根で、この部分が切妻屋根の上の部分になるわけだ。下界から見ると、西破風山の南西斜面があたかも切妻屋根の破風に似ていることからこの名前となったのである。要するに、一般的な家の屋根型をしているということで、この特徴を覚えておくと、山座同定に役立つ。

この頂稜では眺めを楽しめる場所が多いが、肝心の**西破風山**では眺めがない。休憩するならこのあいだか、西破風山を通り過ぎたところにある露岩がいいだろう。

さて、ここからが正念場である。目の前に大きい木賊山と、そのあいだに低く落ち込む鞍部を見ると先が思いやられるが、まずは岩の多い尾根を足もとに気を使いながらひたすら下って、文字どおり小広い笹原

破風山の最高点、西破風山頂上

破風山避難小屋。水場は南に20分下る

の鞍部、笹平《ささだいら》に着く。破風山避難小屋があるので、緊急時には役立つだろう。ここから木賊山への苦しい登りがはじまる。

賽《さい》の河原《かわら》とよばれる、花崗《かこう》岩の白砂に岩塔の立つ場所まで登って振り返ると、すでに破風山と同じほどの高さになっている。やがて道は二手に分かれる。いずれも甲武《こぶ》信《し》小屋へ向かうが、右は木賊山の北を巻く道、左は戸渡《とわたり》尾根分岐を経て木賊山を越える道である。もう登りは結構という気持ちにもなっていようが、天気がよくて、時間と体力に余裕があるなら木賊山を越えていくことをすすめる。**木賊山**の頂上は展望のない平凡な場所だが、そのすぐ先のザレ場から見る甲武信ヶ岳《こぶしがだけ》は、見栄えのよくないこの山がさっそうとした姿を見せるからだ。

両方の道は今宵の宿、**甲武信小屋**のすぐ手前で合流する。宿泊手続きをすませたなら身軽になって**甲武信ヶ岳**の頂上へ登ってみよう。小屋の裏手からひと登りである。深田久弥をして、「奥秩父のヘソ」といわしめた頂上からの展望はすばらしいが、たいして広くもない頂上に不似合いな、あまりにも大きな山名標柱が目障りなのが玉にキズである。暮れゆく富士《ふじ》の撮影にねばってみるのもおもしろい。

2日目 翌日は各方面に下山する

甲武信小屋からは南面の徳《とく》ちゃん新道を**西沢《にしざわ》渓谷入口バス停**へと下るか（P144コース20参照）、**甲武信ヶ岳**を経て**毛木平《もうきだいら》**へ下ってもよい（P134コース18参照）。

プランニング&アドバイス

道の駅みとみバス停から雁坂トンネル入口までは徒歩約30分で、塩山駅または山梨市駅からのタクシーはここまで入る。マイカーの場合、駐車場は西沢渓谷入口、道の駅みとみ、雁坂トンネル入口に駐車場がある。1日目の歩行時間が9時間を超える長丁場のため、日の短い時期にはよほどの早出をするか、余裕をもって雁坂小屋に宿泊することも考慮したい。公共交通機関利用の場合は歩き出しが遅くなるので、初日に雁坂小屋に泊まって翌日下山というプランになる。

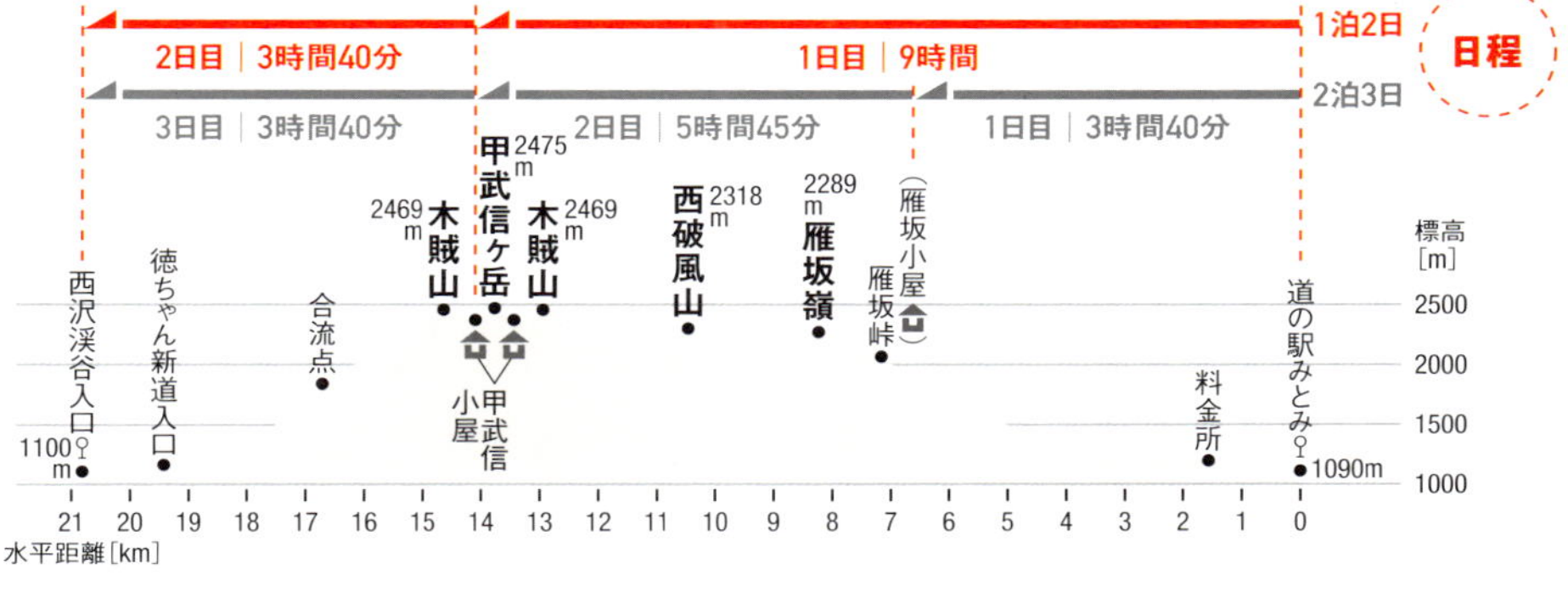

木賊山の下りからの甲武信ヶ岳。頂上へは30分ほど

前夜泊日帰り

甲武信ヶ岳

徳ちゃん新道

山梨県側から尾根を登りつめるハードコース

コースグレード｜中級

技術度｜★★★☆☆ 3

体力度｜★★★★★ 5

日帰り　西沢渓谷入口→徳ちゃん新道→戸渡尾根→木賊山→甲武信小屋→甲武信ヶ岳（往復）　計9時間10分

写真・文／長沢 洋

本来その山容から「拳ヶ岳《こぶしがたけ》」とよばれていたのが、たまたま甲州と武州、信州の三国境の山だったために、「甲武《こぶ》信《し》」という絶妙な語呂合わせがピタリと決まって現在にいたった、というのが山名の由来という。しかしすばらしい名前のわりに山容は堂々とした存在感があるとはいえず、すぐ隣りにある三宝山《さんぼうざん》や木賊山《とくさやま》の大きな山体に隠され、奥秩父《おくちちぶ》主脈からもあれが甲武信ヶ岳《こうぶしがだけ》だと指摘するのはなかなか難しい山である。人里からはなおさらで、山梨県側の人里からは、甲州市勝沼《かつぬま》町の高台以外ではほとんど姿を見ることができない。

さて、その山梨県側からこの山に登る一般的な登路は、木賊山から南に派生する戸《と》渡《わたり》尾根を西沢《にしざわ》渓谷入口からたどる、標高差1400mにもなろうという厳しい行程である。

これまでもっとも利用されてきた道は、ヌク沢左岸にかつて通じていた珪石運搬用軌道跡を利用した道で、道をひらいた日原《ひはら》近丸《ちかまる》氏にちなんで近丸新道とよばれている。しかし、ヌク沢左岸の崩壊が進んでいることや、ヌク沢徒渉地点の橋が不安定なことから、現在では戸渡尾根を末端からたどる徳《とく》ちゃん新道を登降するのが安全である。ことに雨天時には、必ず徳ちゃん新道を使うこと。

日帰り

徳ちゃん新道で甲武信ヶ岳を往復

塩山《えんざん》駅や山梨市《やまなしし》駅からの**西沢渓谷入口**行きバスの終点は東沢《ひがしさわ》山荘の前である。その一段下、雁坂トンネルにいたる国道の大きくカーブした橋の下に駐車場があるが、春秋の行楽シーズンにはすぐ満車になってしまう。手前の広瀬《ひろせ》湖寄りにある、道の駅みとみ付近の駐車場の方が広い。

笛吹《ふえふき》川に沿う車道はすぐにゲートで一般車は通行止めになるので、車にわずらわされることなく歩ける。はるか下には笛吹川源流の水面が木々の合間に見える。鉱毒で

西沢渓谷入口バス停に隣接する東沢山荘（宿泊はできない）

近丸新道入口。徳ちゃん新道入口はさらに先

シラビソ林の急登が続く戸渡尾根上部

染まったという深い緑青色が印象的である。ナレイ沢橋を渡ると、西沢渓谷探勝コースの帰路、西沢右岸をたどる軌道跡コースからの道が左手から合流する。ここに立派な休憩舎やトイレがある。そのすぐ先の右側、鶏冠山《けいかんざん》林道分岐に、甲武信ヶ岳戸渡尾根コースの**入口**がある。これがすなわち近丸新道で、徳ちゃん新道はここを行き過ぎて、ヌク沢を渡ったところに**入口**の道標があって、ようやく山道となる。

尾根道は緩急を繰り返すものの、ひたすら登りが続く。あたりにシャクナゲが多くなると、1869m標高点のある小ピークに着いて、ここで近丸新道が**合流**する。このあたりでやっと道半ばというところだろう。鶏冠谷を隔てて荒々しい岩場を連ねる鶏冠尾根の行きつく先に、これから越えていく木賊山がまだまだ大きく立ちはだかっている。

少し下ったのち、再び厳しい登りがはじまる。あたりを埋めていたシャクナゲがいつの間にかなくなると、周囲はいかにも奥秩父らしい黒木の森である。地表に張り出した木の根を階段にするような一直線の急登がやっとゆるんだころ、登山道の左に、富士山《ふじさん》や広瀬湖を見渡せる明るい花崗岩のザレ場がある。この長い登山道ではじめての展望台である。もう主稜線は間近なので、ひと休みするとよい。

奥秩父主稜縦走路に出て左にわずかに登ると**木賊山**に着く。三角点がぽつんとあるだけの眺めのない頂だが、さらに進むとザ

樹林のなかの木賊山頂上

甲武信小屋。小屋主は徳ちゃん新道を開設した山中徳治氏

レ場の下りとなって、行く手にようやく甲武信ヶ岳が全容を見せる。ここからの甲武信ヶ岳は名前の歯切れのよい響きに見合った、さっそうとした姿である。

ザレを下り、森に入るとすぐに**甲武信小屋**が建っている。小屋の裏手から**甲武信ヶ岳頂上**へはひと登りだ。大きすぎる山名標柱が目障りだが、奥秩父のヘソからの大展望には登りの苦労も吹き飛ぶことだろう。

下山は往路を引き返す。

富士山を望む晩秋の甲武信ヶ岳頂上。右は黒金山

プランニング&アドバイス

登るにしろ下るにしろ、雨中や雨後であれば、近丸新道とは異なり沢を渡らずにすむ徳ちゃん新道を利用すること。健脚なら日帰りで往復も可能だが、いかにも旧き山小屋といった風情の甲武信小屋に泊まって、翌日雁坂峠経由で起点に戻るのが（P140コース19の逆コース）、ことにマイカーで訪れた場合に最適な周回コースだと思う。マイカーでなければ甲武信ヶ岳から十文字峠に縦走したり、千曲川源流に下るのもいいだろう（いずれもP134コース18）。とにかく甲武信小屋に1泊することで、さまざまなプランが考えられる。

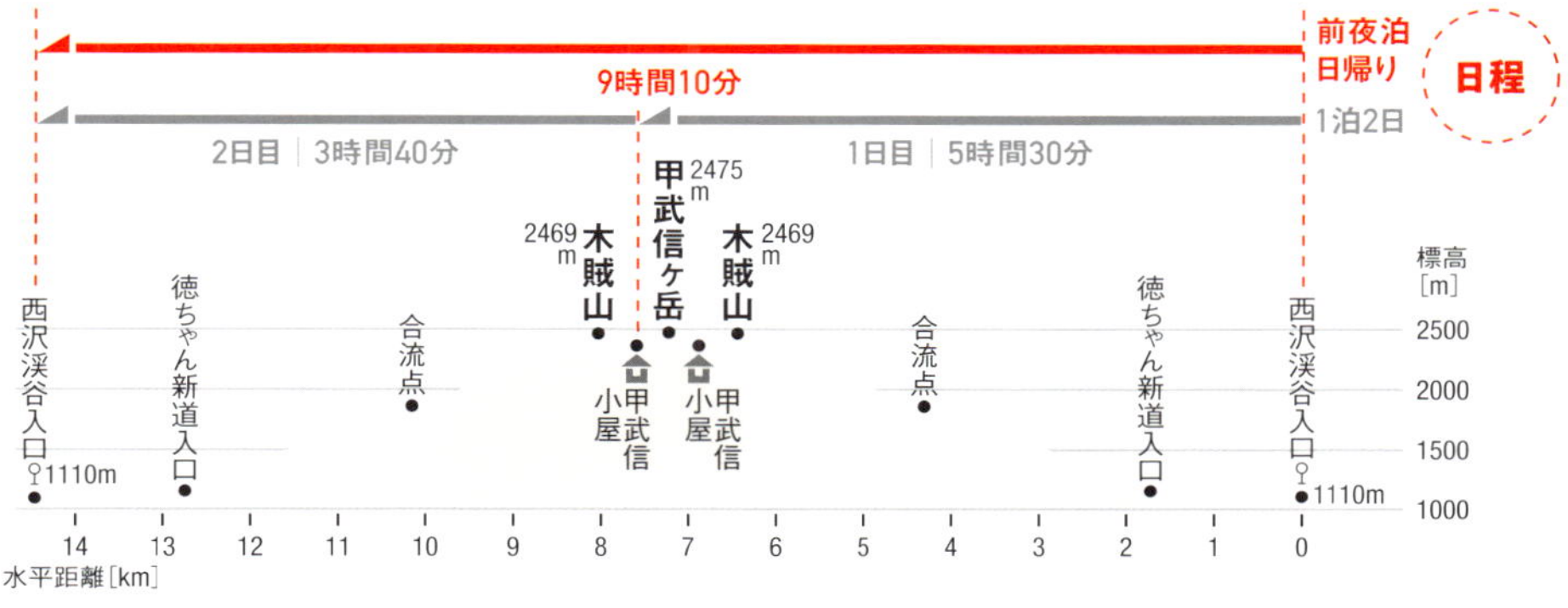

サブコース

甲武信ヶ岳から大弛峠

甲武信ヶ岳→両門ノ頭→国師ヶ岳→大弛峠

5時間40分

Map 16-4C 甲武信ヶ岳

Map 15-2A 大弛峠

コースグレード	中級
技術度 ★★★☆☆	3
体力度 ★★★☆☆	3

甲武信《こぶし》ヶ岳《がたけ》から大弛《おおだるみ》峠間の縦走路、厳密にいうと千曲《ちくま》川源流への分岐から国師《こくし》ヶ岳《がたけ》のあいだは、長い奥秩父《おくちちぶ》主稜のなかでも、もっとも歩く人が少ない区間だといえるだろう。距離が長いわりには途中にまったくエスケープルートがないことや、そのあいだに有名な山がなく、派手さに欠けるなどがその理由であろうが、奥秩父の静けさや山深さを感じるには、むしろそれらが好条件になるのである。

甲武信ヶ岳からは、これからたどる稜線が徐々に高さを増して、国師ヶ岳の堂々たる山容をつくるのが一目瞭然に眺められる。千曲川源流への道を分けると、眺めの開けるザレ場を経て、シャクナゲの多いなかを登ってミズシに着く。苔むしたシラビソの森を下り、次に登りつくのが富士見《ふじみ》であるが、名ばかりで展望はない。ここで左(南)に稜線は折れる。道の左側は急な崖、右側はゆるやかな斜面である。やがてひょいと明るいピークに飛び出す。ここが**両門《りょうもん》ノ頭《あたま》**で、甲武信ヶ岳〜国師ヶ岳間では唯一の展望の開けるピークである。ちょうど休憩するのにいい頃合いになっているはずだ。ただしめざす国師ヶ岳はまだまだ遠い。

イワカガミの多い道を下って、次に登りつくのが**東梓《ひがしあずさ》**。めずらしい形の三角点が埋められている。眺めはよくない。ここから国師のタルとよばれる最低鞍部まで深い森のなかを下る。2224mの突起で稜線は左に屈曲するが、あまり意識しないまま通り過ぎる。突起は次々に現われるが、いち

富士山を正面に据える国師ヶ岳頂上

朝日岳東の岩尾根からの
国師ヶ岳と北奥千丈岳（コース外）

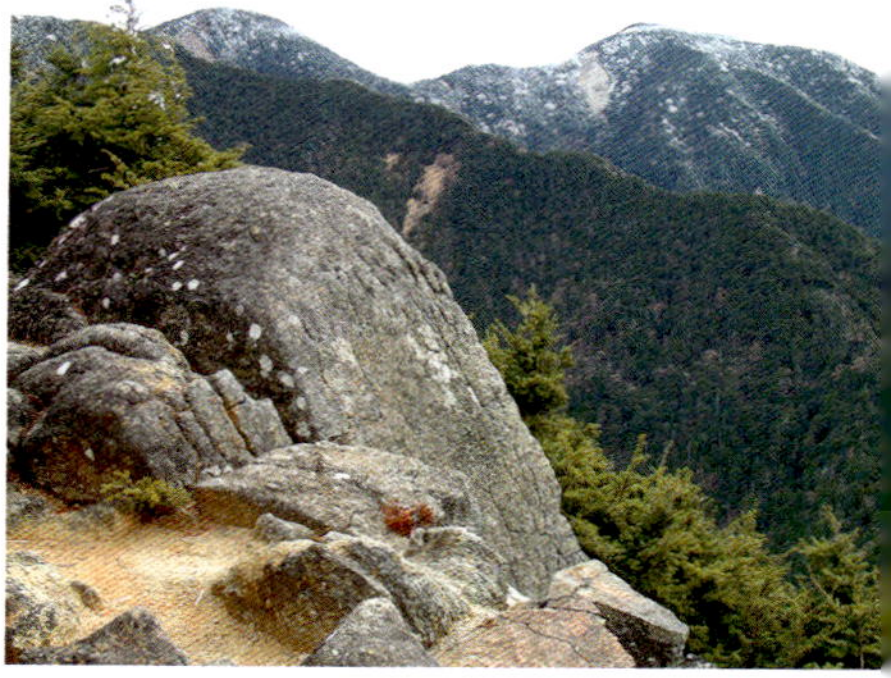

両門ノ頭からの甲武信ヶ岳(左)と木賊山

いち越えることなく右側を巻くことが多い。

国師のタルは広い鞍部で、古い標識に気づかなければ、そうとは気づかないまま通過してしまうだろう。

ここから国師ヶ岳までが、このコースのみならず、奥秩父主稜でも屈指の長い登りである。すでにここまでにかなりの登り降りをしている足には一段と苦しく感じられるだろう。

登っては降りるを何度か繰り返したあと、最後の長い登りをこなすと、天狗《てんぐ》尾根が分岐する、国師ヶ岳の東の肩に出る。わずかに進むと**国師ヶ岳**頂上で、富士山《ふじさん》側に大きな眺めを得ることができる。ここまでは大弛峠から観光客も登ってくるため、突然人が多くなることだろう。いったんゆるく下ったところが北奥千丈岳《きたおくせんじょうだけ》への分岐がある三《みつ》繋平《なぎだいら》で、わずかな距離だから、ここは奥秩父最高点にも敬意を表していこう。国師ヶ岳より眺めは広い。

三繋平に戻って、前国師《まえこくし》を越えれば、あとはまるで公園のように整備された立派な木道が続き、ほとんど土を踏むことのないまま、車道の通じる**大弛峠**へと下りつく。

甲武信ヶ岳頂上からの八ヶ岳

プランニング&アドバイス

もっとも楽で効率的に歩けるのは、大弛峠までバスと乗合タクシーで入り、東へ縦走して甲武信小屋に1泊、翌日、雁坂峠まで縦走して道の駅みとみに下るコースだろうが（P140の逆コース）、本項では構成上、甲武信ヶ岳を起点にして大弛峠までを案内している。時間と体力に余裕があれば、大弛峠からさらに県境稜線を縦走し、金峰山へ向かうとよい（P166参照）。

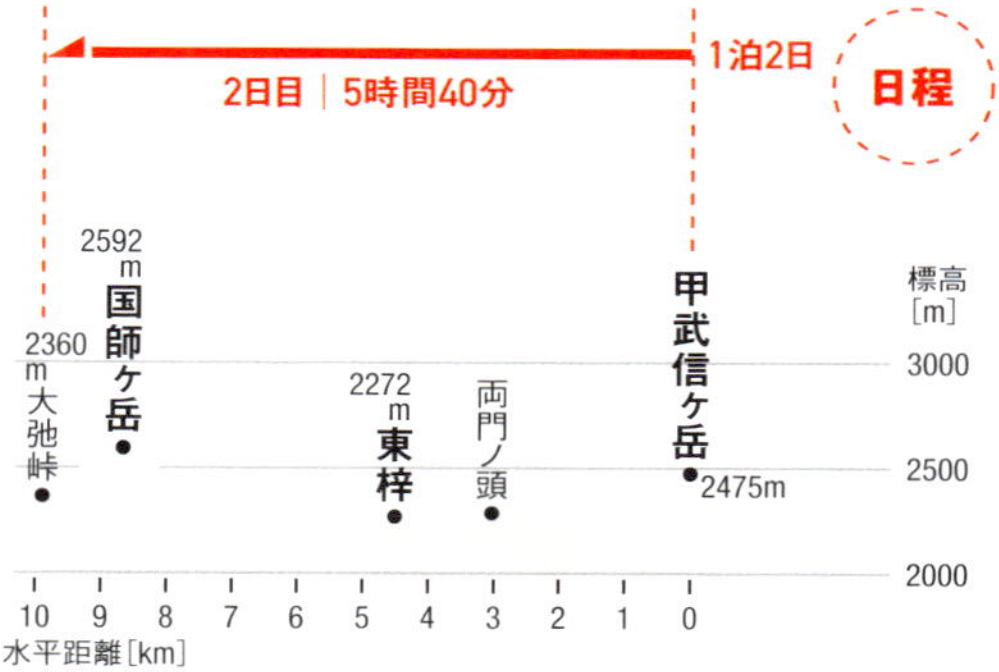

北《きた》の、奥千丈岳《おくせんじょうだけ》に標高でわずかに劣るものの、金峰山《きんぷさん》が奥秩父《おくちちぶ》の盟主であることに異論はあるまい。頂上一帯は、奥秩父ではほぼ唯一といっていい森林限界を抜いたアルペン的な風貌を持つ。ことに冬には、黒い森におおわれた奥秩父の山並みのなかにあっては頂稜の雪の白さがひときわ目立つ。鋭く天を突くわけでない、茫洋とした山容ではあるが、膨大な山体の頂上にどんと置かれた五丈《ごじょう》岩が絶妙のシンボルとなり、甲府《こうふ》盆地はもとより、いろいろな方面からそれと指摘できるのだ。これだけの山を古人が放っておくはずはなく、信仰の対象として古くから崇められてきた。ここで紹介する瑞牆《みずがき》山荘前からの登山道も、かつて宗教登山華やかりしころ、甲州側の各地から何本もあったという登拝路を踏襲している。

1日目 瑞牆山荘を起点に金峰山へ

里宮平《さとみやだいら》とよばれる**瑞牆山荘**前にはバス停もあり（冬季運休）、休日の朝ともなれば

急登が続く里宮坂

瑞牆山荘近くの登山者用無料駐車場

金峰山
瑞牆山荘から

1泊2日

頂上のシンボル・五丈岩。右奥は南アルプス

奥秩父の盟主をめざす 代表的な岩稜コース

コースグレード | 中級

技術度 | ★★★☆☆ 3

体力度 | ★★★☆☆ 3

1日目	瑞牆山荘→ 富士見平→ 金峰山→ 金峰山小屋	計4時間30分
2日目	金峰山小屋→ 金峰山→ 富士見平→ 瑞牆山荘	計3時間50分

いつも登山者でにぎわっている。マイカーなら、富士見《ふじみ》林道へ少し入ったところに広い駐車場があるが、金峰山と瑞牆山《みずがきやま》、人気の2山の登山者が集結する場所なので、満車になってしまうことも多い。

山荘の前からミズナラなどの広葉樹の多い笹原をゆるやかに登っていくと、やがて傾斜が強まり、富士見林道を横切るとさらに急登となる。途中、左に金峰山里宮への道が分かれている。ゆえにこの坂を里宮坂と称する。これから金峰山に登ろうというのだから、まずは参拝していこう。わずかな距離である。

里宮への分岐からひと登りで尾根上に出ると、目の前に瑞牆山が突然現われて歓声が上がる。ベンチもあって、ちょっと一服したくなるところだ。ここからゆるやかに登っていくと、左手に水場への分岐を見てすぐに富士見平《ふじみだいら》小屋の建つ**富士見平**に着く。富士見とはいうものの、カラマツが伸びて、落葉している時期以外はほとんど富士を隠してしまっている。瑞牆山への道（P159参照）がここで分岐するので、この先登山者はぐっと少なくなる。

小屋の前を通り、平らな石が敷きつめられた登山道をゆるく登っていく。いったん尾根筋に出るが、ほどなく黒木におおわれた飯森山《めしもりやま》の南側を巻いていくようになる。張り出した木の根を踏んで歩いていくと、やがて鷹見《たかみ》岩の分岐に着く。鷹見岩から眺める金峰山はすばらしいので一見の価値はあるが、ここは先を急いだほうがいいだろう。

分岐からまもなくで**大日《だいにち》小屋**が右下に現

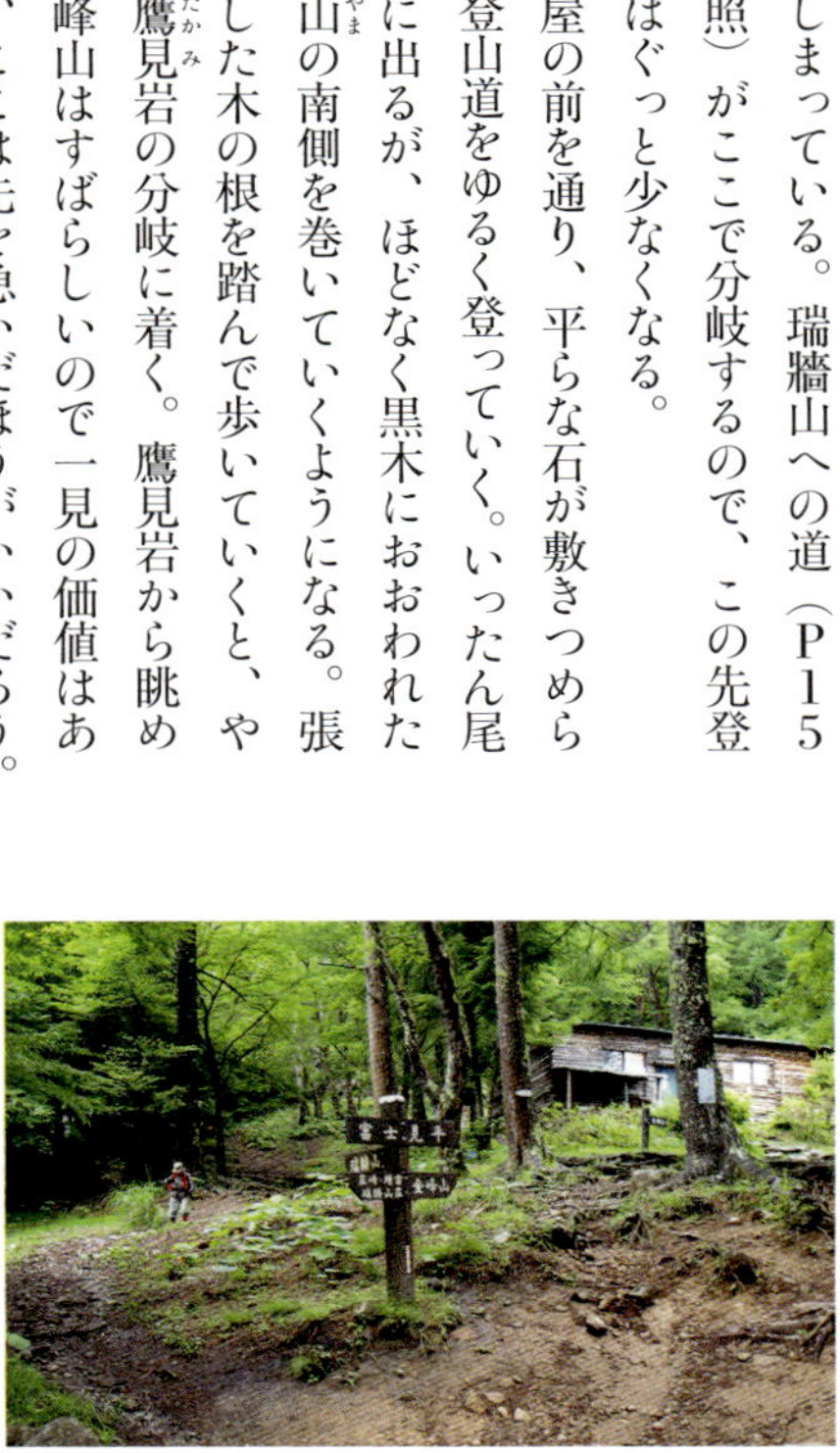

山小屋とテント場がある富士見平

われる。小屋の後ろにそびえる鋭い岩峰が鷹見岩である。行く手の高みには大日岩がぬうっと顔を出している。小屋の前にある水場が最終となる。

ここからが里宮坂と並んでこの行程でもっとも急な登りで、しかも里宮坂より長い。クサリやロープの設置された岩場も現われる。時期ならシャクナゲの花がとても多くて慰められる。

傾斜がゆるんでたどりついたのは大日岩の南の基部で、大日岩経由で小川山《おがわやま》への道を分ける。ここから頂上までは甲信《こうしん》県境をほぼたどることになる。さほど急ではないものの、眺めのない森のなかの単調な登りが続き、なかなか苦しいところである。

木の根をつかむような急登の先に明るい空が見える。その空に飛び出したところが**砂払《すなはらい》ノ頭《あたま》**で、眺めのなかったそれまでのうっぷんを晴らすかのような豪快な展望が一気に開ける。ついに森林限界を超えたのだ。

振り返ると瑞牆山は眼下に小さな岩山で

金峰山からの八ヶ岳と瑞牆山

しかない。その向こうにそびえる、野辺山《のべやま》原《はら》を前景にした八ヶ岳《やつがたけ》は、複雑に隆起する山だけに左右に引いた裾の優美さがなおさらに際立つ。富士はあくまで崇高で、南《みなみ》アルプスはおおどかに連なる。けだし疲れも吹き飛ぶ眺めというべきで、誰しもここでひと休みとなるだろう。

金峰山のシンボル五丈岩へと続く岩稜の右手甲州側は、千代《ちよ》の吹上《ふきあげ》とよばれるすぱっと切れ落ちた崖、対照的に左手信州側はゆるい傾斜のハイマツの海が広がり、奥秩父ではほぼ唯一のアルペン的な風景である。五丈岩まではまだ遠く感じるが意外と近い。登山道は傾斜のゆるい信州側に通じており、危険なところはないが、岩から岩へと大きくまたぐような場面も多いので、眺めにばかり気をとられているわけにはいかない。

千代の吹上からわずかで金峰山小屋への近道を分ける。森林限界を超えると突然風雨の強まることがあるから、危険を感じるときにはこの道をたどって小屋に避難させてもらおう。小屋まで10分程度だ。

八幡《はちまん》尾根を派生するピークを信州側から巻くと、ぐっと五丈岩が近づき、北側から回りこんで五丈岩前の広場へ着く。こちら側から見る五丈岩は、まるで神様が重ねた積み木のようだ。かつては御像石《ごぞう》や五丈石とよばれていたが、いつの間にやら五丈岩が一般的な名称となってしまった。この大きさを見ると、現代の感覚では、石よりは岩の字が持つイメージの方が近いように感じられたからであろう。古い名称を尊重したいが、この本でも最近の呼称に統一した。

金峰山頂上三角点は、広場の東のうずたかく積みあがった岩の堆積の上にある。最高点はその北東の岩のてっぺんで、三角点の標高より４ｍ高い２５９９ｍである。さすがに奥秩父の盟主に恥じない眺めだが、あまりにも広い頂上のため、1点で四囲の眺めをほしいままにするわけにはいかない。時間が許す限り東へ西へと頂上一帯を散策して楽しみたいものだ。ことに往路を下ろ

大日岩からの金峰山

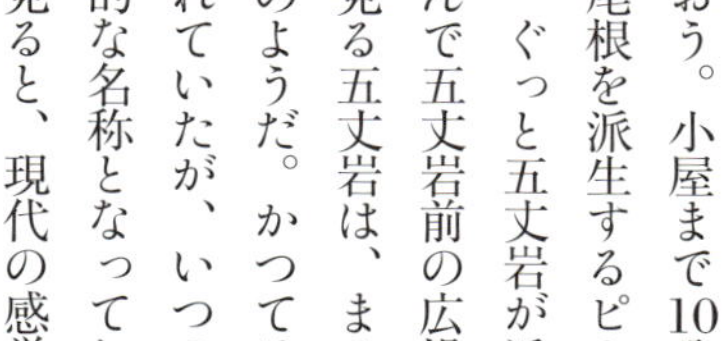

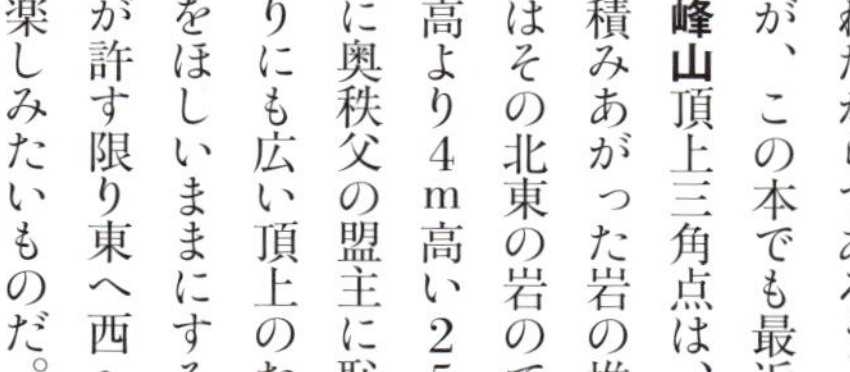

金峰山頂上からの富士山

千代の吹上の絶壁。金峰山頂上は左奥のガスのなか

うという人なら、頂上の東の端の賽《さい》の河原《かわら》まで行ってみれば、また変わった光景が楽しめる。登山者が多いときでもそれほど混んでいるように感じられないのもこの広さのおかげで、ちょっと探せば静かに過ごせるような場所も見つけられるだろう。

五丈岩の南には、現在ではあまり登る人も少なくなってしまったが、かつての第一の登路だった御岳金桜《みたけかなざくら》神社からの道が上がってきている。付近には籠《こも》り堂がその上にあったという石垣や、朽ちた石灯籠があり、古の宗教登山の名残をとどめている。

頂上から宿泊する**金峰山小屋**へは、北に10分ほど下る。

2日目　金峰山から往路を下山する

早朝のすっきりした展望を楽しめるのが、小屋泊まりのメリット。思う存分頂上でゆっくりするといいだろう。時間に余裕があれば、鷹見岩に寄り道するのもいいだろう。

プランニング&アドバイス

瑞牆山荘まではJR中央本線韮崎駅からバス便（冬期は運休）があり、奥秩父の山としては比較的入山しやすい。健脚者なら瑞牆山荘に前泊すれば日帰りも可能だが、金峰山の朝夕の雄大な眺めを堪能するなら、頂上直下にある金峰山小屋にぜひ宿泊したいところ。また、2日間の予定で瑞牆山とセットで登る場合は（P161参照）、富士見小屋に泊まるのが効率的。コース中にある大日小屋は素泊まりのため、食料や寝具等を背負う必要がある。

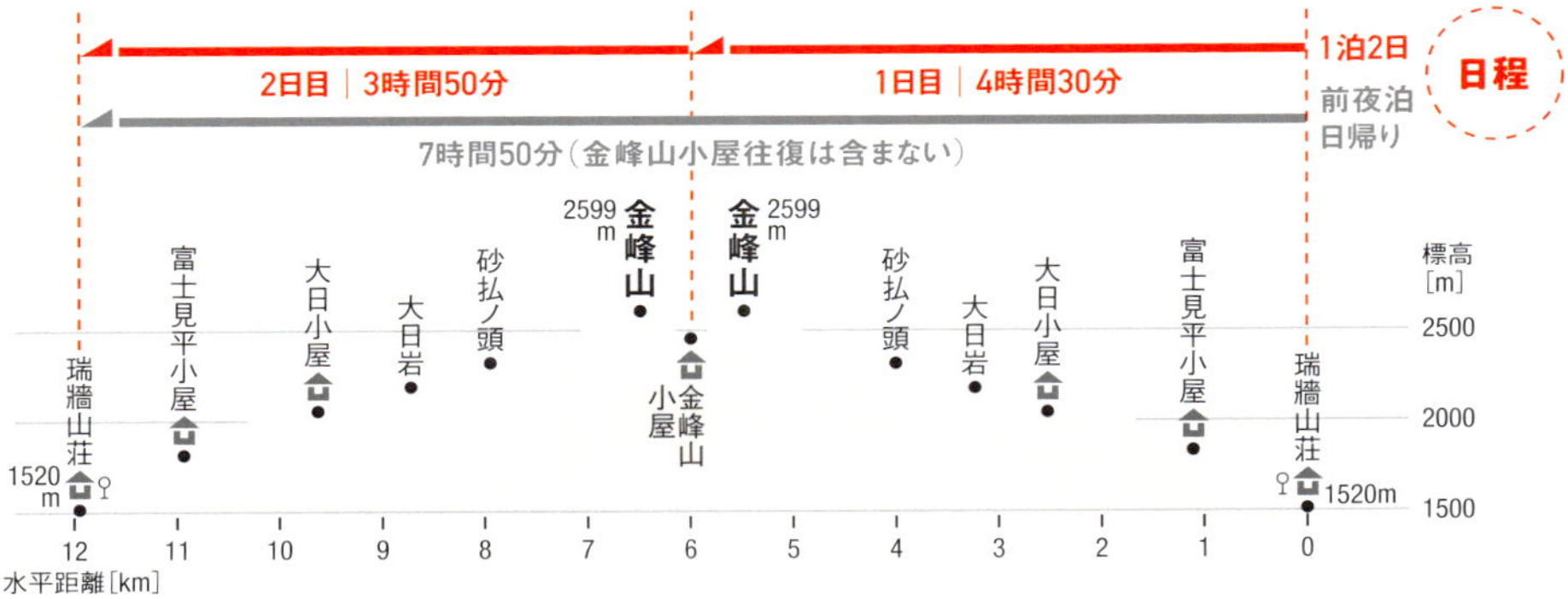

南側の鷹見岩からの瑞牆山。見た目の割に危険箇所は少ない

日帰り

瑞牆山

釜瀬不動滝

コースグレード	中級
技術度	★★★★☆ 4
体力度	★★★☆☆ 3

花崗岩の殿堂と奥秩父西部随一の秘瀑をめぐる周回コースを行く

日帰り みずがきの森公園芝生広場→不動滝→瑞牆山→富士見平→みずがきの森公園芝生広場 計5時間50分

写真・文／長沢 洋

瑞《みず》牆《がき》山《やま》は黒い針葉樹の森から白い花崗《かこう》岩の塔が無数に生えているその姿から、かつて地元では「こぶ岩」とよんだというが、いいえて妙である。2001年、この山麓で全国植樹祭が行われたとき、車道や歩道が新たに整備され、それまではちょっと厄介だった周回コースが設定できるようになった。大駐車場があるので、ことにマイカー登山には最適といえる。周回方向については、不動《ふどう》沢から登るのが圧倒的に優れていると思うので、みずがきの森自然公園の芝生広場を起点に、不動沢をさかのぼって北側から頂上にいたり、南へと富《ふ》士見平《じみだいら》に下って戻るルートを紹介する。

日帰り　みずがきの森から瑞牆山を周回

芝生広場の山側の右隅からはじまる遊歩道を、山に向かって左方向に進むと、小川《おがわ》山《やま》林道に合流する。ただし、この道は迷路のようでわかりにくい。芝生広場前の車道を北にたどれば小川山林道と合流するので、

瑞牆山を背にするみずがきの森駐車場

登山道のシャクナゲ。花期は6月中旬

不動滝。水によって掘られた釜が見もの

それを歩いても時間はさほど変わらない。荒れた林道を30分強歩けば**林道終点**となり、山道がはじまる。

　道は何度か折り返して高さを上げる。大岩の根元を巻くと不動沢の左岸の高みを歩くようになる。やがて沢が近づくと丸太づくりの桟道が何箇所か現われる。濡れているときはスリップに注意がいる。しばらく左岸を歩いたのち、丸木橋で右岸に渡って**不動滝**へ着く。一枚岩を滑り落ちる水が、気の遠くなるような年月をかけて穿った釜が見ものだ。

　不動滝から先はやや道の状態が悪くなる。沢沿いをわずかにたどると、また左岸へと飛び石づたいに戻る。やがて道は沢から離れ、苔むした巨岩のあいだを縫うように登る。シャクナゲの花が暗い森を埋める時期は圧巻である。

　再び道は沢に近づくが、それもわずかのあいだで、道は南へと直角に方向を変え、一気に頂上へと向かう。この高度差300mの登りは苦しい。頂稜で富士見平からのルートを合わせて左にわずかに進み、

石舞台のような瑞牆山頂上（背景は八ヶ岳）

ロープがかかる頂上直下の登り

瑞牆山からの金峰山。シンボルの五丈岩が目印

岩をロープやハシゴで登ると大展望の**瑞牆山**頂上に飛び出す。頂上に着いてはじめて眺めが開けて感激が大きいのも、不動沢から登るよさといえよう。石舞台のような頂上からの眺めは天下一品であるが、くれぐれも足もとには気をつけよう。

先ほどの分岐へ戻り、南へと下る。岩をつたったり、あいだを縫ったり、急な下りが続く。道が沢に沿うようになると岩が濡れており、スリップには注意。真っ二つに

瑞牆山頂上から奇岩・大ヤスリ岩を望む

頂上からは岩のあいだを縫うように下る

割れた桃太郎《ももたろう》岩の先で天鳥《あまとり》川を渡り、**富士見平**へ登りかえす。富士見平から瑞牆山荘へとわずかに下ったところに自然公園への道標がある。山荘への道と別れてすぐ右下に見える富士見林道へ降り立つ。

林道を歩いていくと、最初のヘアピンカーブに道標が立っている。真正面から西日が当たる時間になっていると、この道標が見えづらいことがあるので注意がいる。道標にしたがって、北西へ続く尾根道に入る。実に歩きやすい傾斜の道を足まかせに下る。自然林がふんだんに残された尾根道に紅葉の季節にはちょうど正面左から西日が射しこみ、えもいわれぬ絢爛である。

やがて道は芝生広場への車道とほぼ平行に通じている歩道とT字型にぶつかる。これを右にとって尾根を巻きながら下り、天鳥川を渡るとひと登りで植栽地に出る。ここまで来ると、直下に芝生広場への車道が見えているだろう。歩道をうまくたどれば**芝生広場**に戻れるが、やはり迷路のようでわかりにくい。車道に出てそれを右へと歩いたほうが駐車場には早く戻れるだろう。

プランニング&アドバイス

ひと筆書きで歩けるマイカー向けのコースである。起点の芝生広場へは、県道23号韮崎増富線で南から来る場合も、増富ラジウム鉱泉経由よりは塩川ダム経由で黒森から入ったほうが早い。瑞牆山荘行きのバス利用では、終点から芝生広場まで車道を1時間ほど歩くことになるが、帰りは富士見平から瑞牆山荘まで一般的なルートを戻ってくればいいわけである（富士見平～瑞牆山荘間はP150コース㉑参照）。なお、芝生広場へのアクセス路となるみずがき林道は冬期閉鎖のため、この時期に登る場合は瑞牆山荘が起点となる（ただしバスも運休）。

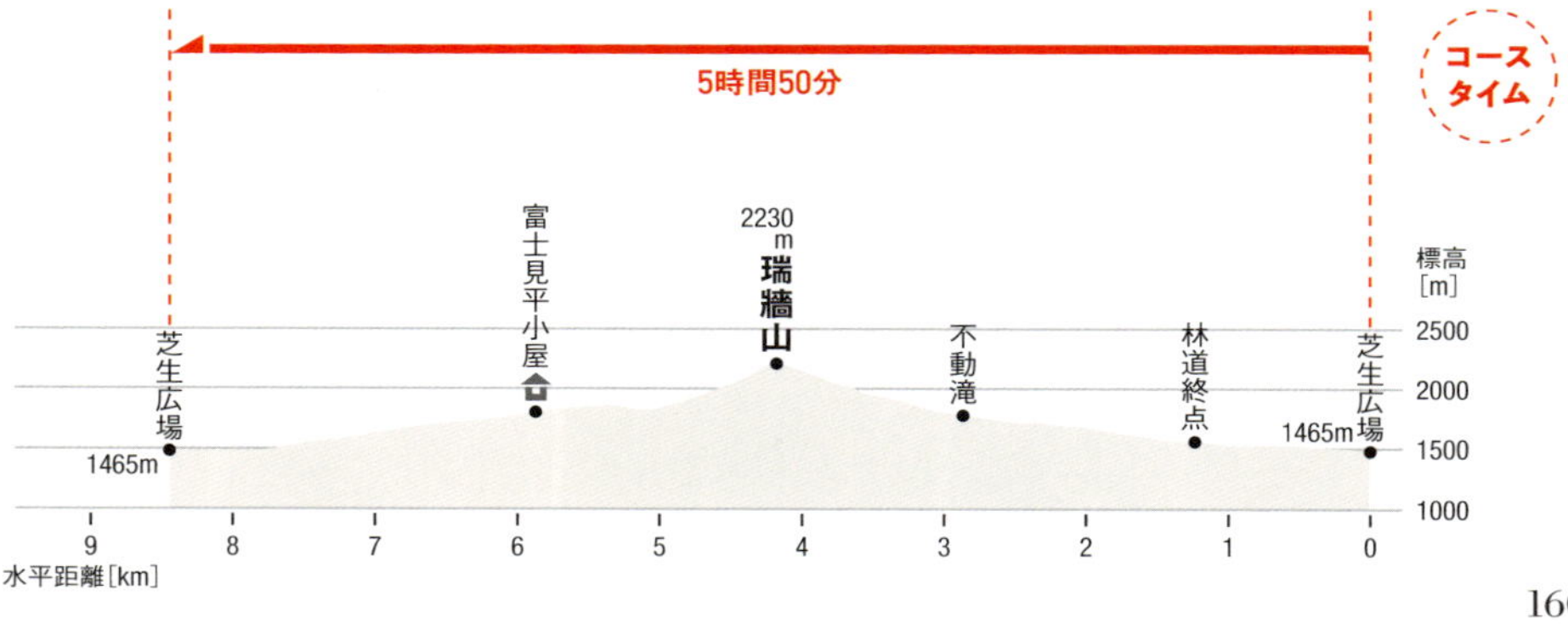

サブコース

富士見平から瑞牆山へ

瑞牆山荘↓富士見平↓天鳥川源流↓瑞牆山（往復）　**5時間**

Map 18-2C　瑞牆山荘
Map 18-1C　瑞牆山

コースグレード	中級
技術度	★★★☆☆ 3
体力度	★★★☆☆ 3

　バス路線のある瑞牆《みずがき》山荘から登る、瑞牆《みずがき》山《やま》へのもっともポピュラーなコース。

　瑞牆山荘から**富士見平**《ふじみだいら》までは、瑞牆山荘から金峰山《きんぷさん》の項（Ｐ１５０コース21）を参照のこと。

　富士見平小屋の左手から山の北面に入っていくと、あたりはうっそうとした針葉樹林になる。やや下り気味の道からは樹林越しに瑞牆山の岩塔群が輝いている。

　小川山《おがわやま》への分岐を見ると、ひとしきり急な下りで天鳥《あまどり》川の河原に着く。飛び石づたいに対岸に渡ると、すぐ先に桃太郎《ももたろう》岩がある。ここからしばらく水のほとんどない沢に沿って登る。岩が濡れていて滑りやすいところもある。

　道が沢から離れると少し傾斜もゆるむが、それもわずかなあいだで、すぐ大岩を縫うような急登がはじまる。登山道はうまくつけられており、岩そのものをよじ登るような場面はほとんどない。

　この山でもっとも目立つ岩塔、大《おお》ヤスリ岩の基部あたりからさらに傾斜が強まり、頂稜へ出る手前にはハシゴも現われる。登山者の多いときには、このあたりと頂上直下で渋滞することもある。

　頂稜に出たところで不動《ふどう》沢からの道（Ｐ１５６コース22を参照）を合わせ、北側からわずかに回りこんで、岩をロープとハシゴで登ると、大展望の**瑞牆山**頂上へと飛び出る。

　展望を楽しんだら、往路を引き返す。

天鳥川源流の徒渉。増水時は要注意

富士見平への登路途中にある里宮神社

写真・文／長沢 洋

前夜泊日帰り

金峰山

廻り目平から

針葉樹の黒い森を登ると頂上のシンボル五丈岩が見えてくる

日帰り　廻り目平→八丁平分岐→金峰山小屋→金峰山（往復）　計5時間30分

コースグレード｜中級

技術度｜★★★★★　3

体力度｜★★★★★　3

写真・文／長沢 洋

クライミングの聖地から信州側唯一のコースで奥秩父の盟主の頂へ

信州側から金峰山《きんぷさん》に登る唯一のコースが、川上《かわかみ》村川端下《かわはけ》にある廻《まわ》り目《め》平《だいら》からの登山道である。

廻り目平がクライミングのメッカとして有名なのは、小川山《おがわやま》屋根《やね》岩や金峰山北東麓の花崗《かこう》岩の岩塔群などに取り囲まれているからで、「日本のヨセミテ」とはちょっと大げさにしても、ちょっとほかにはない風景である。標高1600m近い暑さ知らずの別天地は、夏はオートキャンプ場としてもにぎわっている。

日帰り

廻り目平から金峰山を往復する

廻り目平から、西股沢《にしまた》に沿った林道を上流へと歩く。一般車は入れないため、車にわずらわされることはない。いささか長いが、あたりの奇岩を眺めながら歩けば、さほど退屈もしないだろう。

やっとたどり着いた林道終点から、なおも川に沿ってしばらくいくと、西股沢は中《なか》ノ沢と砂洗《すなあらい》沢に分かれる。**八丁平《はっちょうだいら》分岐**（中ノ沢出合）で砂洗沢沿いに直進する八丁平への道（P168参照）を見送り、丸木橋で沢を対岸に渡る。あたりはベニバナイチヤクソウの群落である。

八丁平分岐。この先は登山道らしくなる

西股沢沿いの林道をたどる

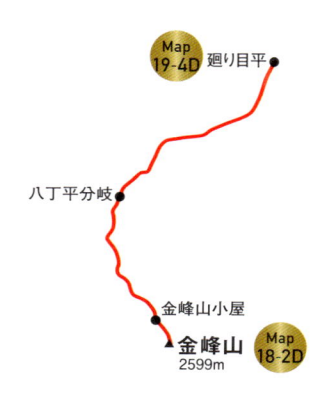

廻り目平の駐車場とクライミングゲレンデの屋根岩

中ノ沢の西の小沢に沿って、いよいよ登山道らしくなった道を登っていくと最終水場がある。ここから道は沢から離れて、いかにも奥秩父《おくちちぶ》らしい黒い森に入っていく。なかなかの急登が続き、やがて尾根上に達すると、シャクナゲ越しに瑞牆山《みずがきやま》がすでにほとんど同じ高さに眺められる。そのうしろには八ヶ岳《やつがたけ》が雄大だ。

さらにひと登りすると道がやや平坦になり、山腹をゆるく巻いていくように登っていく。やがて、行く手に金峰山のシンボル五丈《ごじょう》岩が見えてくる。再びの急な登りをこなすと、一気に空が明るくなって、森林限界ぎりぎりに建っている**金峰山小屋**の前に飛び出す。すでに瑞牆山は眼下に低い。背後には小川山が、実に大きな三角形を見せている。

小屋から頂上への登りは、先が見えているだけにかえって苦しい。あまり上を見ないようにしてあせらずに行こう。ハイマツのなかに道が続くさまは、奥秩父ではほとんど唯一の、森林限界を抜いた高山的な光景である。

やがて直接三角点へ向かう道と、五丈岩前の広場に向かう道の分岐が現われる。ここまで登れば、もうほとんど登りきったようなものである。どちらへ行っても構わないが、まずは三角点の方へ登ってみよう。

金峰山頂上の3等三角点は、岩の積み重なったなかに隠れるようにぽつんとある。かつてはこの三角点の標高が山の標高だったが、実際には最高点はその北東の岩のてっぺんなのだから、その標高、三角点より4m高い2599mが金峰山の高さになった。奥秩父最高点の北奥千丈岳《きたおくせんじょうだけ》（2601

岩が積み重なった金峰山の頂上

五丈岩の基部にあるお堂跡

m）より、惜しくも2m低い。すぐ目の前にはシンボルの五丈岩がどんと鎮座していて、その高さもほとんどここと変わらないようだ。

岩から岩へ飛び移るように下って、五丈岩前の広場に出る。五丈岩に登ろうとする人もあるが、岩登りの経験のない人は無理しないことだ。五丈岩の南の基部に回ってみると、灯篭や、その上に籠《こも》り堂があったという石垣が、かつての宗教登山の名残をとどめている。

胸のすくような四囲の展望だが、広い頂上なので、1点からすべてが眺められるわけではない。場所を変えてはカメラを構えることになるだろう。東の肩にあたる賽《さい》の河原《かわら》まで行ってみるのもおもしろいと思う。時期であればキバナシャクナゲの花が見られる。

雄大な展望を存分に楽しんだら、往路を下山する。

金峰山小屋付近からの小川山（左上は小海方面）

プランニング&アドバイス

マイカーやタクシー利用なら起点の廻り目平まで直接入ることができるが、JR小海線と川上村営バス利用での入山だと、終点の川端下（かわはけ）から廻り目平まで車道を1時間ほど歩くことになる。その場合は交通の便からも瑞牆山荘に下ることになるだろう（P150コース21参照）。登りはじめが遅くなった場合は、無理せず金峰山小屋に1泊することも考慮したい。時間に余裕があれば、大日岩と八丁平を経由して廻り目平に下れば単純な往復を避けることができるが、大日岩から八丁平分岐までは、少々山慣れた人向きである（八丁平〜八丁平分岐間はP168参照）。

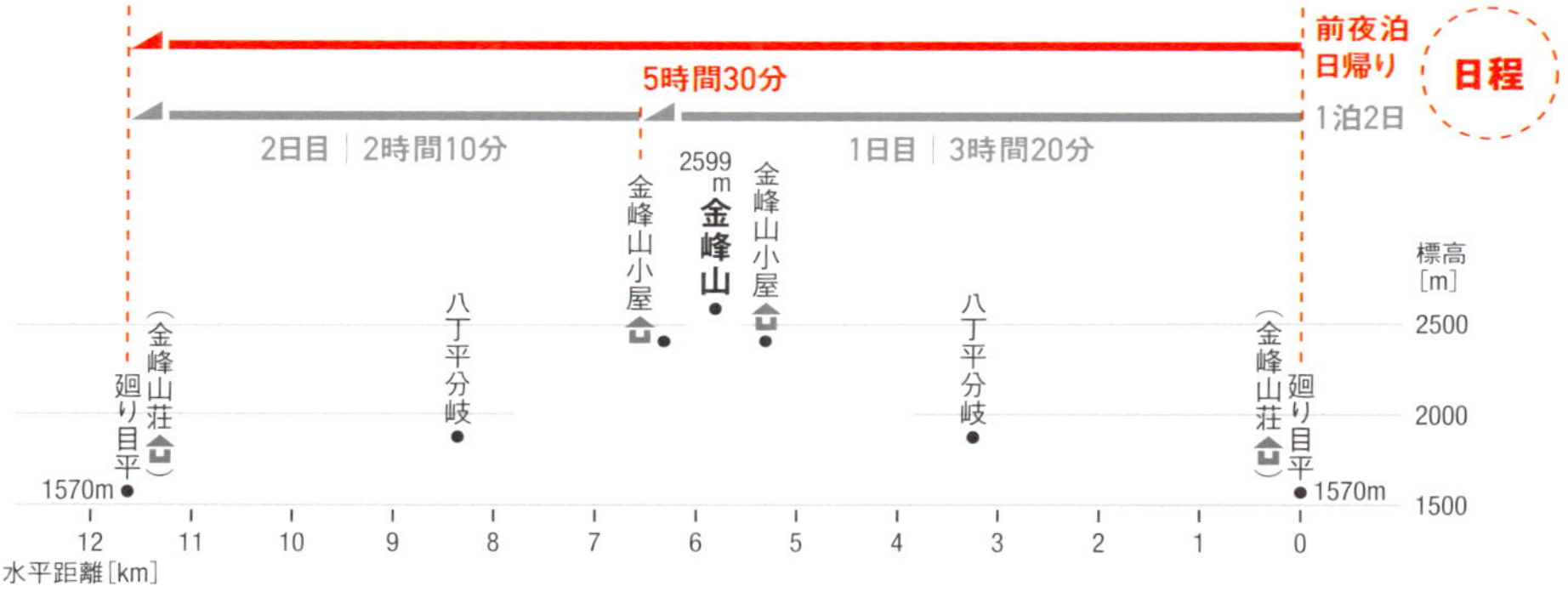

サブコース

大弛峠から金峰山

大弛峠↓朝日岳↓金峰山（往復）　4時間30分

川上牧丘《かわかみまきおか》林道の大弛《おおだるみ》峠から山梨・長野の県境をたどって金峰山《きんぷさん》をめざす、もっとも標高差の少ないコース。大弛峠へは以前はマイカー利用でのアクセスが主体だったが、近年JR中央本線塩山《えんざん》駅から予約制バスと乗合タクシー利用でアクセスできるようになった。

大弛峠からしばらくは平坦だが、やがて木段のある急坂となる。樹林帯の小突起を上下して、小広い**朝日《あさひ》峠**に下り着く。

峠からは登りとなって小さな突起を越えると、眺めのよい岩尾根となる。再び入る樹林帯にはシラビソの立ち枯れが多い。やがて**朝日岳《だけ》**に着く。めざす金峰山の五丈《ごじょう》岩がもう近くに見える。

滑りやすい急なガレ場をジグザグに下り、やはり立ち枯れたシラビソが多いなか、小さな突起を越え、さらにゆるく下っていく。

再び登りに転じた道は、鉄山《くろがねやま》の北側を巻いていよいよ金峰山の登りとなる。いつしか道の両側がハイマツになると、頂稜の東端に飛び出す。賽《さい》の河原《かわら》とよばれる砂礫地に、大きなケルンがいくつも立っている。行く手に見える岩塊の頂点が頂上である。

砂礫の道から、岩から岩へとつたうようになり、**金峰山**の頂上三角点に着く。目の前にはシンボル五丈岩がある。胸のすくような四囲の展望に、場所を変えてはカメラを構えることになるだろう。

頂上からは往路を戻るが、マイカー利用でなければ**瑞牆《みずがき》山荘**に下ってもよい（P150コース21参照）。

Map 15-2A　大弛峠

Map 18-2D　金峰山

コースグレード	中級
技術度	★★★☆☆ 3
体力度	★★☆☆☆ 2

大弛峠から30分ほどで休憩適地の朝日峠へ

朝日岳からの金峰山(右)と鉄山。後方は南アルプス

サブコース

大弛峠から北奥千丈岳・国師ヶ岳

大弛峠↓北奥千丈岳↓国師ヶ岳（往復）

1時間55分

Map 15-2A 大弛峠

Map 15-2A 北奥千丈岳

コースグレード	初級
技術度 ★★★★★	2
体力度 ★★★★★	1

奥秩父《おくちちぶ》の最高峰は北奥千丈岳《きたおくせんじょうだけ》（標高2601m）だが、わざわざ国師《こくし》ヶ岳《がたけ》と区別することもないほど近接したピークである。要するに国師ヶ岳という巨大な山のピークが2つに分かれており、三角点のあるほうを国師ヶ岳、標高が高いほうを北奥千丈岳とよぶようになったということだろう。

奥秩父でもっとも高い山だというのに、もっとも簡単に頂上に立てる山である。というのも西直下の**大弛《おおだるみ》峠**（標高2360m）を車道（川上牧丘《かわかみまきおか》林道）が越えているからで、さらに、今や頂上近くまで白木づくりの歩道や階段が整備され、ほとんど土を踏まないまま登れてしまう。

大弛小屋の右手からはじまる登山道は、すぐに木道となる。

木道といっても、まるで廊下のようなもので、段差のあるところは階段になっている。途中、夢《ゆめ》の庭園《ていえん》への分岐がある。夢の庭園とはシャクナゲ群生地に岩がうまく配置された、天然の公園といった趣の場所で、展望がよい。こちらを経由しても上部で登山道と合流できる。

頂上の一角、前国師《まえこくし》からゆるく下った鞍部が三繋平《みつなぎだいら》で、**北奥千丈岳**への道が分岐している。**国師ヶ岳**へもごくわずかの登りを残すのみで、どちらを先に登るかはお好みで。時間はどちらも10分ほどだ。

下山は往路を引き返すが、夢の庭園を経由しないコースをたどってもいい。

木道が敷かれた夢の庭園を行く

奥秩父最高点・北奥千丈岳頂上

写真・文／長沢 洋

サブコース

廻り目平から小川山

廻り目平↓カモシカコース分岐↓小川山↓八丁平↓八丁平分岐↓廻り目平　7時間15分

Map 19-4D 廻り目平

Map 19-4D 小川山

コースグレード｜中級

技術度｜★★★★☆ 4

体力度｜★★★★☆ 4

奥秩父《おくちちぶ》山地のイメージは、一般的には黒木の森におおわれた、派手さはないけれども重厚な山々といったところだろうか。だがその典型が小川山《おがわやま》であるといえば不思議な顔をされるかもしれない。というのも、この山の東麓にある屋根《やね》岩をはじめとした「日本のヨセミテ」とも称されるクライミングゲレンデが有名なので、小川山といえば明るい花崗《かこう》岩の岩山だと思っている人が多いからだ。しかしそれは山のごく一部分でしかない。全体を見れば森におおわれた地味だがおおらかな山で、屋根岩はもちろんのこと、瑞牆山《みずがきやま》ですら小川山の前衛の岩山に過ぎないといってもいいくらいである。地味な頂上を訪れる人がおのずと少ないのは、静山派にとってはうれしいことである。

廻《まわ》り目平《めだいら》から金峰《きんぷ》山《さん》に向かう西股《にしまた》沢沿いの林道を歩くと、すぐ右にカモシカ遊歩道の道標があり、これが途中までは小川山への登山道を兼ねている。最初は樹林帯の登りだが、やがてところどころで展望が開けてくる。金峰山側の奇岩群の眺めがおもしろいが、すでにこちらも小川山の奇岩群のなかにいるのだ。それらを縫うようにハシゴを使ったりしながら上下していくと、**カモシカ遊歩道との分岐**に着く。岩の上に立つと小川山の頂上がまだ遠くに見える。

尾根を乗り越えて下っていく歩道と別れて尾根の北側の樹林帯に道は続く。等高線から２１８０ｍと読み取れる突起は北側を巻くが、この突起は弘法《こうぼう》岩という眺めのよ

岩を縫うように登るカモシカ遊歩道分岐への道

三角点と山名標柱があるだけの小川山頂上

い岩場なので、余裕があれば寄っていこう。ただし短い距離だが踏み跡程度の道だ。

　頂上まで延々と樹林帯の登りが続く。単調といえば単調だが、針葉樹の香りとしっとりとした雰囲気は山に抱かれているような心地よさがある。地面がやわらかいのも何よりで、登山者の少ない証左であろう。

　八丁平《はっちょうだいら》から甲信県境稜線をつたってきた道に突き当たり、右にわずかに登ると**小川山**の頂上に着く。シャクナゲに囲まれた小さな切り開きに三角点がある。長く登ってきたのに展望もないとはけしからんというような輩には無縁の頂上である。

　帰りは先ほどの分岐まで戻り、そのまま中央分水嶺でもある県境稜線沿いに南下する。地形図上の2290m標高点は展望が得られる岩場で、西から巻くこともでき、水晶の発掘跡も見られる。さらに下った、西に瑞牆山への尾根を派生する地点の少し南側の岩峰でも展望が得られる。それ以外はひたすら太古を思わせる森のなかを下る。

八丁平の標識のある場所で富士見平《ふじみだいら》方面への道を分け、そのまま南へと大日《だいにち》岩方面へ歩くと**廻り目平方面への分岐**がある。

　斜面を一気に下ると、砂洗《すなあらい》沢左岸の高みを歩くようになる。多少荒れた部分もあり、疲れた足には長く感じられる。ようやく金峰山への分岐（**八丁平分岐**）のある林道に出てほっとひと息だが、まだ**廻り目平**まで林道歩き1時間が残っている。

カモシカ遊歩道分岐付近からの
小川山頂上方面（左上が弘法岩）

プランニング&アドバイス

マイカー利用前提で周回コースを設定したが、廻り目平まで公共交通を使った場合（バスの場合は川端下から歩くので1時間プラス。タクシーは少ないので予約したほうが無難）は瑞牆山荘へ下ったほうが帰りの交通の便はよい。その場合、2日行程にして、初日は小川山から下山したら富士見平小屋に泊まって翌日瑞牆山を往復してから帰るという手もあろう。

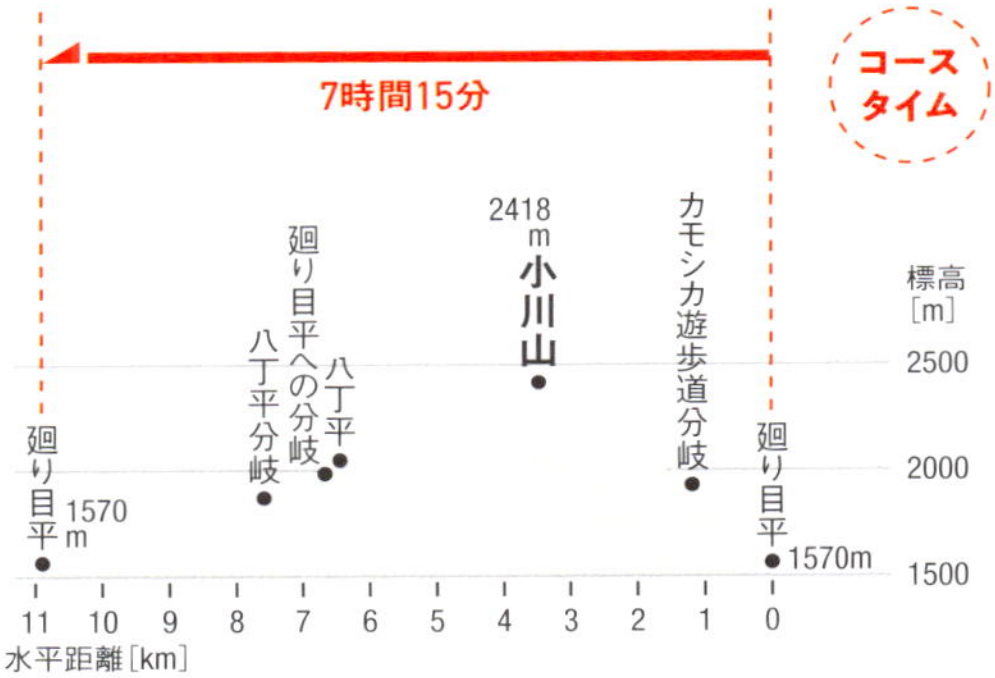

中里介山の小説で知られる大菩薩峠。展望に優れ、いつもハイカーでにぎわう

上日川峠を起点に昔から知られたハイキングコースを周遊

コースグレード｜初級

技術度｜★★☆☆☆ 2

体力度｜★★☆☆☆ 2

日帰り 上日川峠→福ちゃん荘→唐松尾根→大菩薩嶺→大菩薩峠→福ちゃん荘→上日川峠　**計3時間15分**

写真・文／長沢 洋

日帰り

大菩薩嶺 上日川峠・大菩薩峠

中《なか》里介山《ざとかいざん》の小説『大菩薩《だいぼさつ》峠』が何といっても、この山を有名にした功績者であった。登山ブームだった昭和20年代後半から30年代にかけて、東京発夜行日帰りの山として、西麓の裂石《さけいし》集落から登山者が列をなしたという。

現在でも人気の山であることに変わりはないが、それは、ダム建設などで、上日川《かみにっかわ》峠に通じる車道がよりよく整備されたことに負う部分も多いと思う。何しろ公共交通機関やマイカーを使えば、標高1600m地点までまったく歩かずに登れてしまい、麓からもよく目立つ2000mの高みにある爽快な草尾根を、富士山《ふじさん》や南《みなみ》アルプスの雄大な眺めを楽しみながら気軽にハイキングできるのである。

その上日川峠を起点に、ほぼ周回コースをとれるので、マイカー登山に好都合なのも人気の理由だろう。ここでは、まず一気に唐松《からまつ》尾根を登って大菩薩嶺《れい》に立ち、眺めのよい稜線をたどって大菩薩峠へとのんびり下ってくるコースを案内する。

登山口の上日川峠に建つロッヂ長兵衛

唐松尾根はその名の通りカラマツ林を行く

日帰り

上日川峠から大菩薩嶺、大菩薩峠を周回する

上日川峠へマイカーで入る場合、山道の運転に慣れない人には、塩山《えんざん》市街～裂石経由より甲斐大和《かいやまと》方面から入ったほうが道幅が広いので、安心して運転できるだろう。上日川峠の駐車場は狭いので、ハイシーズンの週末などには駐車できないことも多い。甲斐大和から入ったなら、峠手前を左に折れ、大菩薩湖北岸の大きな駐車場に置くとよい。そこから上日川峠まではせいぜい徒歩15分程度である。

上日川峠にはログハウス風の山小屋・ロッヂ長兵衛《ちょうべえ》が建ち、公衆トイレもある。峠を越える車道からロッヂの横へ分岐する車道に入ると、すぐ左に山道が分かれる。そのまま車道を歩いても時間はほとんど変わらない。山道はほぼ車道沿いに続く。枝ぶりのいいミズナラやダケカンバの大木が多い笹原を、なだらかな起伏沿いに上下していくと**福《ふく》ちゃん荘**の裏手に出て、小屋の前で再び車道に合流する。ここにも立派な公衆トイレがある。タクシーならここまで入ることができる。小屋の前が唐松尾根の入口で、なおも続く車道は大菩薩峠へ向かう道である。帰りはここで往路と合流することになる。

唐松尾根はその名のとおりカラマツが多く、新緑や紅葉のころはとくに美しい。林の下はササにおおわれ、道はそのなかを縫うように続いている。中間点あたりにある小突起を越えてしばらくで、いよいよ最後の急登になるが、そのころには、麓からも目立つあの草の斜面にさしかかっているのである。

おのずと眺めが開け、上日川《かみひかわ》ダムの完成により出現した大菩薩湖の水面の上に大きく富士がのし上がるが、大きな送電鉄塔が目障りなのが残念である。背後には甲府《こうふ》盆地のかなたに南アルプスの連嶺がずらりと

樹林に囲まれ展望のない大菩薩嶺頂上

雷岩～大菩薩峠間は快適な笹尾根の道が続く

雷岩からは南アルプスの連なりが一望できる

並ぶ。こちらが高くなるにつれ眺めは広く大きくなっていく。植生保護のためのロープが張られ、花の時期なら数々の草花が目を楽しませてくれる。しかし最近では、ここもシカによる食害が深刻で、ヤナギランなどはほとんど絶滅したそうだ。

たどりついた稜線には**雷岩**《かみなり》とよばれる露岩があり、この岩の上が大菩薩嶺で展望の得られる最高所である。頂上へは左手の黒木の森に入ってゆるく登っていく。

たどり着いた**大菩薩嶺**の頂上は針葉樹に囲まれた小平地で、真ん中に三角点がぽつんとある。眺めはまったくないが、それだけに静けさを感じる。

頂上から**雷岩**へ戻る。ここから大菩薩峠へと続く草尾根の下降が、この大菩薩嶺の人気の理由といえるだろう。稜線のどこからでも広い眺めが得られる。富士はいよいよ崇高で、甲府盆地の西を限る南アルプスの山並みが実に雄大である。ちょうど昼時ならば、弁当を開く場所には事欠かかないが、植生の保護のロープ内には立ち入らないようにしなければならない。

神部岩《じんぶ》を経て、妙見《みょうけん》ノ頭《あたま》の突起の西をか

中里介山碑。当初は麓にあったが昭和31年に移設された

大菩薩峠北側からの介山荘と熊倉山

唐松尾根上部からの大菩薩湖と富士山

らんで下りきった鞍部は賽《さい》の河原《かわら》とよばれ、旧大菩薩峠があった地点である。風の通り道にあたり、遭難が相次いだため、明治のはじめに現在の場所に峠が移されたという。大きなケルンが積まれ、強風時にはありがたい避難小屋がある。ここから軽い登りで親不知《おやしらず》ノ頭《あたま》を越えると、中里介山の文学碑を経て介山荘の建つ**大菩薩峠**に着く。小屋の裏に休憩舎とトイレがある。

介山荘からの峠道は、小屋の荷揚げ用車道でもある。それだけに傾斜もゆるやかでのんびりと下ることができる。道の周囲には原生林も残り、深山の雰囲気も感じられる。やがて昭和7年に建てられた茅葺きの勝縁荘《しょうえん》（休業）の前で姫《ひめ》ノ湯《ゆ》沢を渡ると車道歩きとなる。休業中の富士見《ふじみ》山荘を過ぎると**福ちゃん荘**はもうすぐである。ここからは往路を**上日川峠**へと戻る。

プランニング&アドバイス

大菩薩峠から上日川峠へは、時間に余裕があったり、あるいは歩き足りない人は、さらにここから南に稜線をたどり、熊沢山を越えて石丸峠から下っても上日川峠へ戻れる。ことに大菩薩湖北岸の駐車場に車を停めた人には、途中からそちらへ向かう道があるのでおすすめである。ぐっと人影が少なくなるし、石丸峠周辺の草原は、それまでの大菩薩嶺の草尾根とはまた違った、伸びやかな高原状で、実に雰囲気のいいところである。大菩薩峠から直接下るより40〜50分ほど余分にかかる。

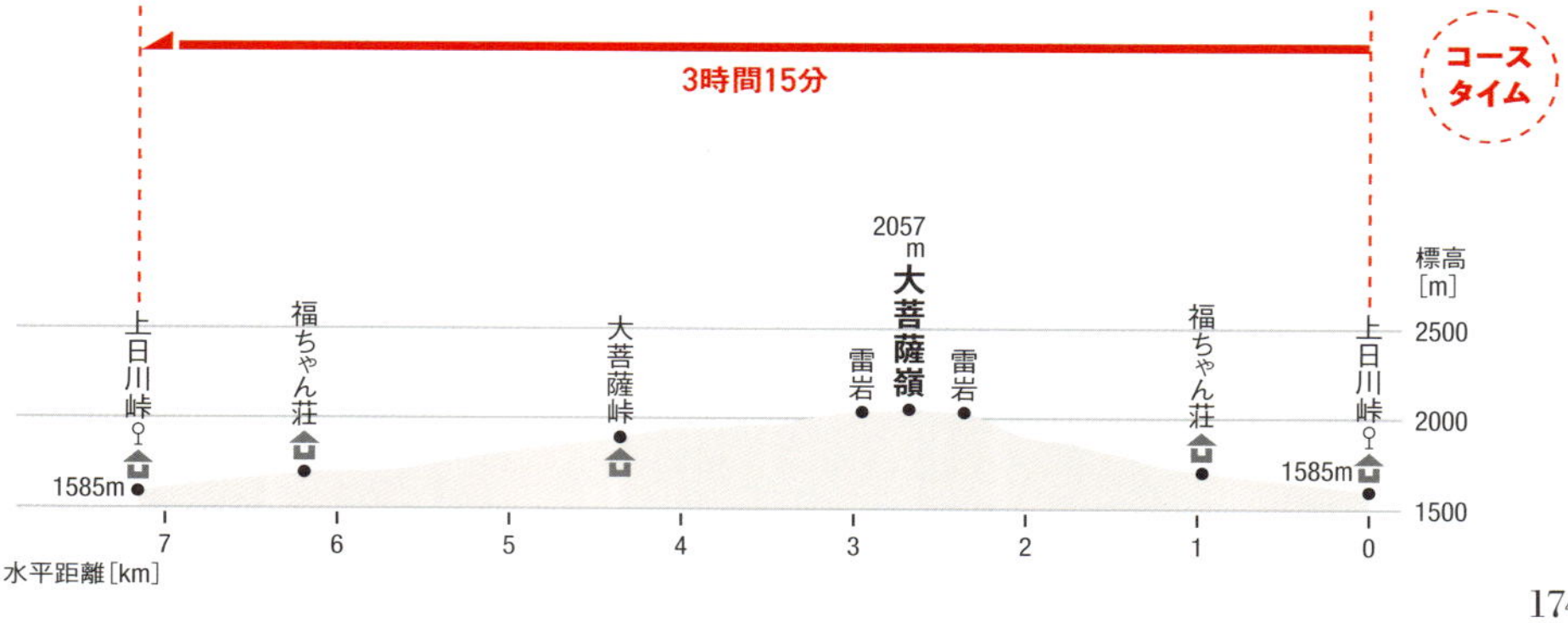

サブコース

丸川峠から大菩薩嶺

大菩薩峠登山口↓丸川峠↓大菩薩嶺↓大菩薩峠↓上日川峠↓大菩薩峠登山口　7時間

上日川峠《かみにっかわ》まで車で行くのが当たり前になった今では、かつてのメインルート、裂石《さけいし》から登ろうという人は少なくなってしまったが、簡単にただ頂上に立ちさえすれば事足れりという登山ではつまらないし、上日川峠からではいささか楽すぎると感じる人もあるだろう。幸いにも古来の登山道はしっかりと残っており、その樹林の美しさは格別でもある。裂石から丸川《まるかわ》峠経由で登り、上日川峠を経て裂石に戻ればうまく周回できるうえに、劇的なくらいに印象の異なる大菩薩嶺《だいぼさつれい》の北面と南面を両方味わうことができるので、1日をかけて歩く価値は充分あるはずだ。

大菩薩峠登山口でバスを降り、雲峰寺《うんぽうじ》の石段を左に見て上日川峠への車道を歩いていく。ヘアピンカーブで高度を上げると、冬季道路閉鎖時のゲートの手前で左に林道が分かれる。丸川峠へはこの林道へ入る。**入口**にわりと大きな駐車場があるので、マイカーの場合はここに置くのが最適である。しばらく林道歩きをしたのち、道標にしたがって尾根へ取り付く。

広葉樹の美しい尾根筋には登るにつれブナの大木が次々に現われる。急登の連続だが、新緑や黄葉のころにはその美しさに慰められる。やがて傾斜がゆるんで、季節の花が咲き乱れる小広い草原に出る。素朴なたたずまいの丸川荘が建つ、山中のオアシスのような**丸川峠**である。振り返ると富士《ふじ》山《さん》が大きい。

Map 11-4A　大菩薩峠登山口バス停

Map 11-4A　大菩薩峠登山口バス停

コースグレード	中級
技術度 ★★☆☆☆	2
体力度 ★★★★☆	4

避難小屋が建つ賽の河原

丸川峠入口駐車場。ここを起点に周回できる

写真・文／長沢 洋

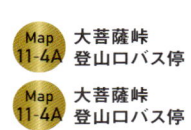

峠から頂上への道は概して尾根の北面をからんでいく。今までの明るさとは打って変わって、あたりは亜高山の針葉樹におおわれ、林床は苔むし、暗くしっとりしている。大菩薩嶺に上日川峠から登るだけでは決して得られない雰囲気である。かつて北麓の住人からはこの山が大黒《おおくろ》茂《も》山《やま》とよばれていたのもうなずける。

登りついた**大菩薩嶺**の頂上は三角点がぽつんとあるだけの、まだ北面の雰囲気を残した黒い森のなかである。しかし、あとわずかで麓からも目立つ明るいカヤトの原へと飛び出す。はるか下に見える甲府《こうふ》盆地の果てに、富士や南アルプスが居並ぶ。これまでのうっぷんを晴らすかのように眺めが一気に開けるのはこのコースならではの演出といえよう。

ここから**上日川峠**まではP170コース24を参照していただくとして、上日川峠から裂石への道を説明しておく。ロッヂ長兵衛《ちょうべえ》の前から裂石へ続く車道のすぐ脇に旧道の入口がある。樹林の美しい山腹につけられた道をゆるく下っていくと、やがて尾根をたどるようになる。古くから多くの人が歩いてきたせいだろうか、掘割のように深くえぐられた道が尾根を刻んで続く。

やがて堰堤工事用の林道に降り立って、少し下ると**千石茶屋**《せんごく》が建っている。その前の沢を橋で渡ると裂石からの車道に出る。わずかに下ったところで左に山道に入る。再び車道に合流して少し下ると往路で通った**丸川峠の入口**に出る。

草地が広がる丸川峠。一角に人気の山小屋・丸川荘が建っている

プランニング&アドバイス

裂石を早く出発できない場合は、昔ながらの山小屋のたたずまいを残す丸川荘で1泊してもいい。山の朝夕を過ごし、ゆっくりと山旅を味わうのも楽しいと思う。また、JR中央本線塩山駅からバス（運行日注意）かタクシーで柳沢峠に向かい、黒川鶏冠山への道（P180参照）を六本木峠で右折、丸川峠に出て大菩薩嶺、裂石へと歩くプランもある。

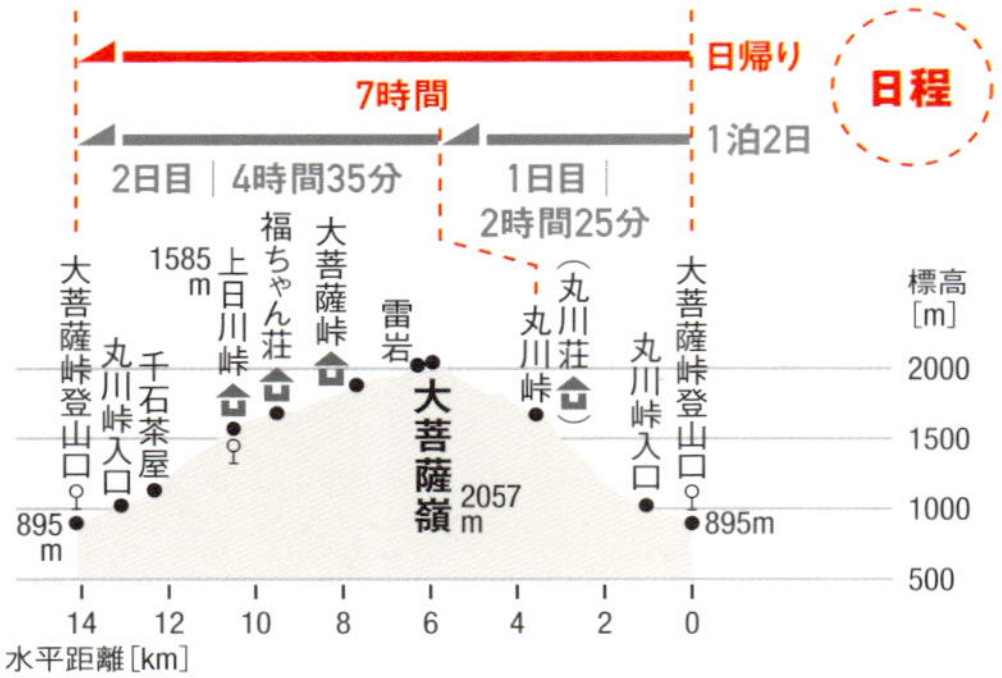

サブコース

牛ノ寝通り

大菩薩峠↓石丸峠↓大ダワ↓小菅の湯　4時間45分

Map 11-4B 大菩薩峠

Map 6-3A 小菅の湯

コースグレード | 初級

技術度 ★★☆☆☆ 2

体力度 ★★☆☆☆ 2

石丸《いしまる》峠付近から東に佐野《さの》峠へと延びる長大な尾根を牛《うし》ノ寝《ね》通りとよび、古来、小菅《こすげ》大菩薩《だいぼさつ》道が通じていた。名の起こりは「牛ノ寝（根）」という名の山が尾根途中にあることによるが、その語源は明らかではない。

石丸峠の標識の立つ場所から南にわずかで牛ノ寝通りの下り口がある。しばらく下った米代《よねしろ》で長峰《ながね》への分岐がある。ここから急斜面の下りが続くが、道はうまく傾斜を抜いてつけられている。傾斜がゆるむと玉《たま》蝶山《ちょうやま》だが、通り過ぎてしまうだろう。再び急に下ったのちゆるく下ると三角点のある**榧《かや》ノ尾《お》山《さん》**に着く。石丸峠を出て以来はじめての明るく開けた場所だが、道は三角点の南側に通じているので、霧でも立ちこめていれば通り過ぎてしまう。この先の牛ノ寝、狩場山《かりばやま》とも標識がなければそれとわからない。このあたりは道が歩きやすく、春秋には樹林を楽しみながらうっとりと歩けるだろう。途中の突起は南側をからんでやり過ごすことが多く、下るともなく下っていく。周囲に植林のカラマツが多くなり、やがて明るく開けた**大《おお》ダワ**に着く。道標には棚倉《たなくら》とある。

ここで松姫《まつひめ》峠へと続く稜線と別れ、大《おお》マテイ山《やま》の北側をからんで小菅の集落へと下る。モロクボ平と書かれた分岐で小菅村役場方面へ下る道を分け、小菅の湯へは右に行くが、その先では尾根が広くなって少々道形が怪しくなる。田元《たもと》への道を分けたあとは暗い杉林の下をジグザグに切って急に下る。橋を渡って里に出ると、**小菅の湯**までは短いが登りで、疲れた足にはつらい。

広葉樹林が美しい牛ノ寝通りの登山道

3等三角点がある榧ノ尾山頂上

写真・文／長沢 洋

サブコース

小金沢連嶺

小屋平↓石丸峠↓小金沢山↓牛奥ノ雁ヶ腹摺山↓黒岳↓湯ノ沢峠↓やまと天目温泉　**6時間40分**

大菩薩《だいぼさつ》峠から南に熊沢山《くまざわやま》を越えた鞍部が石丸《いしまる》峠である。ここから南下して湯《ゆ》ノ沢《さわ》峠までを小金沢連嶺《こがねざわれんれい》とよぶ。大菩薩連嶺のなかにまた連嶺があるとは不思議だが、すっかり定着した呼称である。一度稜線に上がってしまえば、そう大した上下もなく、しっとりした黒木の森と、展望のよい広闊な笹原が交互に現われる、変化に富んだ楽しい道なのに、大菩薩嶺《だいぼさつれい》や峠に比べると格段に人影も少なくなるというのだからうれしい。ここでは北から南に、富士山《ふじさん》をつねに正面に眺めながら歩いてみよう。

小屋平《こやだいら》バス停から急登しばしで林道に出て、右にわずかでまた山道に入る。やがて前方に石丸峠から狼平《おおかみだいら》にかけての笹原を望む小平地に出る。熊沢山の南腹を巻いてゆるやかに登っていくと**石丸峠**に着く。峠の標識はあるが、牛《うし》ノ寝《ね》通りへの道（P177参照）が下るのは少し南からである。分岐から天狗棚山《てんぐだなやま》という小突起を越えて狼平の笹原に出る。

小金沢山《こがねざわやま》へは尾根の西側に道がつけられている。苔むした暗い森が開けると、連嶺の最高点である**小金沢山**頂上に着く。

南に下る道は、最初はわりと明るい灌木帯で、右手下には大菩薩湖を望む。やがて胸まで埋まる高さのササを分けるようになる。踏み跡はしっかりしているが、ササが濡れているようなときは厄介である。

ササやぶを抜けて登り着くのが**牛奥《うしおく》ノ雁《がん》ヶ腹摺山《がはらすりやま》**だ。南側に開けた広い頂上で、こ

Map 10-1B　小屋平バス停

Map 10-4A　やまと天目山温泉

コースグレード	中級
技術度	★★☆☆☆ 2
体力度	★★★☆☆ 3

山梨森林百選の広葉樹林を抜けて白谷ヶ丸へ

牛奥ノ雁ヶ腹摺山頂上からの富士山

写真・文／長沢 洋

の縦走中でも屈指の好展望が得られるから、ゆっくりしたいところである。行く手には今日最後のピーク、黒岳《くろだけ》の文字通り黒い山体が立ちはだかっている。

いったん下った鞍部はシャクナギダルまたは賽《さい》の河原《かわら》とよばれ、西側に水場への道が分かれる。振り返った牛奥ノ雁ヶ腹摺山がなかなか絵になるところだ。

森のなかを登り、明るく開けると川胡桃《かわくるみ》沢《ざわ》ノ頭《あたま》で、すでに黒岳の頂稜の北端である。黒木の森のなかをゆるく登っていくと左(東)に大《おお》峠への道を分けてすぐ、**黒岳**頂上に着く。小広く刈り払われた中央に1等三角点があるが、眺めはない。

南に下ると「山梨森林百選」に選ばれている広葉樹林が実に美しい。森を抜けると、縦走最後の展望地・白谷《しろや》ヶ丸《がまる》に出る。笹原に白い砂地が点綴する、巧まざる園地である。ここからの富士の眺めもすばらしい。

最後の展望を楽しんだら、湯ノ沢峠までは一気の下り。**湯ノ沢峠**で稜線と分かれ、避難小屋の前を通って、焼山《やけやま》沢沿いの荒れ気味の道を下る。やがて出る林道をしばらく下ると湯ノ沢峠から下ってきた舗装路に出る。道なりに1時間ほど下るとバスの通る県道に出る。少し下ったところに**やまと天目山《てんもくさん》温泉**があり、時間が許せばひと風呂浴びながらバスを待てばよい。

狼平付近から小金沢山方面を望む

プランニング&アドバイス

縦走コースのため、マイカーの利用は適さない。利用する場合は市営景徳院駐車場などに車を置き、栄和交通バス（運行日注意）で小屋平に移動することになる。牛奥ノ雁ヶ腹摺山の頂上から西尾根を下って、日川沿いの県道218号に出ることもできる（最寄りは大菩薩湖入口バス停）。時間に余裕があれば、上日川峠から大菩薩嶺を経て大菩薩峠の介山荘で1泊（P170コース24参照）、翌日は石丸峠に出て本コースを歩くと充実した縦走が楽しめる。

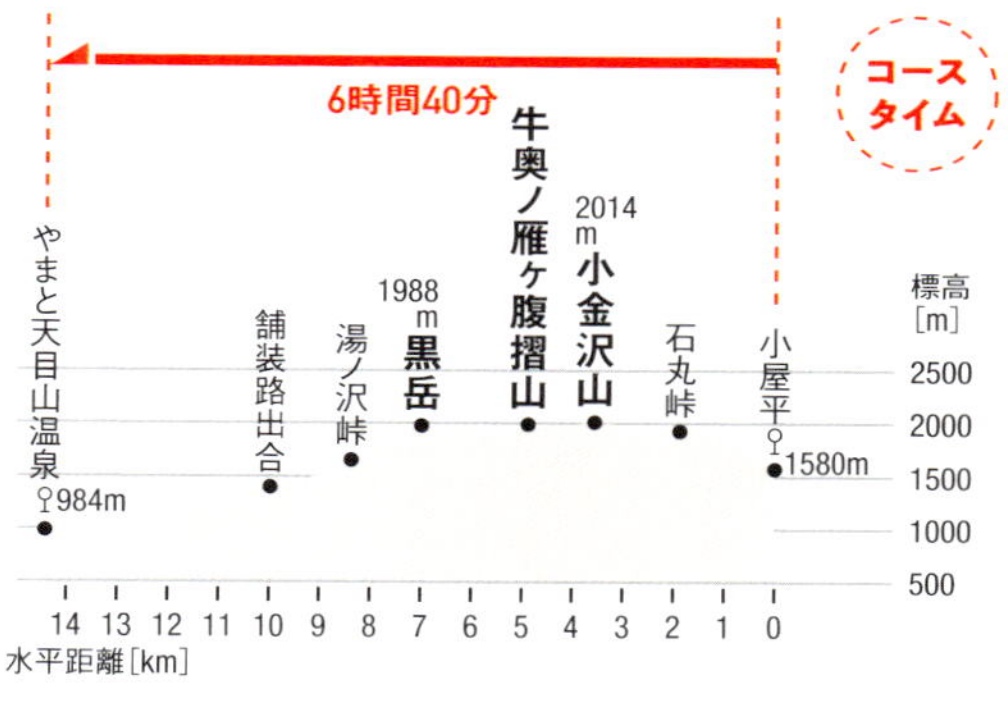

鶏冠山からのどっしりとした大菩薩嶺（左）と富士山

黒川鶏冠山

大菩薩の北に位置する武田信玄の金山伝説を秘めた山

日帰り 柳沢峠→横手山峠→黒川山→鶏冠山→横手山峠→柳沢峠　計5時間15分

コースグレード｜**中級**

技術度｜★★★☆☆　3

体力度｜★★★☆☆　3

写真・文／長沢 洋

黒《くろ》川山《かわやま》というのは本来大菩薩嶺《だいぼさつれい》の北、柳沢《やなぎさわ》川と泉水《せんすい》谷にはさまれた独立峰的に盛り上がる山域一帯を差すが、今では三角点峰を黒川山、その東の鶏冠《とさか》のようにとがった岩峰を鶏冠山《けいかんざん》とよび、合わせて「黒川鶏冠山」と総称することが多い。武田氏の時代、この山の東側に黒川金山があって、全盛期には黒川千軒《せんげん》といわれるほどの家屋がその谷あいにあったというが、今では跡形もない。こういった栄枯盛衰にはつきもののの伝説が残り、なかでも廃鉱とともに足手まといになった遊女を川に沈めてしまったというおいらん淵《ぶち》の悲話が有名である。

この山域はすべて東京都水源林として管理され、広葉樹やカラマツの森にはかつての生ぐさい伝説などまるで感じられない明るさがある。ここで紹介する柳沢峠から黒川鶏冠山にいたる道は「水源地ふれあいのみち整備事業」の一環として遊歩道が縦横につくられ、標高差の少ないこととあいまって、初心者でも森を楽しみながら安全に歩けるプロムナードコースとなっている。

黒川山三角点。西進すると見晴台がある

鶏冠山頂上の鶏冠神社。裏手の崖に注意

日帰り

柳沢峠から横手山峠経由で黒川鶏冠山を往復

柳沢峠へはJR中央《ちゅうおう》本線塩山《えんざん》駅からのバスか、マイカーでアクセスする。峠の駐車場はドライブインの裏手にあり、トイレも完備している。

国道を隔てた側に登山道入口があるが、国道を少し北へ下ったところにも入口がある。すぐに合流する道なので、どちらを歩いてもよい。柳沢峠付近は歩道が縦横に造られ、散策コースになっている。旧来の道はもっとも北側を通る道で、山腹を縫うようにつけられ、急な傾斜がほとんどないので、足もとに気を使うこともなく森を楽しみながら歩ける。

六本木峠《ろっぽんぎ》で丸川《まるかわ》峠への道を右に分け、なおも直進すると泉水谷林道に出る。道向こうに続く、車が通れるほどの幅の道を下り気味に歩くと、道標が現われる。そのまま直進する道は、現在も黒川山の東山腹に坑道の跡が残る黒川金山跡へ向かう道である。すぐ左上が横手山《よこてやま》峠で、黒川鶏冠山へはそこが分岐となる。ほとんど同じ場所にある分岐だけにややこしいが、通行の際は間違えないようにしたい。

横手山峠で青梅《おうめ》街道上の落合《おちあい》へ下る道を分け、黒川山の南の山腹を巻いて登っていく。あたりはカラマツの植林地で、枝越しに意外なほど鋭角な三角錐の大菩薩嶺を望むことができる。やがて登りついた黒川山南東の鞍部からスイッチバックするように黒川山へ向かう。**黒川山**の三角点はすぐそこだが展望はない。さらに進んだ**見晴台**《みはらしだい》から奥《おく》秩父《ちちぶ》主稜の大パノラマが楽しめるが、狭いので大人数での休憩には向かない。

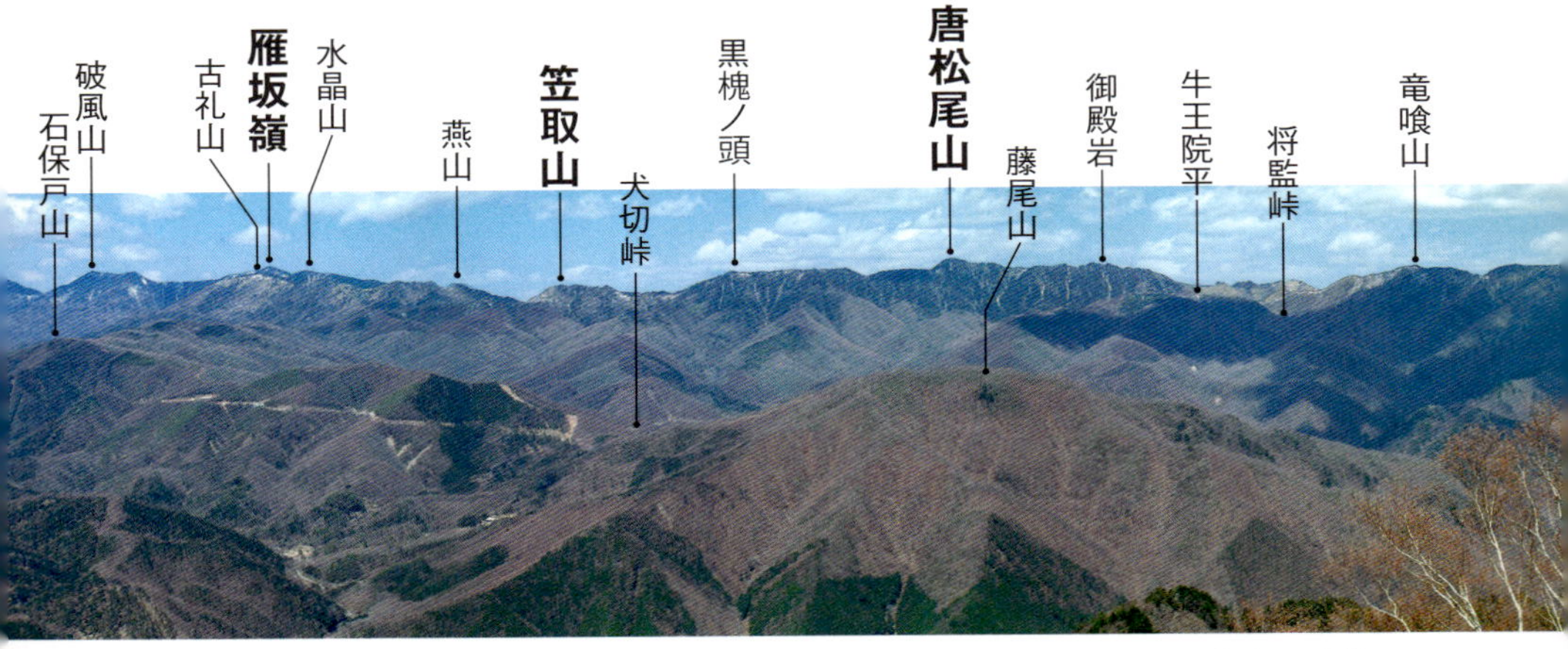

黒川山見晴台からの奥秩父の稜線

北西の倉掛山方面からの黒川鶏冠山

鶏冠山へは、先の鞍部に戻って少し北に下ったところに分岐がある。今までの明るい雰囲気とはうって変わり、黒木におおわれた細い尾根を急登する。北側を巻くところでは雪が凍りつきやすく、春先でもここだけはアイゼンの欲しくなるところだ。山の東の端が木造の祠のある**鶏冠山**頂上である。頂点の岩の上に立つと眺めが開けるが、片側が切れ落ちているので足もとには注意すること。

帰りは往路を戻ってもいいが、鶏冠山分岐で来た道の反対に行くと、黒川山の北側を巻いて**横手山峠**の落合寄りに出ることができる。しっとりとした自然林がふんだんに残り、新緑や紅葉の時期にはことに美しい。さほど遠回りになるわけではないので、ぜひ歩いてみるといいだろう。また、**六本木峠**の先で分岐する水源林遊歩道を歩くと、途中に展望台があったりして楽しめる。道標が完備され、ほとんど変わらない時間で**柳沢峠**へ戻ることができる。

プランニング&アドバイス

柳沢峠へは、4～11月の土曜・休日限定だが塩山駅から山梨交通バスが運行されている。ただし1日2便なので、時間が合わなければタクシー利用となる。マイカーでなければ、北麓の落合（先述の塩山駅からのバスの終点）から登って柳沢峠に下ったり、その逆もいいだろう。落合からの往復なら、標高差こそあるが距離は短くなるので、むしろ柳沢峠からの往復よりコースタイムは短い。また、落合から黒川鶏冠山に登り、六本木峠から丸川峠に出て丸川荘で1泊、翌日大菩薩嶺を越えて縦走すれば、充実した山行になるだろう。

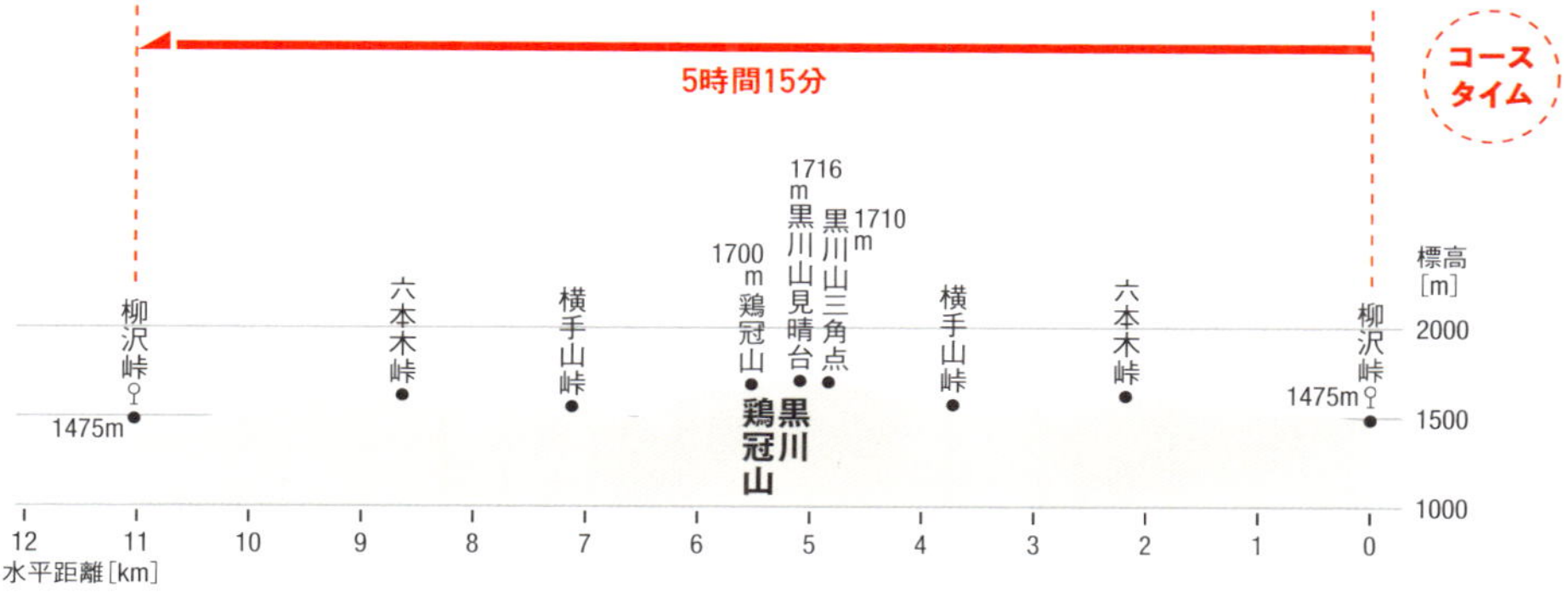

乾徳山登山の醍醐味ともいえる頂上直下の岩場

写真・文／長沢 洋

日帰り

乾徳山

森林や草原、岩場、さらに展望変化に富んだ周回コース

コースグレード｜中級

技術度 ★★★★★ 4

体力度 ★★★★★ 4

日帰り 乾徳山登山口→登山道入口→四辻→乾徳山→四辻→徳和峠→乾徳山登山口　計7時間20分

武田信玄の菩提寺、甲州市塩山《えんざん》の恵林《えりん》寺《じ》の山号は「乾徳山《けんとくさん》」で、これが山名の由来だといわれる。なるほど寺の背後には乾徳山が、胸のすくような鋭い三角錐で天を突いている。意外なことに乾徳山が立派な山容を見せるのはこのほぼ真南からの角度だけで、それ以外では乾徳山の北面にある黒金山《くろがねやま》から延びる長い尾根上の小さなピークにしか見えない。だからこそ、この山で修行したといわれる開祖・夢窓国師《むそうこくし》は、寺をその方角に建立したのであろう。

いくつかの登山道があるが、南麓の山梨市徳和《とくわ》集落からのコースは、森、草原、岩場と変化に富み、そのうえ、頂上には広濶な展望が待っている。昔から人気のある山なのももっともである。

日帰り

徳和集落から乾徳山を周回

徳和集落内の**乾徳山登山口バス停**へは、塩山駅や山梨市駅からバス便がある。バス停横には大きな登山者用の駐車場が、さらに道向かいの乾徳公園にはトイレもある。

徳和川沿いの舗装路をゆるく登っていくとやがて人家が途絶え、左に乾徳神社の鳥居を見ると林道歩きとなる。ヘアピンカーブを繰り返して登っていくと巨大な**登山道入口**の看板があり、林道と別れ石段で山道へと入っていく。

いったん林道を横切ったのち、ひと登りで銀晶《ぎんしょう》水とよばれる水場に着く。水量は少ない。道は尾根筋を登るようになって、狭い平地に駒止《こまどめ》の標識を見るが、標識に気づかなければそのまま行き過ぎてしまいそうだ。山道は歩きやすくジグザグを切ってつけられているが、急な登りが相変わらず続く。廃林道を横切るとやがて林の雰囲気が明るくなって傾斜がゆるみ、水量豊富な錦《きん》晶《しょう》水に着く。この先に水場はない。

なだらかになった登山道は笹原に続き、やがて国師《こくし》ヶ原《がはら》へ。涼しげに揺れる林の向こうに、はじめて乾徳山の頂上部が姿を現

起点となる徳和集落内の乾徳山登山口バス停

無人の高原ヒュッテ。近年リニューアルされた

わす。整った三角錐が実にりりしい。以前放牧地だったころに比べるとかなり灌木が増えたが、それでも高原情緒は残っている。国師ヶ原中央で直進する**四辻**には、帰りがけに左手からやってくることになる。

　行く手に一段高く見えるカヤトの原が扇《おうぎ》平《びら》で、そこに向かって再び林内を急登する。林を抜けるとカヤトのなかに**月見《つきみ》岩**という大岩があり、扇平のアクセントになっている。振り返ると富士山はいよいよ大きく、南アルプスもずらりと並ぶ。大平《おおだいら》方面から尾根を登ってきた道を合わせ、今までとは打って変わった黒木の森へと入っていく。

　根がからみついた岩を縫うように急登していく。上に立つと高度感のある岩場も現われ、少々腕力のいるクサリ場も連続する。長年の間に登山者の靴で岩角が丸くなっているので、とくに濡れているときには滑りやすく注意が必要である。

　頂上直下の一枚岩のクサリ場が最後の難関で、下部は足がかりがないので、靴のフリクションを最大にきかせ、クサリにすがって登っていく。上部には右側に手がかりがあるので、そこまでの辛抱である。この岩場は右手から迂回して逆側から頂上に出ることもできるので、無理はしないことだ。

　やっとたどり着いた**乾徳山**の頂上は、大岩が堆積していて足場が悪く、安心して腰を下ろせるような場所が少ないので登山者が多いときには休む場所を探すにも苦労する。お互いにゆずり合うことが必要だ。

　眺めは実に広大で、これまでにも見えていた方面の眺めがさらに広がるのはもちろん、ほかならぬ乾徳山に隠されていた奥秩《おくちち》父《ぶ》の膨大な主脈が、東は飛龍山《ひりゅうさん》のあたりから、西は国師ヶ岳まで見渡せるのが圧巻である。よく見ると金峰山《きんぷさん》の五丈《ごじょう》岩が、奥千丈の尾根の向こうに顔を出している。

　下りは岩場の多い往路は戻らず、頂上西の山腹を巻いて国師ヶ原に出るのが安全だ。いったん北へとハシゴをつたい、急に下った鞍部（水《みず》のタル）から黒金山への縦走路

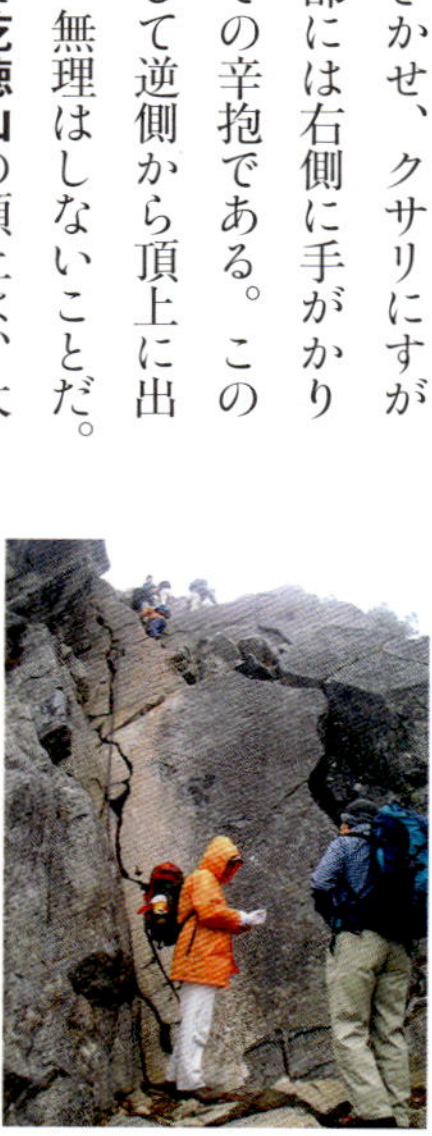

頂上直下のクサリのある岩場。迂回路もある

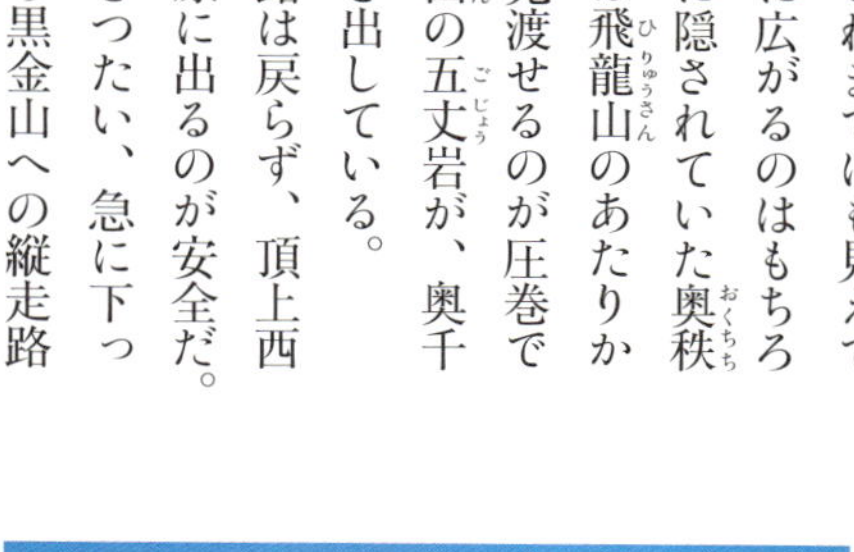

奥秩父最高峰・北奥千丈岳を望む乾徳山頂上

草原状の扇平からは端正な富士山が眺められる

と別れて西（左）へ入る。急激に高度を落とした道は南へと方向を変え、緩急を繰り返して、国師ヶ原の一角に建つ高原ヒュッテの前に出る。こぎれいな建物にはトイレも設置されている。そのすぐ先が登りしなに通った**四辻**で、そのまま直進する。

やがてこのあたりが牧場だったころに使われていた古い車道を歩くようになる。その道が道満《どうまん》尾根にさしかかるところに道標があり、尾根道に入る。この先車道と交わることもあるが、ひたすら尾根上に道はつけられている。**道満山**《どうまんやま》の標識が設置された4等三角点のある小突起を過ぎると、やや急な下りとなる。長い下りに飽き飽きしたころ暗い植林地のなかの徳和峠に着く。

右にわずかに下ると徳和集落の上部へ出て、あとは辻々にある道標にしたがって車道を下っていけば、出発点の**乾徳山登山口バス停**へはもういくらでもない。

プランニング&アドバイス

塩山駅や山梨市駅発のバスは以前より便数が増えたが（時期や曜日にもよるが1日5〜9便）、帰りの最終バスが16時台と早いこと、駐車場が完備していること、さらに8の字型に周回できることから、マイカーでの入山に適しているといえる。また、マイカーならかつて牧場だった東面の大平にある民宿大平荘（宿泊はやっていない）の有料駐車場まで入ると、かなり行程を短縮できる。時間に余裕があれば、乾徳山から北に延びる尾根をたどって黒金山まで足を延ばしてもよい（往復約4時間半）。

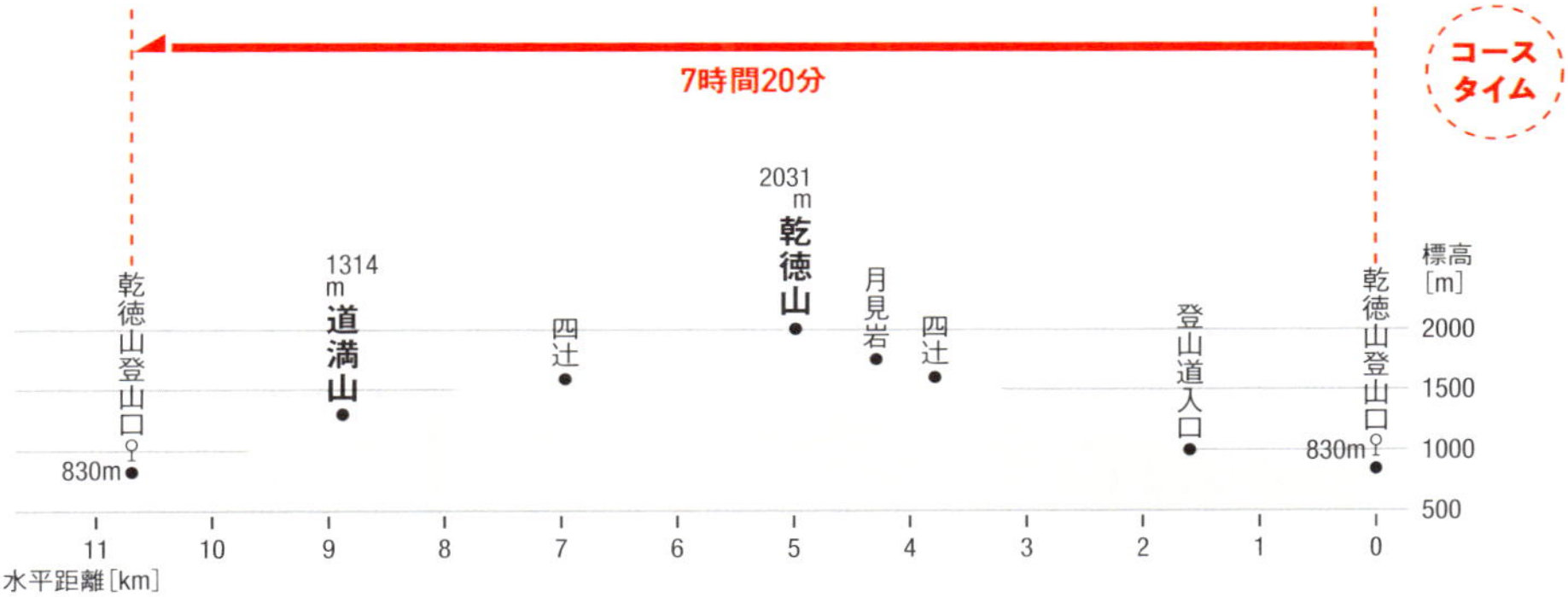

日帰り

茅ヶ岳 金ヶ岳

荒倉山からの茅ヶ岳（右）と金ヶ岳（中央）。「ニセ八ツ」の名もうなずける

甲府盆地の背後に美しい裾野を持つ深田久弥終焉の山

日帰り 深田記念公園→女岩→茅ヶ岳→金ヶ岳→林道三叉路→深田記念公園 **計6時間5分**

コースグレード｜中級

技術度｜★★★☆☆ 3

体力度｜★★★☆☆ 3

写真・文／長沢 洋

中《ちゅう》央《おう》本線の下り列車が韮崎《にらさき》駅に近づくと、車窓からは茅ヶ岳《かやがたけ》と金ヶ岳《かねがたけ》の連なりが見える。その凹凸といい、長く優美に引いた裾といい、背後の八ヶ岳《やつがたけ》にそっくりで「ニセ八《や》ツ」の俗称ももっともだが、裾野から頂上にかけ埋め尽くした広葉樹の新緑や紅葉の美しさは、本家に勝るとも劣らない。深田久弥《ふかだきゅうや》終焉の山として世間では茅ヶ岳が有名だが、山全体を見たときには、標高で上回るだけに金ヶ岳のほうがが目立つ。この2山を結んで縦走してみよう。

日帰り 深田記念公園から茅ヶ岳を周遊

茅ヶ岳の登山口にあたる**深田記念公園駐車場**から、道標にしたがって林道を歩く。すぐに左に分かれる林道をわずかに登ったところに深田記念公園がある。山とは逆方向にはなるが、少しの距離なのでぜひ寄っていこう。文学碑には「百の頂に百の喜びあり」と彫られている。ソーラー発電所がすぐそばにできて雰囲気は悪くなった。

分岐に戻って、廃屋が何軒か残っている

深田記念公園の文学碑。碑面に茅ヶ岳が写りこんでいる

女岩の水場は崩落のおそれのため立入禁止

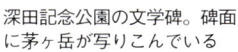

かつての開拓地に通じる車道をゆるく登っていく。茅ヶ岳と金ヶ岳の裾野を輪切りにするように横断している林道前山大明神《まえやまだいみょうじん》線を横切ってしばらくで古い車道は終わり、ヒノキの植林地に通じる山道へと入る。ひと登りで、細々と水が滴り落ちている**女岩**《おんな》とよばれる大きな岩場に突き当たる。かつての水場だが、落石のおそれがあるので立ち入りができない。

右手からいったん女岩の上部に出て、立派なミズナラの多い広葉樹の山腹をジグザグに登りつめていく。新緑のころに登ると実に瑞々しいところだ。葉の落ちきった時期なら、落葉で登山道がわからなくなるほどである。道が大岩をからむようになると稜線は近い。登りついた、茅ヶ岳と大明神岳《だけ》との鞍部は**女岩のコル**とよばれている。ここで金峰山《きんぷさん》ほか奥秩父《おくちちぶ》の山並みが、はじめて目に入ってくる。

尾根道をわずかで深田久弥終焉の地をしめす石碑がある。昭和46年3月21日、深田氏は脳溢血によりこの場所で逝った。そのときの同行者であった山村正光氏が、石碑を立てたのである。

やせた露岩の尾根を登ることしばし、小広い**茅ヶ岳**の頂上に着く。灌木が眺めを隠している部分もあるが、まず独立峰に恥じない大展望が得られる。休日ともなれば、大勢の登山者でにぎわっている。

金ヶ岳へは、それまでのおだやかな登山道と比べると険しく感じられるやせ尾根歩きである。まず北へ向かって１００ｍほど急降下する。冬ならば雪が凍りついているので、アイゼンが必要である。めざす金ヶ岳の荒々しい岩肌を正面に眺めながら最低鞍部に着き、わずかに登ると石門をくぐる。このあたりから眺める茅ヶ岳の山腹は、広葉樹に埋め尽くされてみごとである。

登りついた**金ヶ岳南峰**《なんぽう》で観音《かんのん》峠への道を分ける。振り返ると富士山と茅ヶ岳のコニ

深田久弥終焉地。ここで68歳の生涯を閉じた

茅ヶ岳頂上からの金ヶ岳と「本家」八ヶ岳

桃の花が満開の新府桃源郷からの茅ヶ岳と金ヶ岳

ーデが仲よく並んで親子のようだ。いったん急に下って、ゆるく登り返せばこの山塊の最高点・**金ヶ岳北峰**《ほっぽう》に到着する。北側は樹林に眺めをさえぎられるが、南側は草地なので、南アルプスの眺めがすばらしい。たっぷり眺めを楽しんでから下るとしよう。

下りにたどる、北峰から南西に延びる尾根は、荒々しい爆裂火口の縁を歩くあいだは急で地面も滑りやすい。さほど危険ではないが、足もとには少々気をつかう。だがそれも最初のうちだけで、火山の裾野らしく徐々に傾斜はゆるんでいき、やがて足まかせに下れるようになる。山道は林道前山大明神線（**林道三叉路**）に出たところで終わる。林道はすぐ先で分岐し、右に下ればPICA八ヶ岳明野《あけの》にまもなく着く。マイカーを**深田記念公園駐車場**に停めてある場合、前山大明神線を歩いて戻ることになる。

プランニング&アドバイス

基本的には近年運行されるようになったバス（期間・曜日限定）かマイカーで深田記念公園から周回するが、金ヶ岳から下山後の林道歩きが長いのがネックとなる。これを嫌うなら、金ヶ岳から往路を戻ることになるが、むしろ時間は少なくてすむ。その場合は、茅ヶ岳から南に延びる防火帯の切られた尾根を下ると変化がつけられる。また、この尾根の途中から南西方向に分かれ、千本桜にいたる尾根も歩きやすい。もっとも、これは駐車場から少々遠ざかることになる。

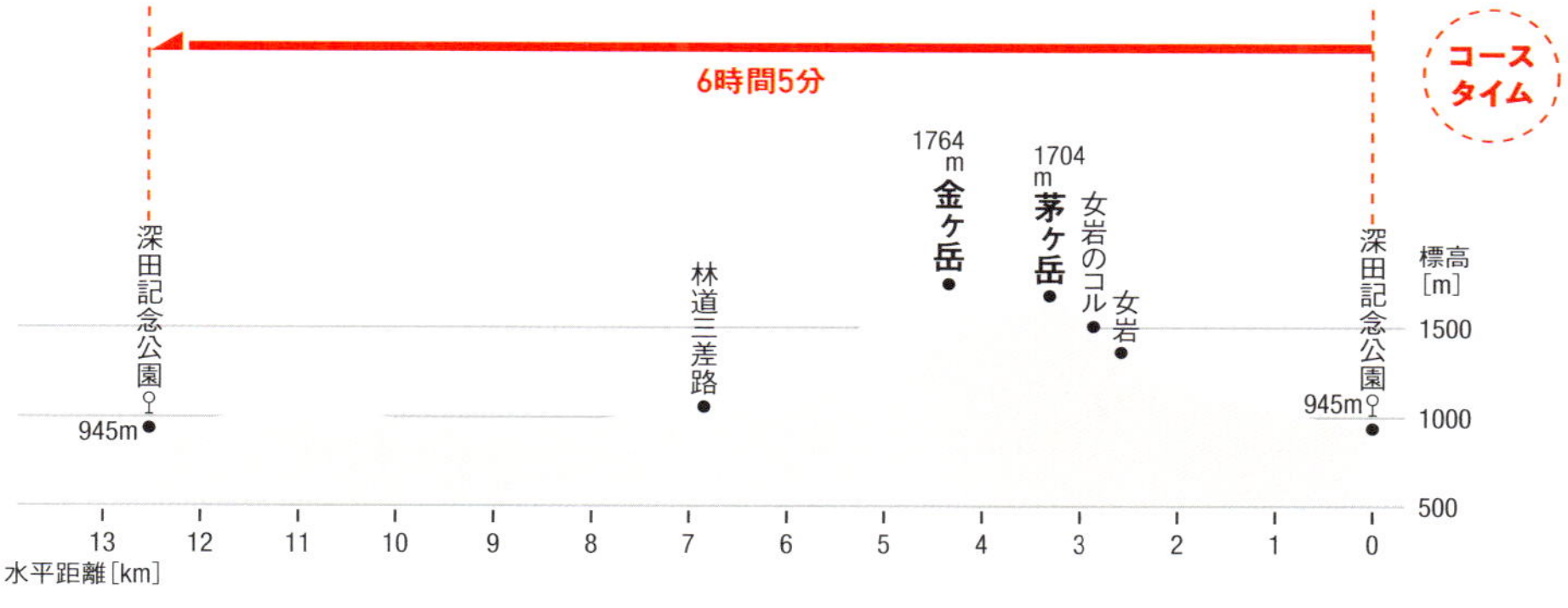

奥多摩・奥秩父へのアクセス

公共交通機関利用

【奥多摩】 高水三山や御岳山、奥多摩町の山々はJR青梅線を、あきる野（旧五日市町）と檜原村の山々へはJR五日市線を利用する。都心方面からは平日は立川駅や拝島駅での乗換えとなるが、週末や休日には都心から直行の「ホリデー快速号」が奥多摩駅や武蔵五日市駅へ運行される。

埼玉県側の登山口となる名栗湖（さわらびの湯）や三峯神社へは、西武池袋線・秩父線を利用する。

大阪方面からは、JR東海道新幹線で新横浜駅下車、JR横浜線・八高線を利用する。拝島駅でJR青梅線やJR五日市線、東飯能駅で西武池袋線に乗換える。

【奥秩父】 各登山口へは、先述の奥多摩駅やJR中央本線の甲斐大和駅、塩山駅、山梨市駅、韮崎駅、JR小海線の信濃川上駅が起点となる。甲斐大和駅と塩山駅、山梨市駅へはJR中央本線高尾駅から中央本線の普通列車を利用するか、新宿駅から特急かいじを利用する（ただし甲斐大和駅は停車しない）。韮崎駅へは新宿駅から特急あずさを利用する。信濃川上駅へは特急あずさでJR中央本線小淵沢駅まで行き、JR小海線に乗換える。なお、小海線は1時間~1時間30分に1本程度の運行だけに、あらかじめダイヤを調べておくこと。

大阪方面からは、名古屋駅から特急しなのと特急あずさ（塩尻駅乗換え）で前述の各駅へ。

4月下旬～11月上旬の特定日に、毛木平と廻り目平へは、東京・竹橋から予約制バスの「毎日あるぺん号」（毎日企画サービス）が運行している。

両エリアともに主要駅からの主な登山口へは、P196「登山口ガイド」を参照のこと。

アクセス図 凡例

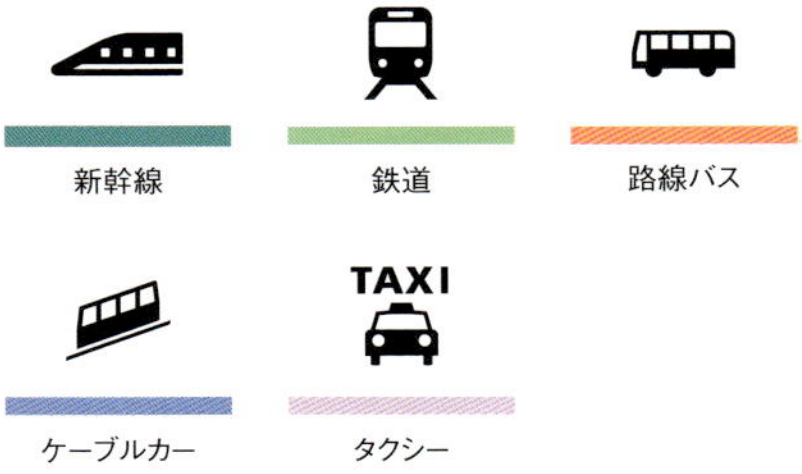

↑奥多摩の登山拠点・JR奥多摩駅。各方面にバスが運行している
↓奥秩父・大弛峠。金峰山へ最小の標高差で登ることができる

マイカー利用

【奥多摩】 御岳山や奥多摩町方面へは、首都圏中央連絡自動車道（以下「圏央道」）の日の出ICまたは青梅ICから国道411号などでアクセスする。あきる野（旧五日市町）や檜原村方面へは、圏央道あきる野ICから都道7・33号などでアクセスする。また、埼玉県側の三峯神社へは関越自動車道花園ICから国道140号、または圏央道狭山日高ICから国道299・140号でアクセスする。

駐車場は、大規模なところは、御岳山への滝本駅や鷹ノ巣山、御前山への奥多摩湖、雲取山への小袖乗越や三峯神社、三頭山への都民の森などに限られる。本書では縦走コース主体のため、往復登山以外は電車やバスを利用する方法も考慮したい（左段「公共交通機関利用」参照）。

【奥秩父】 公共交通機関が発達していない山が多いだけに、大半の山で駐車場が整備されている。

雲取山や飛龍山へは先述の圏央道日の出ICまたは青梅IC、上日川峠（大菩薩嶺）や徳和（乾徳山）、作場平（笠取山など）、大弛峠（金峰山、国師ヶ岳）、西沢渓谷入口（甲武信ヶ岳）へは中央自動車道勝沼IC、深田記念公園（茅ヶ岳）へは中央道韮崎IC、瑞牆山荘や廻り目平（金峰山）、毛木平（甲武信ヶ岳）へは中央道長坂ICからアクセスする（廻り目平、毛木平へは中央道須玉ICからも可）。

利用の際は、屈曲路の通過や林道での落石などに充分注意する。また、山麓住民の生活道路を利用するだけに、駐車などのマナーを順守する。

写真／星野恒行（山岳写真ASA）、長沢洋

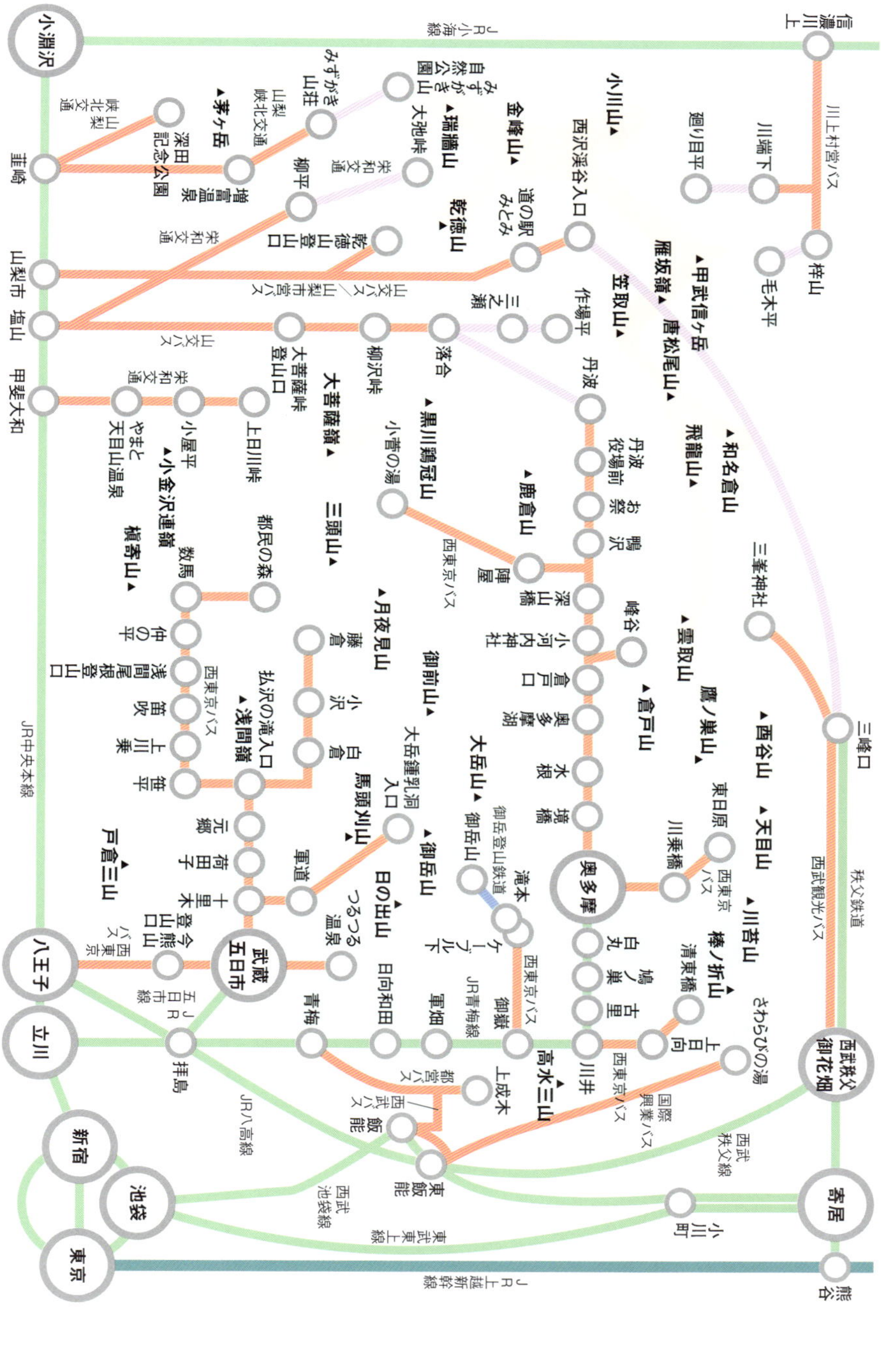

小淵沢
JR小海線
信濃川上
川上村営バス
廻り目平
川端下
梓山
毛木平
韮崎
山梨峡北交通
深田記念公園
増富温泉
茅ヶ岳
みずがき山荘
みずがき自然公園
大弛峠
栄和交通
瑞牆山
金峰山
小川山
西沢渓谷入口
道の駅みとみ
柳平
乾徳山登山口
乾徳山
山梨市
山梨市営バス／山交バス
甲武信ヶ岳
雁坂嶺
唐松尾山
塩山
山交バス
三之瀬
作場平
笠取山
大菩薩峠登山口
柳沢峠
落合
丹波
甲斐大和
やまと天目山温泉
小屋平
上日川峠
大菩薩嶺
黒川鶏冠山
和名倉山
飛龍山
丹波役場前
お祭
小菅の湯
鹿倉山
小金沢連嶺
都民の森
三頭山
鴨沢
三峯神社
西東京バス
陣屋
深山橋
数馬
仲の平
浅間尾根登山口
月夜見山
藤倉
小河内神社
峰谷
雲取山
倉戸口
奥多摩湖
御前山
鷹ノ巣山
倉戸山
西谷山
払沢の滝入口
浅間嶺
小沢
笛吹
上川乗
本宿
白倉
大岳山
水根
三峰口
大岳鍾乳洞入口
馬頭刈山
御岳山
御岳登山鉄道
東日原
境橋
天目山
元郷
川乗橋
JR中央本線
戸倉三山
荷田子
軍道
御岳山
滝本
奥多摩
西武観光バス
秩父鉄道
十里木
日の出山
ケーブル下
白丸
川苔山
今熊山登山口
西東京バス
つるつる温泉
棒ノ折山
清東橋
八王子
武蔵五日市
日向和田
鳩ノ巣
JR五日市線
軍畑
西東京バス
古里
JR青梅線
立川
青梅
御嶽
上日向
さわらびの湯
西武秩父
御花畑
拝島
都営バス
上成木
川井
西東京バス
高水三山
JR八高線
西武バス
飯能
国際興業バス
新宿
東飯能
西武秩父線
池袋
西武池袋線
小川町
寄居
東武東上線
東京
JR上越新幹線
熊谷

藤岡市
本庄市
寄居PA
深谷市
熊谷市
上越新幹線
高崎線
秩父鉄道
美里町
御荷鉾山
1287
神流湖
長瀞町
寄居町
花園IC
道の駅
かわもと
熊谷駅
神流町
神川町
城峯山
1038
道の駅
みなの
宝登山
497
皆野町
寄居駅
寄居風布IC
寄居折原IC
はなぞの
道の駅
東武東上線
関越自動車道
嵐山PA
滑川町
嵐山小川IC
道の駅万葉の里
1066
不見山
秩父市
皆野大塚IC
皆野長瀞IC
東秩父村
官ノ倉山
344
小川町駅
小川町
嵐山町
道の駅
龍勢会館
582
蓑山
767
大霧山
道の駅和紙の里
ひがしちちぶ
道の駅
おがわまち
東松山駅
東松山IC
東松山市
409
堂平山
876
定峰峠
小鹿野町
道の駅
両神温泉
薬師の湯
秩父駅
西武秩父駅
道の駅ちちぶ
道の駅
果樹公園
あしがくぼ
ときがわ町
鳩山町
高坂SA
坂戸市
坂戸西
スマートIC
四阿屋山
御岳山
1188
道の駅
大滝温泉
秩父もみじ湖
三峰口駅
秩父鉄道
横瀬町
正丸峠
越生町
越生駅
八高線
武甲山
1295
道の駅
あらかわ
秩父湖
秩父さくら湖
鶴ヶ島IC
鶴ヶ島市
鶴ヶ島JCT
毛呂山町
三峯
神の湯
妙法ヶ岳
秩父市
大持山
伊豆ヶ岳
851
西武秩父線
圏央鶴ヶ島IC
川越線
川越市
雲取山
西谷山
1718
(三ツドッケ)
天目山
有間山
金比羅山
660
日高市
高麗川駅
白岩山
奥多摩町
蕎麦粒山
棒ノ折山
969
飯能市
さわらびの湯
狭山日高IC
西武新宿線
三条の湯
2017
雲取山
川苔山
1363
飯能駅
狭山PA
狭山市
七ツ石山
鷹ノ巣山
1737
本仁田山
1224
岩茸石山
793
東飯能駅
龍山
丹波山村
青梅線
軍畑駅
青梅市
青梅IC
入間市
入間IC
道の駅
たばやま
六ツ石山
倉戸山
1169
奥多摩駅
もえぎの湯
御嶽駅
青梅駅
奥多摩湖
丹波川
鋸山
1109
929
御岳山
902
日の出山
生涯青春の湯
つるつる温泉
瑞穂町
狭山湖
山口貯水池
所沢市
鹿倉山
御前山
1405
大岳山
1266
馬頭刈山
日の出町
羽村市
武蔵村山市
小菅村
697
小菅の湯
三頭山
1531
檜原温泉センター
数馬の湯
秋川渓谷
瀬音の湯
武蔵五日市駅
日の出IC
五日市線
福生市
道の駅
鶴峠
奈良倉山
1349
槙寄山
1188
浅間嶺
903
臼杵山
842
687
あきる野市
拝島駅
あきる野IC
昭島市
立川市
佐野峠
丸山
1098
檜原村
刈寄山
道の駅
八王子滝山
八王子IC
立川駅
腹摺山
上野原市
権現山
1312
生藤山
990
和田峠
八王子西IC
八王子市
日野市
談合坂SA
上野原IC
陣馬山
855
相模湖東IC
高尾山口駅
高尾駅
八王子JCT
八王子駅
大月市
百蔵山
扇山
1138
四方津駅
藤野PA
高尾山
599
大月JCT
大月IC
大月駅
中央自動車道
相模湖駅
高尾山IC
横浜線
橋本駅
道の駅
つる
倉岳山
990
上野原駅
相模湖IC
702
石老山
371
津久井湖
相模原IC
九鬼山
970
圏央道
都留IC
相模原市
宮ヶ瀬ダム
南区
谷村PA
赤鞍ヶ岳
1299
焼山
1060
愛川町
宮ヶ瀬湖
97
都留市
菜畑山
道志村
黍殻山
相模原愛川IC

佐久市
佐久穂IC
中部横断自動車道
八千穂駅
佐久穂町
余地峠
南牧村
下仁田町
稲含山
三ッ岩岳
鳥帽子岳
日影山
赤久縄山
八千穂高原IC
茂来山
大河原峠
双子池
横岳
蓼科山
縞枯山
小海駅
小海町
四方原山
十石峠
道の駅上野
叶山
松原湖
松原湖駅
北相木村
小倉山
上野村
稲子湯
南相木村
御座山
諏訪山
天丸山
茅野市
天狗岳
根石岳
硫黄岳
南牧村
天狗山
両神山
南天山
八ヶ岳
横岳
阿弥陀岳
赤岳
権現岳
西岳
編笠山
野辺山原
信濃川上駅
千曲川
奥三川湖
三国山
三国峠
秩父市
小海線
野辺山駅
川上村
五郎山
白泰山
美し森
清里駅
十文字峠
横尾山
三宝山
雁坂峠
天女山
信州峠
小川山
瑞牆山
甲武信ヶ岳
破風山
道の駅こぶちざわ
甲斐大泉駅
飯盛山
大弛峠
国師ヶ岳
古礼山
唐松尾山
小淵沢駅
北杜市
道の駅きよさと
増富ラジウム鉱泉
金峰山
北奥千丈岳
西沢渓谷
雁峠
笠取山
八ヶ岳PA
増富の湯
道の駅みとみ
長坂駅
長坂IC
中央自動車道
道の駅はくしゅう
黒金山
倉沢山
乾徳山
犬切峠
金ヶ岳
曲岳
茅ヶ岳
黒富士
焼山峠
小楢山
みとみ笛吹の湯
鶏冠山
須玉IC
クララの湯
道の駅花かげの郷まきおか
山梨市
柳沢峠
高芝山
道の駅にらさき
大菩薩嶺
羅漢寺山
仙娥滝
帯那山
大菩薩の湯
韮崎IC
双葉JCT
甲斐市
甲府市
窪平温泉花かげの湯
上日川峠
精進ヶ滝
韮崎市
韮崎駅
湯村山
千代田湖
やまなし フルーツ温泉 ぷくぷく
塩山駅
甲州市
小金沢山
双葉スマートIC（双葉SA）
甲府駅
兜山
勝沼ぶどう郷駅
やまと天目山温泉
甘利山
竜王駅
山梨市駅
勝沼IC
南アルプス市
甲府昭和IC
夜叉神峠
白根IC
道の駅しらね
昭和町
身延線
釈迦堂PA
甲斐大和駅
一宮御坂IC
南アルプスIC
笛吹八代スマートIC
滝子山
中央市
境川PA
笛吹市
櫛形山
甲府南IC
道の駅とよとみ
増穂IC
鶴ヶ鳥屋山
春日山
釈迦ヶ岳
御坂山
西桂町
道の駅富士川
増穂PA
黒岳
三ツ峠山
右左口峠
市川三郷町
節刀ヶ岳
富士河口湖町
釈迦ヶ岳
鬼ヶ岳
河口湖
1:360,000
N

奥多摩・奥秩父周辺図

奥多摩・奥秩父の登山口ガイド

奥多摩湖・鴨沢・丹波方面

<small>おくたまこ　かもさわ　たば</small>

標高約530m（奥多摩湖）
標高約535m（鴨沢）

Map 6・11

雲取山や鷹ノ巣山、酉谷山、御前山など奥多摩周辺の山々へは、JR青梅線奥多摩駅が起点。週末や祝日には、新宿から直通の「ホリデー快速おくたま号」が運行される。奥多摩駅からは西東京バスが各方面を結んでいる。なお、奥多摩町にはタクシー会社がなく、青梅市街からよぶことになるので高額になってしまう。

公共交通

	所要時間	運賃	🚌 西東京バス	
JR青梅線 奥多摩駅	約6分	240円	🚏境橋	鴨沢西行きほか
	約13分	350円	🚏水根	奥多摩湖、鴨沢西行きほか
	約15分	350円	🚏奥多摩湖	
	約17分	390円	🚏倉戸口	鴨沢西行きほか
	約36分	600円	🚏峰谷	峰谷行き
	約26分	520円	🚏小河内神社	丹波西行きほか／鴨沢西、丹波西行きほか
	約30分	580円	🚏深山橋	
	約34分	630円	🚏鴨沢	
	約38分	760円	🚏お祭	丹波行き
	約48分	1010円	🚏丹波役場前	
	約59分	980円	🚏小菅の湯	小菅の湯行き

↑マイカーの場合、収容台数が少ない駐車場が多いので、奥多摩湖（写真）の駐車場から各登山口へバスで移動することも考慮したい

→三条の湯への後山林道・片倉橋手前にある駐車スペース（約5台）。雲取山や飛龍山への登山の際に利用すれば時間が短縮できる

マイカー

圏央道 **日の出IC**

🚗 約34km｜411・45ほか → 奥多摩湖 Ⓟ

🚗 約41km｜411・139・45ほか → 深山橋（陣屋）Ⓟ

🚗 約44km｜411・45 小袖林道ほか → 小袖乗越 Ⓟ

●バスは奥多摩湖行きや鴨沢西行きは便数が多いが、その他の路線は1日3〜4便程度。事前にダイヤの確認をしておくこと。マイカーの場合、収容台数が多い駐車場は国道411号沿いの奥多摩湖、大麦代駐車場、川野、留浦、国道411号の鴨沢から小袖林道を上がった小袖乗越、国道139号沿いの陣屋バス停そば

写真／青木貴子、大倉洋右、作間和夫、塩田諭司、星野恒行（いずれも山岳写真ASA）、長沢洋、吉田祐介

ります。登山計画時には、自治体や交通機関、各施設のホームページなどで最新情報をご確認ください。

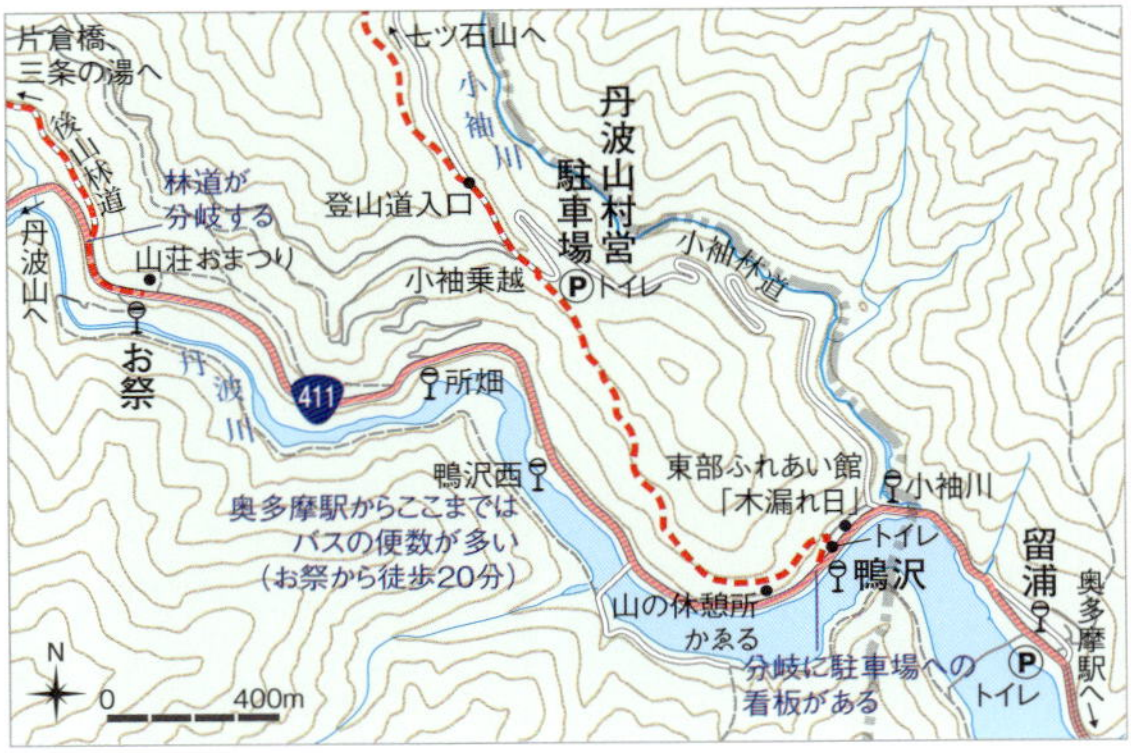

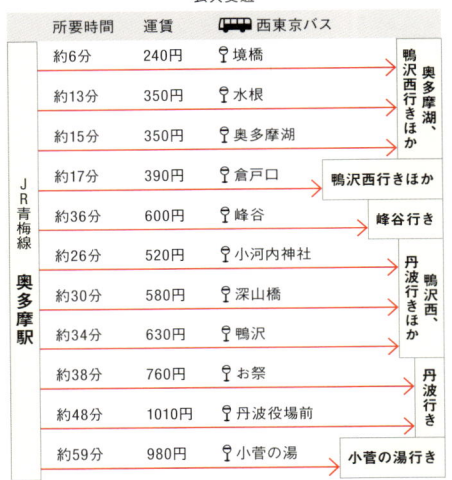

あきる野《の》・檜原《ひのはら》の登山口

標高約1000m（都民の森）
標高約275m（払沢の滝入口）

Map 1・2・5・6

檜原村、あきる野市側には奥多摩三山の三頭山、御前山、大岳山への登山口が点在し、JR五日市線終点の武蔵五日市駅から西東京バスでアクセスする。武蔵五日市駅へは、週末や祝日には新宿から「ホリデー快速あきがわ号」が運行される。バスは便数が多いので、縦走登山の際にも便利だ。檜原村にタクシー会社があるので、奥多摩町側のような不便さはない。ただしマイカー利用の場合、まとまった収容台数がある駐車場は都民の森や払沢の滝など数少ない。武蔵五日市駅前のコイン駐車場に車を停め、バス移動も考慮したい。

マイカー

圏央道 **あきる野IC**

	距離	道路	駐車場
	約35km	7・33・206ほか	**都民の森駐車場** Ⓟ
	約15km	7・33・205ほか	**払沢の滝駐車場** Ⓟ

●都民の森行きバスは季節運行で、運行期間中は武蔵五日市駅からの直通バスが運行される。直行以外にも、数馬からの無料シャトルバスもある。運行期間は要問合せ

公共交通

JR五日市線 **武蔵五日市駅**

所要時間	運賃	西東京バス	行き先
約12分	320円	荷田子	数馬、藤倉行きほか
約17分	420円	元郷	数馬、藤倉行きほか
約23分	540円	笹平	数馬、都民の森行き
約33分	700円	上川乗	数馬、都民の森行き
約48分	900円	浅間尾根登山口	数馬、都民の森行き
約50分	940円	温泉センター	数馬、都民の森行き
約51分	940円	仲の平	数馬、都民の森行き
約1時間8分	940円	都民の森	都民の森行き
約22分	470円	払沢の滝入口	藤倉行きほか
約26分	540円	白倉	藤倉行きほか
約32分	600円	小沢	藤倉行きほか
約27～35分	480円	大岳鍾乳洞入口	上養沢行き
約19分	400円	つるつる温泉	つるつる温泉行き
約6分	220円	今熊山登山口	京王八王子駅行き

鳩《はと》ノ《の》巣《す》

標高約320m　川苔山・御岳山方面

Map 2-1A

川苔山や御岳山などへの拠点となる鳩ノ巣駅へは、JR青梅線でアクセスする。駅のすぐそばに公共駐車場があるので、マイカーの場合はここに駐車して鉄道やバス利用で周回登山ができる。

マイカー

圏央道 **日の出IC**

約24km　411・184・45ほか

町営駐車場 Ⓟ

→鳩ノ巣駅。JR青梅線は30～40分ごとの運行。週末などに運行されるホリデー快速は停車しない

●駅の西側に約30台収容の奥多摩町営の無料駐車場がある（トイレあり）

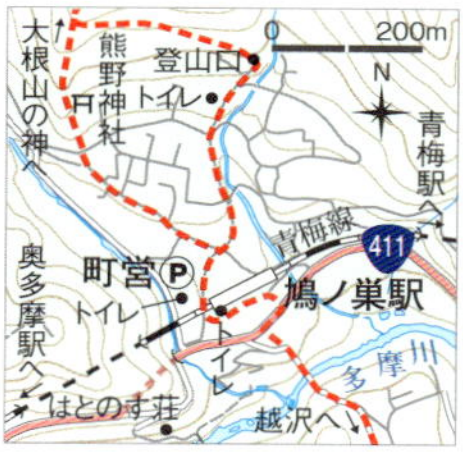

※交通機関や道路、駐車場、宿泊施設などの情報は、2019年9月時点のものです。発行後に改定・変更になることがあ

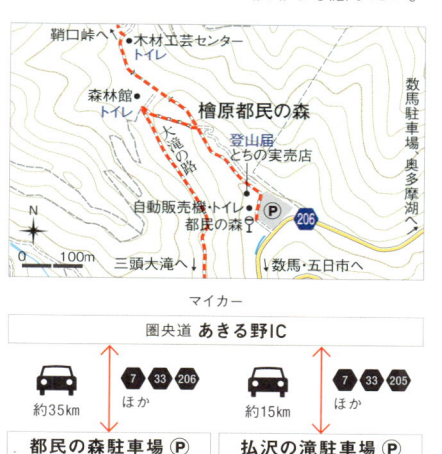

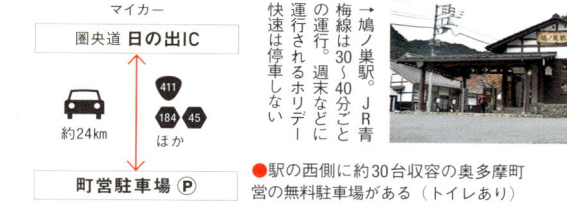

川乗橋《かわのりばし》・東日原《ひがしにっぱら》

標高約615m（東日原）
川苔山・雲取山方面

Map 8-3C

川苔山への川乗橋バス停、雲取山や酉谷山、鷹ノ巣山への東日原バス停へは奥多摩駅から西東京バスを利用。平日は約1.5km先の鍾乳洞バス停までバスが運行され、30分ほど歩行時間が短縮できる。

公共交通

JR青梅線 奥多摩駅 → 鍾乳洞、東日原行き（西東京バス）

所要時間	運賃	西東京バス
約13分	260円	川乗橋
約27分	460円	東日原
約31分	500円	鍾乳洞

マイカー

圏央道 **日の出IC** ↔ 約36km（411・45・204ほか）↔ **東日原駐車場** Ⓟ

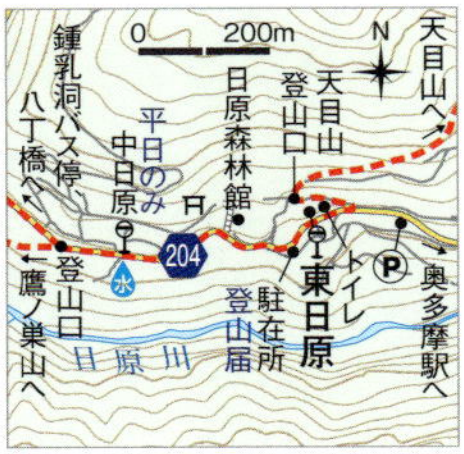

●マイカーは東日原バス停の手前にある約20台収容の東日原駐車場（有料・1日500円）を利用する。登山届は東日原バス停の先にある日原駐在所に提出する。約4km先の八丁橋付近にも数台の駐車スペースがある

上日向《かみひなた》・清東橋《せいとうばし》

標高約370m
高水三山・棒ノ折山方面

Map 4-3B

高水三山、棒ノ折山、川苔山などへ向かう、大丹波川沿いの登山口。清東橋までのバス便があるが、土曜・休日は減便されるので注意。約1km手前の上日向止まりのバスの場合、清東橋へは徒歩約20分。

公共交通

JR青梅線 **川井駅** ↔ 西東京バス **約16分** **260円** ↔ **清東橋**

マイカー

圏央道 **日の出IC** ↔ 約25km（411・45・202ほか）↔ **清東橋** Ⓟ

●マイカーの場合は清東橋付近にあるキャンプ場の駐車場（有料）を利用できるが、原則キャンプ場利用者優先となる

→清東橋バス停。平日は1日9便、土曜・休日は1日5便

三峯神社《みつみねじんじゃ》

標高約1050m　雲取山方面

Map 13-3D

三峯神社は埼玉県側の雲取山への登山口。西武秩父駅（あるいは秩父鉄道三峰口駅）からのバスか、秩父市街からマイカーでアクセスする。三峯神社境内の興雲閣では宿泊以外に立ち寄り入浴もできる。

公共交通

西武秩父線 **西武秩父駅** ↔ 西武観光バス **約1時間15分** **930円** ↔ **三峯神社（三峰駐車場）**

マイカー

関越道 **花園IC** ↔ 約81km（140・278ほか）↔ **三峯神社（三峰駐車場）** Ⓟ

●西武秩父駅発のバスは1日5便（土曜・休日は6便）で、全便秩父鉄道の三峰口駅を経由する（約50分・670円）

→三峰駐車場（有料・約250台）。トイレ、観光案内所あり

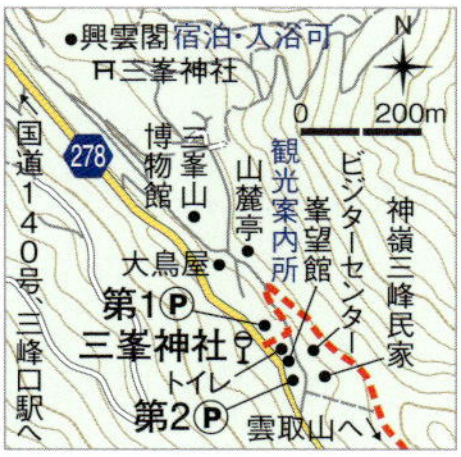

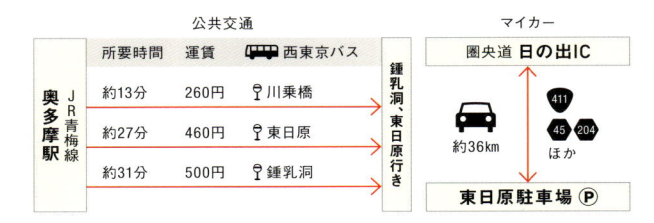

御岳山《みたけさん》ケーブル

標高約830m（御岳山駅）
御岳山・大岳山方面

Map 2-2B

御岳山ケーブルは、山麓の滝本駅と御岳山や大岳山、日の出山への起点となる御岳山駅への標高差約420mを6分で結ぶ。

公共交通
JR青梅線 **御嶽駅**
↕ 西東京バス 約10分 280円

マイカー
圏央道 **日の出IC**
↕ 約19km 411 45 201 ほか

ケーブル下／滝本駅 Ⓟ
↕ 御岳登山鉄道 約6分 590円
御岳山駅

●滝本駅周辺に約150台分の有料駐車場がある。満車時は400mほど下部に臨時駐車場（有料）が開設される

→ケーブル下バス停から滝本駅(写真)へは徒歩5分。バスは約45分、ケーブルは約25分ごとの運行

さわらびの湯《ゆ》

標高約250m
棒ノ折山・黒山方面

Map 4-2C

立ち寄り入浴施設のさわらびの湯は、棒ノ折山の埼玉県側の登山口のひとつ。バスは朝と夕方以降は立ち寄らない便があるので、その場合は県道53号沿いの河又名栗湖入口バス停まで行くことになる。

公共交通
西武池袋線 **飯能駅**
↕ 国際興業 約41分 620円

マイカー
圏央道 **青梅IC**
↕ 約21km 44 53 ほか

さわらびの湯 Ⓟ

●マイカーの場合はさわらびの湯の駐車場（約150台）か、登山口となる白谷橋先の駐車スペース（7～8台）などを利用する

→さわらびの湯バス停。バスは1時間に1本程度だが、土曜・休日は増便される

西沢渓谷入口方面《にしざわけいこくいりぐち》

標高約1100m（西沢渓谷入口）
雁坂峠・甲武信ヶ岳方面

Map 15-2C

雁坂峠への登山口となる道の駅みとみバス停や甲武信ヶ岳への起点となる西沢渓谷入口バス停へは、JR中央本線山梨市駅から山梨市営バスでアクセスする。マイカーの場合は、ともに無料駐車場も完備されている。両バス停間は歩いても数分だ。

公共交通

JR中央本線 **山梨市駅** → **西沢渓谷入口行き**

所要時間	運賃	山梨市営
約57分	800円	道の駅みとみ
約58分	900円	西沢渓谷入口

マイカー
中央道 **勝沼IC**
↕ 約29km 20 140 38 ほか
西沢渓谷駐車場 Ⓟ

●バスは正月を除く通年の運行で、1日5便。JR中央本線塩山駅からの山梨交通バスもあるが（約1時間・1030円）、こちらは4～11月の季節運行で、道の駅みとみで下車の際はあらかじめ乗務員に伝えておく必要がある

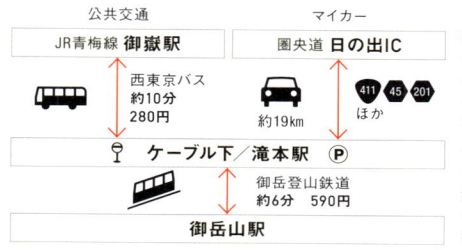

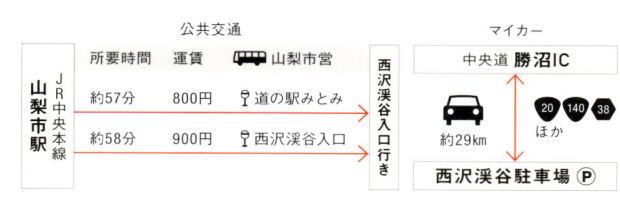

毛《もう》木《き》平《だいら》 標高約1475m 甲武信ヶ岳方面

Map 16-2B

甲武信ヶ岳の長野県側の登山口となる毛木平。途中の梓山までバスがあるが歩行時間が長いため、マイカーでのアプローチが一般的。

公共交通
JR小海線 **信濃川上駅**
↕ 川上村営 **約25分** **550円**
梓山
↕ **約1時間30分**
毛木平

マイカー
中央道 **長坂IC**
↕ 約47km 141 28 68 ほか
毛木平 Ⓟ

●バスは1日8〜9便。タクシー利用の場合は信濃川上駅から毛木平へ直接入ることができる（約30分・約7000円）

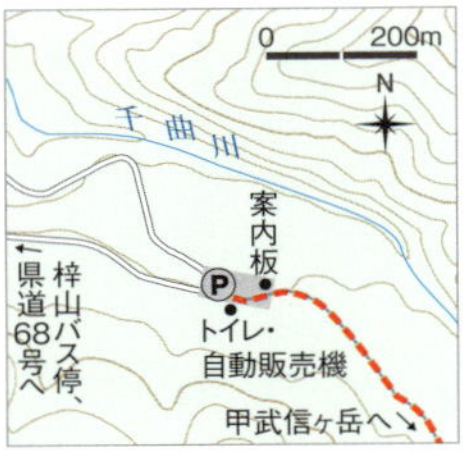

→約60台が駐車できる毛木平の無料駐車場。トイレ（冬季使用不可）や自動販売機もある

廻《まわ》り目《め》平《だいら》 標高約1570m 金峰山・小川山方面

Map 19-4D

金峰山や小川山への登山拠点で、約120台分の駐車場のほか、宿泊施設の村営金峰山荘やキャンプ場など施設が充実している。

公共交通
JR小海線 **信濃川上駅**
↕ 川上村営 **約35分** **580円**
川端下
↕ **約1時間20分**
廻り目平

マイカー
中央道 **長坂IC**
↕ 約47km 141 28 68 ほか
廻り目平 Ⓟ

●バスは1日7〜9便。信濃川上駅からタクシーの場合は廻り目平まで約30分・約6500円

→廻り目平の駐車場（有料・1日500円）。トイレや水場もある。支払いは村営金峰山荘へ

瑞牆山荘《みずがきさんそう》 標高約1520m 金峰山・瑞牆山方面

Map 18-2C

瑞牆山荘は、金峰山や瑞牆山の表登山口に位置する。4月第1土曜〜11月下旬・年末年始には韮崎駅からバスが運行される。アクセス途中に名湯・増冨ラジウム鉱泉があるので、下山後に立ち寄りたい。

公共交通
JR中央本線 **韮崎駅**
↕ 山梨峡北交通 **約1時間10分** **2060円**
みずがき山荘（登山者用駐車場） Ⓟ

マイカー
中央道 **須玉IC**
↕ 約25km 141 601 23 ほか

●バスは1日6〜7便（平日1便減）。期間外はタクシー利用（韮崎駅から約50分・約1万1000円）

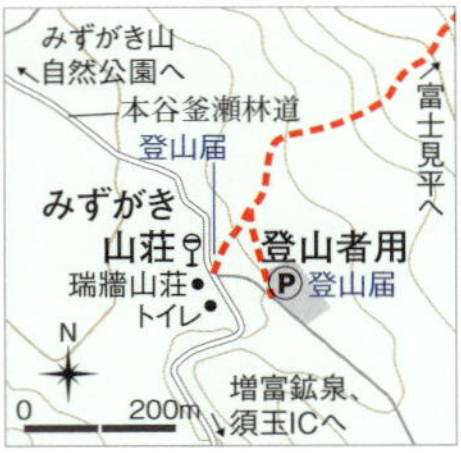

→瑞牆山荘近くの登山者用無料駐車場。約100台収容だが、シーズン中は満車になることも

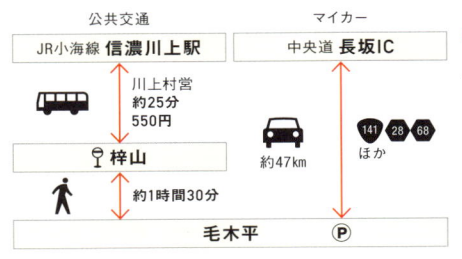

三之瀬《さんのせ》・作場平《さくばだいら》

標高約1320m
将監峠・笠取山方面

Map 12-3A

将監峠南西麓の甲州市三之瀬集落と、4kmほど西にある笠取山南麓の作場平。ともに塩山の市街地から距離があるため、マイカー利用が現実的。三之瀬には民宿みはらしがあり、前泊に最適。

マイカー

中央道 **勝沼IC** → 411・38・34 ほか 約37km → **作場平** Ⓟ

圏央道 **日の出IC** → 411・45 ほか 約69km → **作場平** Ⓟ

●タクシー利用の場合はともに塩山駅から約50分・約1万円

→作場平の登山者用駐車場。約20台駐車可。三之瀬は民宿みはらしの駐車場が利用できる（有料）。作場平〜三之瀬間は徒歩約50分

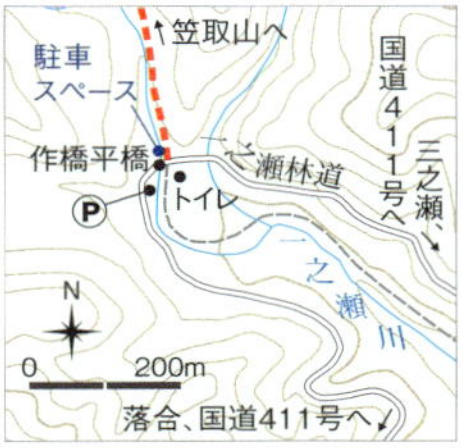

大菩薩峠《だいぼさつとうげ》登山口《とざんぐち》・柳沢峠《やなぎさわとうげ》

標高約1475m（柳沢峠）
大菩薩嶺・黒川鶏冠山方面

Map 11-2A

大菩薩峠への西側の裂石集落内に大菩薩峠登山口バス停があり、そこから国道411号をさらに11km北上すると、黒川鶏冠山登山口の柳沢峠がある。裂石集落内には宿泊施設が数軒あり、前泊に最適。

公共交通

JR中央本線	所要時間	運賃	山梨交通	
塩山駅	約27分	300円	大菩薩峠登山口	大菩薩峠登山口、落合行き
	約50分	800円	柳沢峠	

マイカー

中央道 **勝沼IC** → 411・38・34 ほか 約29km → **大菩薩峠登山口** Ⓟ → 411 約11km → **柳沢峠** Ⓟ

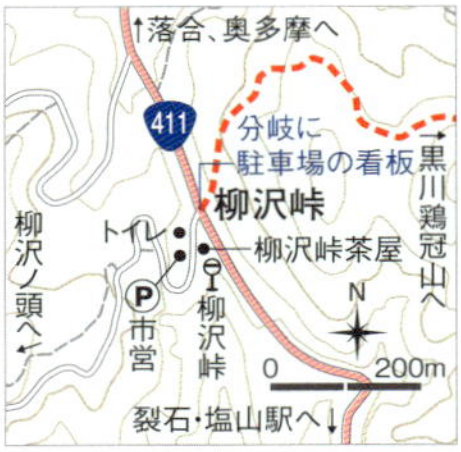

●大菩薩峠登山口、柳沢峠ともに塩山駅からの山梨交通バスが運行している（ただし後者は4月下旬〜11月下旬の土曜・休日のみ）。大菩薩峠登山口バス停から上日川峠へは徒歩約2時間

乾徳山《けんとくさん》登山口《とざんぐち》

標高約830m　乾徳山方面

Map 14-2C

乾徳山南面の徳和集落に塩山駅、山梨市駅からの乾徳山登山口バス停と、約20台が駐車できる公共駐車場がある。公共駐車場から1.5kmほど先にも駐車スペースがあるが、4〜5台分と少ない。

公共交通

	所要時間	運賃	バス	
塩山駅（JR中央本線）	約32分	660円	山梨交通 乾徳山登山口	西沢渓谷入口行き
山梨市駅（JR中央本線）	約32分	400円	山梨市営 乾徳山登山口	西沢渓谷入口行き

マイカー

中央道 **勝沼IC** → 20・140・209 ほか 約20km → **徳和** Ⓟ

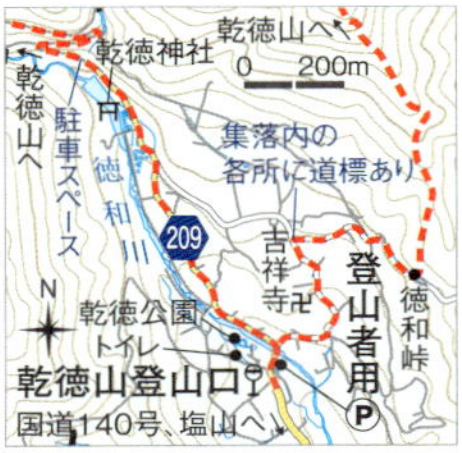

●山梨交通バスは4〜11月の運行で1日4便、山梨市営バスは通年運行で1日6便。マイカーの場合は、乾徳山登山口バス停の先に無料の公共駐車場（約20台）がある。トイレはバス停近くの乾徳公園内にある。

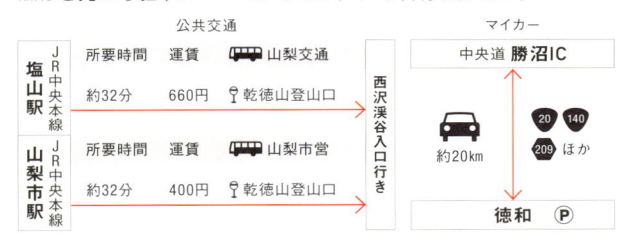

大弛峠《おおだるみとうげ》 標高約2360m 国師ヶ岳・金峰山方面

Map 15-2A

山梨・長野県境の大弛峠はアプローチの長さからマイカー限定だったが、近年バスと乗合タクシーでアクセスできるようになった。

公共交通

JR中央本線 **塩山駅**
↕ 栄和交通 **約45分** 1000円
柳平
↕ TAXI 栄和交通 乗合タクシー **約35分 800円**
大弛峠

マイカー

中央道 **勝沼IC**
↕ 約44km 20 140 219 川上牧丘林道ほか
大弛峠 P

●駐車場（約40台）は満車時は路上駐車となる。その際、斜線の引かれた箇所に車を置かないこと

→大弛峠の乗合タクシー乗り場。バスと乗合タクシーは予約制で、6月1日～11月第3日曜の土曜・休日運行

上日川峠《かみにっかわとうげ》・小屋平《こやだいら》 標高約1585m（上日川峠） 大菩薩嶺・小金沢連嶺方面

Map 11-4A

大菩薩嶺のメイン登山口である上日川峠。甲斐大和駅からのバスが運行されているほか、駐車場も完備されている。その約2.5km手前には、石丸峠や小金沢連嶺への入口となる小屋平バス停がある。

マイカー

中央道 **勝沼IC**
↕ 約26km 20 218
上日川峠 P

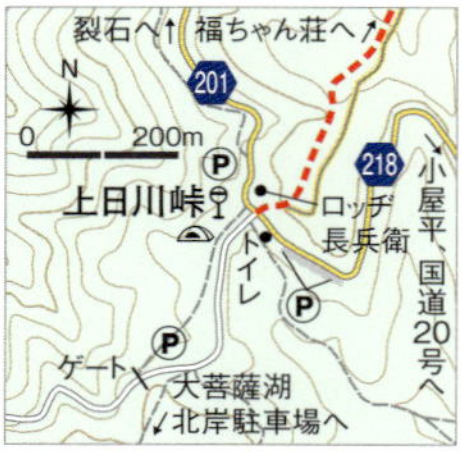

公共交通

JR中央本線 甲斐大和駅	所要時間	運賃	栄和交通	上日川峠行き
	約35分	950円	小屋平	
	約40分	1000円	上日川峠	

●バスは4月第2土曜～12月第2日曜の土曜・休日運行（平日特定日運行あり）で1日3～5便。駐車場はロッヂ長兵衛周辺と峠から南に分岐する林道沿いにある。収容台数は多いが、ハイシーズンの週末には駐車できないこともある

深田記念公園《ふかだきねんこうえん》 標高約945m 茅ヶ岳方面

Map 17-3A

深田久弥終焉の地・茅ヶ岳。その南麓に深田記念公園がある。韮崎駅からのバス（季節運行）が運行されているほか、駐車場も完備されている。

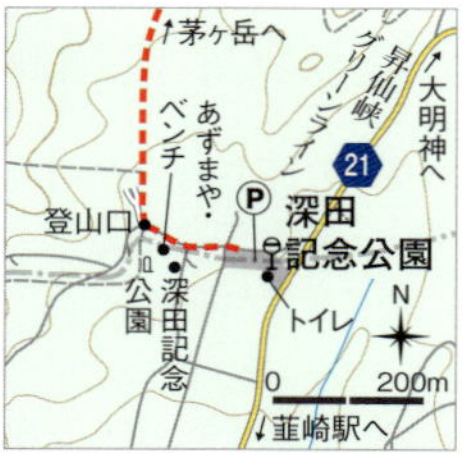

公共交通

JR中央本線 **韮崎駅**
↕ 山梨峡北交通 **約20分** 510円
深田記念公園

マイカー

中央道 **韮崎IC**
↕ 約7km 27
深田記念公園 P

●バスは4月第1土曜～11月下旬の土曜・休日とGWの運行。1日2便で、午前中は1便のみ。運行日以外は韮崎駅からタクシーを利用することになる（約15分・約3500円）

→約20台収容の深田記念公園駐車場。一角にトイレがある

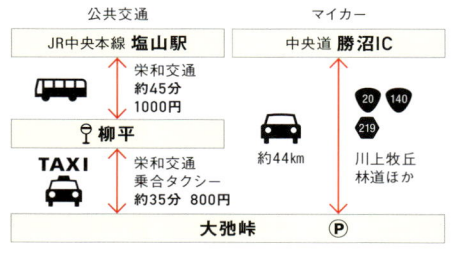

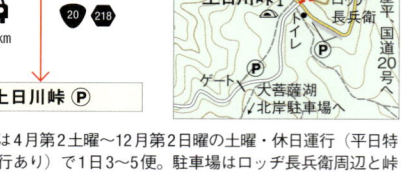

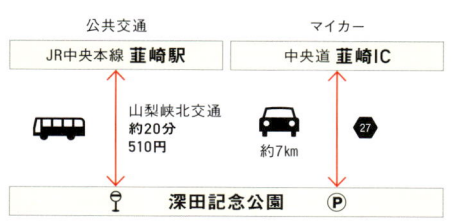

奥多摩・奥秩父の山小屋ガイド

＊山小屋の宿泊は基本的に予約が必要です。
＊掲載の営業期間や宿泊料金などの情報は、2019年9月時点のものです。発行後に変更になることがあります。予約時に各山小屋・宿泊施設へご確認ください。
＊宿泊料金等の消費税表示（税込み・税別）は、山小屋・宿泊施設によって異なります。予約時に併せてご確認ください。
＊キャンプ指定地の飲料水については各山小屋へお問合せください。指定地以外でのキャンプは禁止されています。

写真／鈴木弘之、星野恒行（ともに山岳写真ASA）、長沢 洋、吉田祐介

凡例＝①連絡先住所 ②収容人数 ③営業期間 ④宿泊料金（1泊2食、素は素泊まり料金） ⑤キャンプ指定地 ⑥ホームページ ⑦備考

雲取山荘《くもとりさんそう》

雲取山　Map 12-2D

連絡先 TEL 0494-23-3338

雲取山山頂の北側700m、標高1850mにある、奥多摩では数少ない通年で食事つきの営業をする山小屋　①〒368-0033埼玉県秩父市野坂町2-13-34　新井信太郎　②200人　③通年　④7800円　素5300円　⑤50張　利用料1人500円　⑥あり　⑦要予約　FAX 0494-23-0582

三峯神社《みつみねじんじゃ》・興雲閣《こううんかく》

雲取山　Map 13-3D

現地 TEL 0494-55-0241

三峯神社に隣接、標高1100mにある宿泊施設。三峯神の湯を併設している　①〒369-1902埼玉県秩父市三峰298-1　②200人　③通年　④12030円　素5550円　⑤なし　⑥あり　⑦要予約　立ち寄り入浴可（600円、10時30分～18時）　FAX 0494-55-0328

七《なな》ツ石小屋《いしごや》

石尾根・七ツ石山　Map 8-4A

連絡先 TEL 0428-88-0211　現地 TEL 090-8815-1597（9～15時）

七ツ石山南方約1㎞、標高1600mにある素泊まり専用の山小屋　①〒409-0305山梨県北都留郡丹波山村890　丹波山村役場温泉観光課　②12人　③通年　④素4000円　⑤20張　利用料1人500円　⑥あり　⑦要予約（予約・問合せは現地電話へ）

三条《さんじょう》の湯《ゆ》

雲取山・飛龍山　Map 12-4D

連絡先 TEL 0428-88-0616

雲取山南西3㎞、標高1103m、雲取山へ向かう三条ダルミへの道と、飛龍山に向かう北天のタルへの道が分かれる　①〒409-0300山梨県北都留郡丹波山村4025-1　木下浩一　②80人　③通年　④8200円　素5700円　⑤15張　利用料1人600円　⑥あり　⑦予約希望　入浴可（600円、10～16時・月～土曜は12～16時）

東雲山荘《しののめさんそう》

日の出山　Map 2-2B

連絡先 TEL 042-597-0501

日の出山山頂西直下、標高880mにある素泊まりの山小屋　①〒190-0182東京都西多摩郡日の出町平井1786-1　日の出町シルバー人材センター　②19人　③4月下旬～12月中旬　④素3000円　⑤なし　⑥あり　⑦要予約　大人6名以上で利用可　薪・炭代各3000円　FAX 042-597-2080

御岳山《みたけさん》の宿坊・宿泊施設

御岳山　Map 2-2B

御岳山山上に約10軒の旅館等の宿泊施設がある。営業は大半が通年。住所は〒198-0175東京都青梅市御岳山。利用は要予約。　■**御嶽〈YH〉** TEL 0428-78-8774　②28人　④5550円　素3570円　■**藤本荘** TEL 0428-78-8464　②30人　④9000円～　■**嶺雲荘〈国〉** TEL 0428-78-8501　②30人　④8640円～　素5940円　■**山香荘** TEL 0428-78-8476　②60人　④10800円～　■**駒鳥山荘** TEL 0428-78-8472　②63人　④8640円～　素5940円～　■**御岳山荘** TEL 0428-78-8474　②70人　④10000円～　■**宝寿閣** TEL 0428-78-8448　②40人　④10500円～　■**山楽荘** TEL 0428-78-8439　②50人　④9180円～　素4860円～

西谷山《とりだにやま》避難小屋

西谷山　Map 8-1B

連絡先 TEL 042-521-2947

西谷山山頂直下　①〒190-0022東京都立川市錦町4-6-3　東京都多摩環境事務所　②6人　③通年　⑦緊急時以外使用不可　別連絡先 TEL 0428-83-2037（奥多摩ビジターセンター）

雲取山《くもとりやま》避難小屋

雲取山　Map 12-3D

連絡先 TEL 042-521-2947

雲取山山頂南直下、標高2000m　①〒190-0022東京都立川市錦町4-6-3　東京都多摩環境事務所　②20人　③通年　⑦緊急時以外使用不可　別連絡先 TEL 0428-83-2037（奥多摩ビジターセンター）

三頭山《みとうさん》避難小屋

三頭山　Map 6-4B

連絡先 TEL 042-521-2947

三頭山、大沢山鞍部、標高1460m　①〒190-0022東京都立川市錦町4-6-3　東京都多摩環境事務所　②20人　③通年　⑦緊急時以外使用不可　別連絡先 TEL 0428-83-2037（奥多摩ビジターセンター）

鷹《たか》ノ巣《す》山避難小屋

鷹ノ巣山　Map 8-4B

連絡先 TEL 042-521-2947

鷹ノ巣山西方1㎞、標高1570m　①〒190-0022東京都立川市錦町4-6-3　東京都多摩環境事務所　②10人　③通年　⑦緊急時以外使用不可 別連絡先 TEL 0428-83-2037（奥多摩ビジターセンター）

御前山《ごぜんやま》避難小屋

御前山　Map 6-3D

連絡先 TEL 042-521-2947

御前山東の肩、標高1300m　①〒190-0022東京都立川市錦町4-6-3　東京都多摩環境事務所　②15人　③通年　⑦緊急時以外使用不可　別連絡先 TEL 0428-83-2037（奥多摩ビジターセンター）

一杯水《いっぱいみず》避難小屋

天目山　Map 8-2C

連絡先 TEL 042-521-2947

天目山下、標高1450m　①〒190-0022東京都立川市錦町4-6-3　東京都多摩環境事務所　②15人　③通年　⑦緊急時以外使用不可　別連絡先 TEL 0428-83-2037（奥多摩ビジターセンター）

将監小屋《しょうげんごや》

唐松尾山・和名倉山　Map 12-3B

連絡先 TEL 0553-32-1044（FAX兼）

将監峠の南100m、標高1800mにある山小屋　①〒404-0034山梨県甲州市塩山牛奥　②70人　③4月下旬～11月下旬、年末年始　④7000円　素4500円　⑤50張　利用料1人1000円　⑥なし　⑦予約希望　冬季暖房費300円

笠取小屋《かさとりごや》

笠取山　Map 12-2A

現地 TEL 090-8581-9119

作場平より徒歩2時間、笠取山山頂下、標高1776m地点にある　①〒404-0047山梨県甲州市塩山三日市場2750-10　田辺静　②30人　③4月末～1月3日、年末年始（連休、夏休み以外は週末のみ）　④素4000円　⑤50張　利用料1人500円　⑥なし　⑦要予約　食事は5人以上の団体のみ対応

雁坂小屋《かりさかごや》

雁坂峠　Map 15-1D

連絡先 TEL 0494-55-0456（FAX兼）

雁坂峠東方500m、標高1950mにある　①〒369-1901埼玉県秩父市大滝3423　山中五郎　②29人　③4月末～11月末、年末年始（宿泊は12月31日のみ）　④素5000円　⑤50張　利用料1人1000円　⑥あり　⑦要予約　寝具は毛布　レトルト食品・麺類・パンなどの食品販売あり　管理人不在のことあり

十文字小屋《じゅうもんじごや》

甲武信ヶ岳　Map 16-2C

現地 TEL 090-1031-5352（4月末～11月末・9～20時）

毛木平から徒歩2時間強、十文字峠、標高2035mにある　①〒940-0856新潟県長岡市美沢3-215　宗村みち子　②80人　③4月末～11月第4土曜　12月28日～1月2日　④8500円　素5500円　⑤20張　利用料1人1000円　⑥あり　⑦要予約　期間外閉鎖

甲武信小屋《こぶしごや》

甲武信ヶ岳　Map 16-4C

現地 TEL 090-3337-8947

甲武信ヶ岳南東200m、標高2300mにある山小屋　①〒369-1901埼玉県秩父市大滝3638-8　山中徳治　②150人　③4月下旬～11月下旬　④8500円　素5500円　⑤30張　利用料1人1000円　⑥あり　⑦予約希望　期間外閉鎖

凡例＝①連絡先住所　②収容人数　③営業期間　④宿泊料金（1泊2食、素は素泊まり料金）　⑤キャンプ指定地　⑥ホームページ　⑦備考

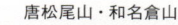

金峰山小屋《きんぷさんごや》

金峰山　Map 18-2D

連絡先 TEL 0267-99-2030（FAX兼）　**現地** TEL 090-4931-1998

金峰山山頂北西400m、標高2420mの金峰山山頂直下にある山小屋　①〒384-1404長野県南佐久郡川上村居倉535-60　②55人　③4月下旬～11月下旬、年末年始と1月の週末　④8500円　素5500円　⑤なし　⑥あり　⑦要予約　冬季営業は要問合せ

瑞牆山荘《みずがきさんそう》

金峰山・瑞牆山　Map 18-2C

連絡先 TEL 0551-45-0521

金山峠北東300m、標高1520m　①〒408-0101山梨県北杜市須玉町小尾8861　八巻久　②55人　③3月10日～11月末　年末年始、予約で12月1日～3月上旬の土・日曜　④9100円～　⑤なし　⑥あり　⑦要予約　冬季400円増　駐車場でのテントは禁止　FAX 0551-45-0660

大日小屋《だいにちごや》

金峰山　Map 18-1C

連絡先 TEL 090-7254-5698（富士見平小屋）

金峰山大日岩西方下、標高2040mにある。①〒408-0101山梨県北杜市須玉町小尾　②30人　③通年開放　④素4000円　⑤10張　利用料1人1000円　⑥なし　⑦管理人不在　利用時は富士見平小屋に申込む

富士見平小屋《ふじみだいらごや》

金峰山・瑞牆山　Map 18-1C

現地 TEL 090-7254-5698

金峰山・瑞牆山分岐となる富士見平（標高1812m）にある　①〒408-0101山梨県北杜市須玉町小尾　②34人　③4月上旬～1月上旬、1～3月は予約次第　④9500円　素4500円　⑤100張　利用料1人1000円　⑥あり　⑦要予約　冬季暖房費500円

村営金峰山荘《きんぽうさんそう》

金峰山・小川山　Map 19-4D

連絡先 TEL 0267-99-2428

金峰山や小川山の登山拠点となる廻り目平（標高1570m）にある山小屋　①〒384-1401長野県南佐久郡川上村川端下546-2　②68人　③4月下旬～11月下旬　④本館6800円～　素4200円～　新館7300円～　素4700円～　⑤200張　利用料1人900円　⑥あり　⑦要予約　入浴可（500円、12～19時）　FAX 0267-99-2490

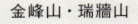

大弛小屋《おおだるみごや》

国師ヶ岳・金峰山　Map 15-2A

連絡先 TEL 0553-22-1111

朝日岳、国師ヶ岳鞍部にあたる大弛峠、標高2365mにある　①〒405-8501山梨県山梨市小原西843　山梨市役所観光課　②30人　③4月末〜11月末　④7500円　素4500円　⑤25帳　利用料1人800円　⑥あり　⑦要予約（原則2日前まで）　予約は TEL 090-7605-8549（管理者・小林）へ　期間外一部開放　FAX 0553-33-9852

ロッヂ長兵衛《ちょうべえ》

大菩薩嶺　Map 11-4A

連絡先 TEL 0553-33-4641　現地 TEL 090-3149-0964

上日川峠の標高1585mにあるログハウス風の山小屋　①〒404-0022山梨県甲州市塩山上萩原2367　雨宮方　②30人　③通年　12月1日〜4月中旬は土・日曜と年末年始営業、その他の日は要予約　④8000円〜　素5000円〜　⑤30張　利用料1人400円　⑥あり　⑦要予約　冬季500円増

福《ふく》ちゃん荘《そう》

大菩薩嶺　Map 11-4B

現地 TEL 090-3147-9215（7時30分〜20時30分）

大菩薩峠道と唐松尾根道の分岐、標高1720mにある　①〒404-0022山梨県甲州市塩山上萩原2332　雨宮昇　②90人　③4月初旬〜11月末　12月29日〜1月3日 期間外は予約のみ営業　④7000円　素4400円　⑤30張　利用料1人400円　⑥あり　⑦要予約　冬季暖房費500円(10月20日〜4月20日)　風呂あり（5月〜正月）

介山荘《かいざんそう》

大菩薩嶺・小金沢連嶺　Map 11-4B

連絡先 TEL 0553-33-2816　現地 TEL 090-3147-5424

大菩薩峠の標高1897m地点にある山小屋　①〒404-0042山梨県甲州市塩山上於曽1882　益田真路　②70人　③通年（平日不定休あり、年末年始営業）　④7000円　素4200円　⑤なし　⑥あり　⑦要予約　10〜5月は500円増

丸川荘《まるかわそう》

大菩薩嶺　Map 11-3A

現地 TEL 090-3243-8240

丸川峠、標高1700mにある山小屋　①〒404-0022山梨県甲州市塩山上萩原2689-10　只木貞吉　②20人　③通年　12〜4月は土・日曜、祝日のみ営業　平日は要問合せ　④7000円　素4300円　⑤なし　⑥あり　⑦要予約　冬季暖房費550円

凡例＝①連絡先住所　②収容人数　③営業期間　④宿泊料金（1泊2食、素は素泊まり料金）　⑤キャンプ指定地　⑥ホームページ　⑦備考

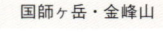

破風山《はっぷさん》(笹平)避難小屋　西破風山　Map 16-4C

連絡先 TEL 0494-23-1511

西破風山と木賊山の鞍部・笹平（標高2080m）にある　①〒368-0042埼玉県秩父市東町29-20　埼玉県秩父環境管理事務所　②10人　③通年　⑦緊急時以外使用不可　FAX 0494-23-6679

柳《やなぎ》避難小屋　真ノ沢・股ノ沢出合　Map 16-3D

連絡先 TEL 0494-23-1511

真ノ沢・股ノ沢出合、標高1130m　①〒368-0042埼玉県秩父市東町29-20　埼玉県秩父環境管理事務所　②10人　③通年　⑦緊急時以外使用不可　FAX 0494-23-6679

白泰山《はくたいさん》避難小屋　白泰尾根　Map 13-2A

連絡先 TEL 0494-23-1511

白泰山北西約1km、標高1743m　①〒368-0042埼玉県秩父市東町29-20　埼玉県秩父環境管理事務所　②10人　③通年　⑦緊急時以外使用不可　FAX 0494-23-6679

高原《こうげん》ヒュッテ　乾徳山　Map 14-1B

連絡先 TEL 0553-22-1111

乾徳山の国師ヶ原にある避難小屋、標高1574m　①〒405-8501山梨県山梨市小原西843　山梨市役所観光課　②15人　③通年　⑦2014年改修　トイレは冬季閉鎖　FAX 0553-23-2800

樺《かんば》避難小屋　突出峠西方　Map 13-4A

連絡先 TEL 0494-23-1511

突出峠西約1.5km、標高1780m　①〒368-0042埼玉県秩父市東町29-20　埼玉県秩父環境管理事務所　②10人　③通年　⑦緊急時以外使用不可　FAX 0494-23-6679

四里観音《よりかんのん》避難小屋　白泰山尾根　Map 16-2C

連絡先 TEL 0494-23-1511

十文字峠東方約2km、標高1805m　①〒368-0042埼玉県秩父市東町29-20　埼玉県秩父環境管理事務所　②10人　③通年　⑦緊急時以外使用不可　FAX 0494-23-6679

湯《ゆ》ノ沢峠《さわとうげ》避難小屋　小金沢連嶺　Map 10-3B

連絡先 TEL 0553-32-2111

小金沢連嶺・湯ノ沢峠、標高1650m　①〒404-8501山梨県甲州市塩山上於曽1085-1　甲州市役所観光商工課　②10人　③通年　⑦緊急時以外使用不可　トイレは冬季閉鎖　FAX 0553-32-5174

大菩薩・賽の河原避難小屋

凡例＝①連絡先住所　②収容人数　③営業期間　④宿泊料金（1泊2食、素は素泊まり料金）　⑤キャンプ指定地　⑥ホームページ　⑦備考

立ち寄り湯ガイド①（奥多摩）

もえぎの湯

℡0428-82-7770

奥多摩駅近くの多摩川畔にある温泉施設。露天風呂からは多摩川の流れと周囲の山並みが眺められる。入浴料：850円、営業時間：10時～20時（月により変動あり）、定休日：月曜（祝日の場合は翌日）。奥多摩駅より徒歩10分。東京都西多摩郡奥多摩町氷川119-1

生涯青春の湯 つるつる温泉

℡042-597-1126

日の出山の登山口にある日帰り入浴施設。アルカリ単純泉で肌がつるつるになることから名づけられた。入浴料：820円、営業時間：10時～20時、定休日：第3火曜（祝日の場合は翌日）。つるつる温泉バス停すぐ。東京都西多摩郡日の出町大久野4718

檜原温泉センター 数馬の湯

℡042-598-6789

奥多摩の山々に囲まれたなかにあり、大岳山や浅間嶺、笹尾根などが近い。入浴料：820円、営業時間：10時～20時（平日～19時）、定休日：月曜（祝日の場合は翌日）。温泉センターバス停すぐ。東京都西多摩郡檜原村2430

さわらびの湯

℡042-979-1212

有間渓谷に囲まれ、棒ノ折山や蕨山、有間山などが近い。男女別の露天風呂と大浴場がある。入浴料：800円、営業時間：10時～18時、定休日：第1水曜（祝日は営業）。さわらびの湯バス停より徒歩4分。埼玉県飯能市大字下名栗685

三峯神の湯

℡0494-55-0241

三峯神社の宿泊施設・興雲閣内にある温泉施設で日帰り入浴もできる。ナトリウム塩化温泉で、肌がつるつるになるとして人気。入浴料：600円、営業時間：10時30分～18時、定休日：無休。三峯神社バス停より徒歩5分。埼玉県秩父市三峰298-1

＊入浴料、営業時間、定休日、交通などの情報は、抜粋して掲載しています。変更になることがありますので、利用の際は、各施設にご確認ください。

三条の湯

つるつる温泉

三条の湯

℡0428-88-0616

雲取山、飛龍山への登山基地となる山小屋として知られる。10℃の源泉を水力発電と薪を使って沸かしている。入浴料：600円、入浴時間：12時（日祝10時）～16時、定休日：無休。お祭バス停より徒歩約3時間半。山梨県北都留郡丹波山村

丹波山温泉 のめこい湯

℡0428-88-0026

丹波川右岸にあり、飛龍山や鹿倉山登山のあと、国道411号での帰路に立ち寄っていこう。入浴料：900円、営業時間：10時～19時（夏季は時間延長あり）、定休日：木曜。丹波山温泉前バス停より徒歩5分。山梨県北都留郡丹波山村778-2

秋川渓谷 瀬音の湯

℡042-595-2614

大岳山や戸倉三山の登山口に近い場所にある日帰り入浴施設で、お湯はなめらかな肌ざわりが特徴。コテージでの宿泊もできる。入浴料：900円、営業時間：10時～22時、定休日：不定休。秋川渓谷瀬音の湯バス停すぐ。東京都あきる野市乙津565

写真／星野恒行、塩田諭司（ともに山岳写真ASA）

立ち寄り湯ガイド②（奥秩父）

小菅の湯

大菩薩の湯

小菅の湯

TEL 0428-87-0888

大菩薩嶺・牛ノ寝通りからの下山時に利用できる小菅村営の入浴施設。奥多摩、上野原（季節運行）、大月方面へのバスが発着。入浴料：750円、営業時間：10時～19時（冬季～18時）、定休日：金曜（8、11月は第4金曜のみ）。小菅の湯バス停すぐ。山梨県北都留郡小菅村3445

大菩薩の湯

TEL 0553-32-4126

大菩薩峠登山口の裂石にある日帰り入浴施設。男女別の内湯と露天風呂がある。入浴料：610円～、営業時間：10時～21時、定休日：第3火曜（11月～3月は火曜。祝日の場合は翌日）。大菩薩の湯バス停すぐ。山梨県甲州市塩山上小田原730-1

やまと天目山温泉

TEL 0553-48-2000

甲斐大和駅から上日川峠へ向かう県道218号沿いにある入浴施設。Ph10.2という日本でも数少ない高アルカリ性の温泉。入浴料：510円～、営業時間：10時～19時、定休日：水曜。やまと天目山温泉バス停すぐ。山梨県甲州市大和町木賊517

やまなしフルーツ温泉ぷくぷく

TEL 0553-23-6026

笛吹川フルーツ公園内にある温泉施設。展望のよさとフルーツや食事も評判。入浴料：860円、営業時間：11時（土日祝10時）～23時、定休日：無休（設備点検日は休業）。山梨市駅より車7分。山梨県山梨市大工2589-13

クララの湯

TEL 0551-25-2601

茅ヶ岳、金ヶ岳山麓にある宿泊施設「ハイジの村クララ館」内の温泉で、日帰り入浴もできる。入浴料：820円、営業時間：10時～21時（冬季～20時）、定休日：冬季の火曜。クララ館バス停すぐ。山梨県北杜市明野町浅尾5259-950

＊入浴料、営業時間、定休日、交通などの情報は、抜粋して掲載しています。変更になることがありますので、利用の際は、各施設にご確認ください。

増富の湯

TEL 0551-20-6500

ラジウム含有量日本一の増富ラジウム鉱泉にある日帰り入浴施設で、25～35℃のぬるめの源泉風呂が特徴。入浴料：820円、営業時間：10時～19時（冬季～18時）、定休日：第4水曜（冬季は毎水曜）。増富の湯バス停すぐ。山梨県北杜市須玉町比志6438

みとみ 笛吹の湯

TEL 0553-39-2610

雁坂峠や西沢渓谷への登山口にもっとも近い日帰り温泉施設。笛吹川沿いの高台にある。入浴料：510円～、営業時間：10時～20時、定休日：火曜（祝日の場合は翌日）。笛吹の湯バス停すぐ。山梨県山梨市三富下釜口447

窪平温泉 花かげの湯

TEL 0553-35-4126

国道140号から窪平地区に入ったところにある山梨市営の入浴施設。入浴料：510円～、営業時間：10時～21時（冬季～20時30分）、定休日：月曜（祝日の場合は翌日）。花かげの湯入口バス停すぐ。山梨県山梨市牧丘町窪平453-1

写真／長沢洋、吉田祐介

行政区界地形図

1:25,000地形図（メッシュコード）＝①飯能（533962）②青梅（533952）③拝島（533942）④八王子（533932）⑤原市場（533961）⑥武蔵御岳（533951）⑦五日市（533941）⑧与瀬（533931）⑨武蔵日原（533960）⑩奥多摩湖（533950）⑪猪丸（533940）⑫上野原（533930）⑬三峰（533877）⑭雲取山（533867）⑮丹波（533857）⑯七保（533847）⑰大月（533837）⑱中津峡（533876）⑲雁坂峠（533866）⑳柳沢峠（533856）㉑大菩薩峠（533846）㉒笹子（533836）㉓居倉（533875）㉔金峰山（533865）㉕川浦（533855）㉖塩山（533845）㉗御所平（533874）㉘瑞牆山（533864）㉙茅ヶ岳（533854）㉚甲府北部（533844）㉛八ヶ岳東部（533873）㉜谷戸（533863）㉝若神子（533853）㉞韮崎（533843）

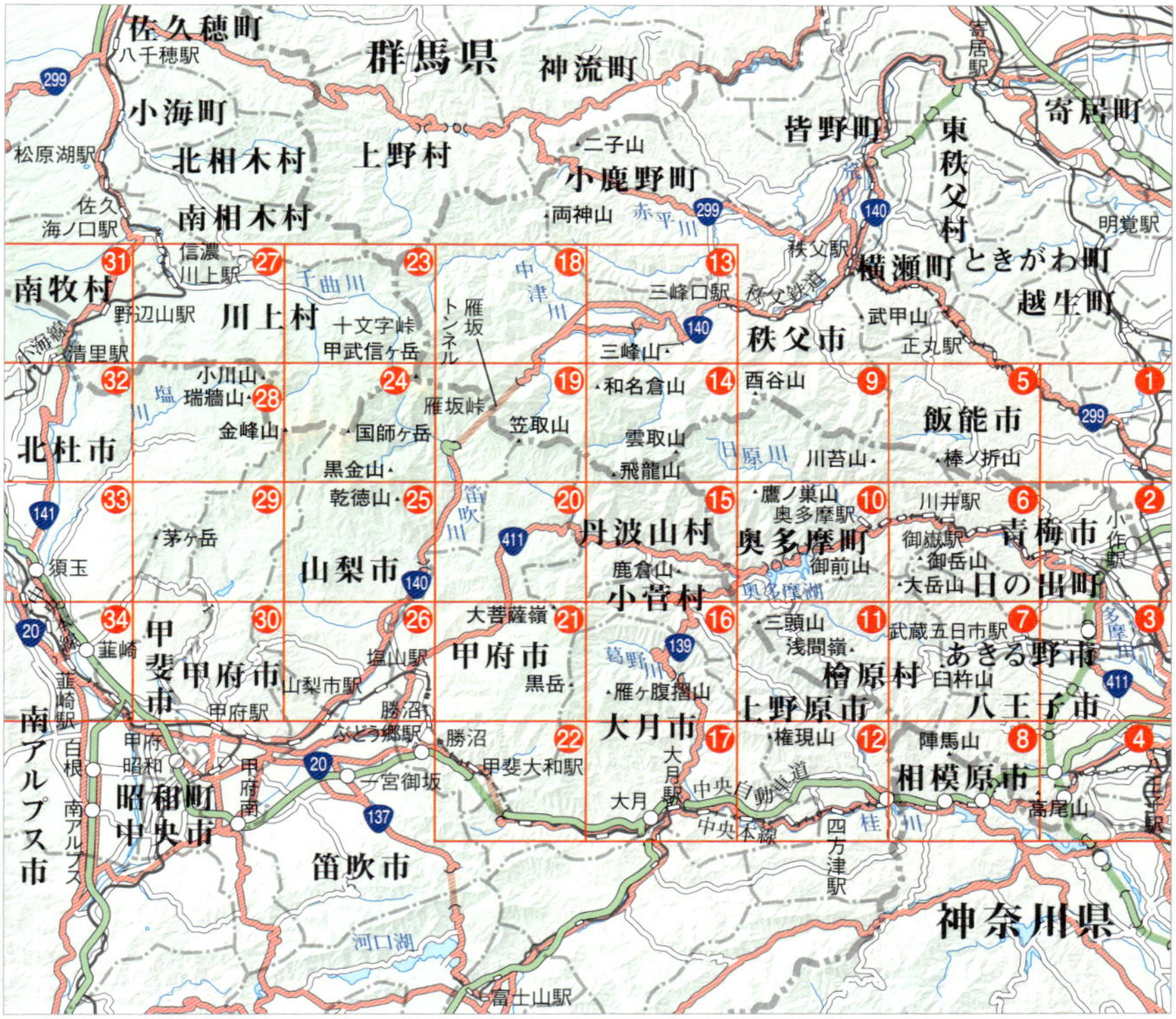

登山計画書の提出

奥多摩・奥秩父登山にあたっては、事前に登山計画書（登山届・登山者カード）を作成、提出することが基本。登山計画書を作成することで、歩くコースの特徴やグレードを知り、充分な準備を整えて未然に遭難事故を防ぐ。また、万が一、登山者にアクシデントが生じたとき、迅速な捜索・救助活動にもつながる。

主要登山口には、用紙とともに登山届ポスト（提出箱）が設けられ、その場で記入・提出することもできるが、準備段階で作成することが望ましい。登山者名と連絡先、緊急連絡先、登山日程とコースなどが一般的な記入要件だ。

なお甲武信ヶ岳や金峰山など奥秩父の一部の山では長野県の登山条例に基づき、登山計画書の提出が義務となっている（詳細は長野県ホームページ参照）。提出は登山口の提出箱のほか、日本山岳ガイド協会が運営するオンライン登山届システム「コンパス」など、インターネットからもできる。

問合せ先一覧

市町村役場

青梅市役所	〒198-8701	東京都青梅市東青梅1-11-1	℡0428-22-1111
日の出町役場	〒190-0192	東京都西多摩郡日の出町平井2780	℡042-597-0511
奥多摩町役場	〒198-0212	東京都西多摩郡奥多摩町氷川215-6	℡0428-83-2111
檜原村役場	〒190-0212	東京都西多摩郡檜原村467-1	℡042-598-1011
あきる野市役所	〒197-0814	東京都あきる野市二宮350	℡042-558-1111
秩父市役所	〒368-8686	埼玉県秩父市熊木町8-15	℡0494-22-2211
飯能市役所	〒357-8501	埼玉県飯能市双柳1-1	℡042-973-2111
丹波山村役場	〒409-0305	山梨県北都留郡丹波山村890	℡0428-88-0211
小菅村役場	〒409-0211	山梨県北都留郡小菅村4698	℡0428-87-0111
北杜市役所	〒408-0188	山梨県北杜市須玉町大豆生田961-1	℡0551-42-1111
甲府市役所	〒400-8585	山梨県甲府市丸の内1-18-1	℡055-237-1161
甲斐市役所	〒400-0192	山梨県甲斐市篠原2610	℡055-276-2111
韮崎市役所	〒407-8501	山梨県韮崎市水神1-3-1	℡0551-22-1111
山梨市役所	〒405-8501	山梨県山梨市小原西843	℡0553-22-1111
甲州市役所	〒404-8501	山梨県甲州市塩山上於曽1085-1	℡0553-32-2111
大月市役所	〒401-8601	山梨県大月市大月2-6-20	℡0554-22-2111
川上村役場	〒384-1405	長野県南佐久郡川上村大深山525	℡0267-97-2121

県庁・県警察本部

東京都庁	〒163-8001	東京都新宿区西新宿2-8-1	℡03-5321-1111
埼玉県庁	〒330-9301	埼玉県さいたま市浦和区高砂3-15-1	℡048-824-2111
山梨県庁	〒400-8501	山梨県甲府市丸の内1-6-1	℡055-237-1111
長野県庁	〒380-8570	長野県長野市南長野幅下692-2	℡026-232-0111
警視庁(東京都)	〒100-8929	東京都千代田区霞が関2-1-1	℡03-3581-4321

※警視庁には山岳関係の窓口はありません。下記など、その山域を管轄する警察署に問合せてください。

警視庁青梅警察署	〒198-0032	東京都青梅市野上町4-6-3	℡0428-22-0110
警視庁五日市警察署	〒190-0164	東京都あきる野市五日市888-7	℡042-595-0110
埼玉県警察本部	〒330-8533	埼玉県さいたま市浦和区高砂3-15-1	℡048-832-0110
山梨県警察本部	〒400-8586	山梨県甲府市丸の内1-6-1	℡055-221-0110
長野県警察本部	〒380-8510	長野県長野市南長野幅下692-2	℡026-233-0110

主な観光協会

奥多摩町観光案内所	℡0428-83-2152
青梅観光案内所	℡0428-20-0011
御岳インフォメーションセンター	℡0428-85-8652
八王子観光コンベンション協会	℡042-649-2827
日の出町観光協会	℡042-588-5883
あきる野市観光協会五日市観光案内所	℡042-596-0514
檜原村観光協会	℡042-598-0069
奥むさし飯能観光協会	℡042-980-5051
秩父観光協会秩父支部	℡0494-21-2277
秩父観光協会大滝支部	℡0494-55-0707
丹波山村観光協会	℡0428-88-0411
小菅村観光協会	℡0428-87-0741
大月市観光協会	℡0554-22-2942
甲州市観光協会	℡0553-32-2111
山梨市観光協会	℡0553-22-1111
甲府市観光協会	℡055-226-6550
韮崎市観光協会	℡0551-22-1991
北杜市観光協会	℡0551-30-7866

交通機関（バス・ケーブル）

■奥多摩

西東京バス（五日市）……℡042-596-1611
西東京バス（氷川）……℡0428-83-2126
御岳登山鉄道（ケーブル）……℡0428-78-8121
東京都営バス……℡0428-23-0288
国際興業バス……℡042-973-1161
西武バス……℡042-972-4123
小菅村営バス……℡0428-87-0111

■奥秩父（山梨・長野側）・大菩薩・乾徳山

山梨交通（バス）……℡0553-33-3141
山梨市営バス……℡0553-22-1111
山梨峡北交通（バス）……℡0551-42-2343
川上村営バス……℡0267-97-2121
甲州市民バス……℡0553-32-2111
栄和交通バス……℡0553-26-2344
毎日企画サービス（毎日あるぺん号）……℡03-6265-6966

■奥秩父（埼玉側）

秩父鉄道……℡048-580-6363
西武鉄道……℡04-2996-2888
西武観光バス……℡0494-22-1635

交通機関（タクシー）

■青梅駅・御嶽駅

京王タクシー……℡0428-22-2612
※奥多摩町にタクシー会社はなく、青梅からよぶ

■武蔵五日市駅

横川観光……℡042-598-0083
京王タクシー……℡042-596-1711
秋川交通……℡042-558-7411

■八王子駅・京王八王子駅

京王タクシー……℡042-642-9966
八王子交通……℡042-623-5111

■飯能駅・東飯能駅

西武ハイヤー……℡042-972-8180
埼玉第一交通……℡042-972-7221

■御花畑駅・西武秩父駅

秩父丸通タクシー……℡0494-22-3633
秩父ハイヤー……℡0494-24-8180

■塩山駅・甲斐大和駅

塩山タクシー……℡0553-32-3200
甲州タクシー……℡0553-33-3120
栄和交通……℡0120-08-6336

■山梨市駅

甲州タクシー……℡0553-22-1551
日下部タクシー……℡0553-22-1331

■山梨市牧丘町

牧丘タクシー……℡0553-35-2104

■韮崎駅

旭タクシー……℡0551-22-2331
YKタクシー……℡0551-22-2435
甲斐タクシー……℡0551-22-0255
韮崎タクシー……℡0551-22-2235

■北杜市須玉町

須玉三共タクシー……℡0551-42-2328

■信濃川上駅

川上観光タクシー……℡0267-97-2231

主な山名・地名さくいん

ヤマケイ アルペンガイド
奥多摩・奥秩父

2019年10月30日　初版第1刷発行

著者／山岳写真ASA、長沢 洋
発行人／川崎深雪
発行所／株式会社 山と溪谷社
〒101-0051
東京都千代田区神田神保町1丁目105番地
http://www.yamakei.co.jp/

■乱丁・落丁のお問合せ先
山と溪谷社自動応答サービス
TEL03-6837-5018
受付時間／10:00～12:00、
13:00～17:30（土日、祝日を除く）
■内容に関するお問合せ先
山と溪谷社　TEL03-6744-1900（代表）
■書店・取次様からのお問合せ先
山と溪谷社受注センター
TEL03-6744-1919　FAX03-6744-1927

印刷・製本／大日本印刷株式会社

装丁・ブックデザイン／吉田直人
編集／吉田祐介
編集協力／庄内春滋（山岳写真ASA）
DTP・地図製作／株式会社 千秋社

ISBN 978-4-635-01289-8

＊本書に掲載した地図の作成に当たっては、国土地理院長の承認を得て、同院発行の数値地図（国土基本情報）電子国土基本図（地図情報）、数値地図（国土基本情報）電子国土基本図（地名情報）、数値地図（国土基本情報）基盤地図情報（数値標高モデル）及び数値地図（国土基本情報20万）を使用しました。（承認番号 平31情使、第00号）

＊本書の取材・執筆にあたりましては、奥多摩・奥秩父の山小屋・宿泊施設、市町村、交通機関、ならびに登山者のみなさんにご協力いただきました。お礼申し上げます。＊本書に掲載したコース断面図の作成とGPSデータの編集にあたりましては、DAN杉本さん作成のフリーウェア「カシミール3D」を利用しました。お礼申し上げます。

写真・文

山岳写真《さんがくしゃしん》ASA《アーサー》

登山と写真撮影の両面から、技術の向上をめざす社会人山岳会（会長・渡邉明博、会員数・約50名）。1969年の創立以来、日本各地の山岳景観を撮影することを主な目的として活動し、春・夏・秋・冬それぞれの季節において、山岳写真を中心にネイチャーフォトまでの幅広い作品を残している。また、年1回の定例写真展を開催するとともに、A2判・13枚つづりのオリジナルカレンダー『岳』を継続して制作。山岳雑誌等の取材にも取り組み、自然が見せる美しい景観を多くの登山・写真愛好家と共有することをめざしている。著書に分県登山ガイド『東京都の山』（山と溪谷社刊）がある。公益社団法人東京都山岳連盟加盟。
HP：https://sangakuasa.wixsite.com/gakuasa

長沢《ながさわ》 洋《ひろし》

1958年大阪市生まれ。名古屋での高校時代にひとりで近所の山に登りはじめる。高い山や山国に憧れて山梨県の都留文科大学に進むも、結局学生時代は山登りはほとんどせず、もっぱら下界で放蕩する。卒業後は富士五湖地方に20年近く住む。そのあいだに身近な山のよさに目覚め、せっせと山梨県内の山に通う。2000年から八ヶ岳南麓の北杜市大泉町で、登山者向けの宿「ロッジ山旅」を経営。毎週木曜には主に県内の山を歩く木曜登山を実施している。日帰りのごくのんきな尾根歩きを好む。著書に分県登山ガイド『山梨県の山』（山と溪谷社刊）など。日本山岳会会員。
ロッジ山旅HP：http://yamatabi.info

「アルペンガイド登山地図帳」の取り外し方

本を左右に大きく開く

＊「アルペンガイド登山地図帳」は背の部分が接着剤で本に留められています。無理に引きはがさず、本を大きく開くようにすると簡単に取り外せます。
＊接着剤がはがれる際に見返しの一部が破れることがあります。あらかじめご了承ください。

問合せ先一覧

山小屋

雲取山荘……℡0494-23-3338
三峯神社・興雲閣……℡0494-55-0241
七ツ石小屋……℡090-8815-1597
三条の湯……℡0428-88-0616
東雲山荘……℡042-597-0501
将監小屋……℡0553-32-1044
笠取小屋……℡090-8581-9119
雁坂小屋……℡0494-55-0456
十文字小屋……℡090-1031-5352
甲武信小屋……℡090-3337-8947
金峰山小屋……℡090-4931-1998
瑞牆山荘……℡0551-45-0521
大日小屋（富士見平小屋）……℡090-7254-5698
富士見平小屋……℡090-7254-5698
村営金峰山荘……℡0267-99-2428
大弛小屋……℡0553-22-1111
ロッヂ長兵衛……℡090-3149-0964
福ちゃん荘……℡090-3147-9215
介山荘……℡090-3147-5424
丸川荘……℡090-3243-8240

県庁・県警本部・市町村役場

東京都庁……℡03-5321-1111
埼玉県庁……℡048-824-2111
山梨県庁……℡055-237-1111
長野県庁……℡026-232-0111
警視庁青梅警察署……℡0428-22-0110
警視庁五日市警察署……℡042-595-0110
埼玉県警察本部……℡048-832-0110
山梨県警察本部……℡055-221-0110
長野県警察本部……℡026-233-0110
青梅市役所……℡0428-22-1111
日の出町役場……℡042-597-0511
奥多摩町役場……℡0428-83-2111
檜原村役場……℡042-598-1011
あきる野市役所……℡042-558-1111
秩父市役所……℡0494-22-2211
飯能市役所……℡042-973-2111
丹波山村役場……℡0428-88-0211
小菅村役場……℡0428-87-0111
北杜市役所……℡0551-42-1111
甲府市役所……℡055-237-1161
甲斐市役所……℡055-276-2111
韮崎市役所……℡0551-22-1111
山梨市役所……℡0553-22-1111
甲州市役所……℡0553-32-2111
大月市役所……℡0554-22-2111
川上村役場……℡0267-97-2121

交通機関

西東京バス（五日市）……℡042-596-1611
西東京バス（氷川）……℡0428-83-2126
御岳登山鉄道（ケーブル）……℡0428-78-8121
東京都営バス……℡0428-23-0288
国際興業バス……℡042-973-1161
小菅村営バス……℡0428-87-0111
山梨交通（バス）……℡0553-33-3141
山梨市営バス……℡0553-22-1111
山梨峡北交通（バス）……℡0551-42-2343
川上村営バス……℡0267-97-2121
甲州市民バス……℡0553-32-2111
栄和交通（バス・タクシー）……℡0553-26-2344
毎日企画サービス……℡03-6265-6966
秩父鉄道……℡048-580-6363
西武鉄道……℡04-2996-2888
西武観光バス……℡0494-22-1635
京王タクシー（青梅駅・御嶽駅）……℡0428-22-2612
横川観光（武蔵五日市駅）……℡042-598-0083
京王タクシー（武蔵五日市駅）……℡042-596-1711
京王タクシー（八王子駅・京王八王子駅）……℡042-642-9966
八王子交通（八王子駅・京王八王子駅）……℡042-623-5111
西武ハイヤー（飯能駅・東飯能駅）……℡042-972-8180
埼玉第一交通（飯能駅・東飯能駅）……℡042-972-7221
秩父丸通タクシー（御花畑駅・西武秩父駅）……℡0494-22-3633
秩父ハイヤー（御花畑駅・西武秩父駅）……℡0494-24-8180
塩山タクシー（塩山駅・甲斐大和駅）……℡0553-32-3200
甲州タクシー（山梨市駅）……℡0553-22-1551
牧丘タクシー（山梨市牧丘町）……℡0553-35-2104
旭タクシー（韮崎駅）……℡0551-22-2331
YKタクシー（韮崎駅）……℡0551-22-2435
須玉三共タクシー（北杜市須玉町）……℡0551-42-2328
川上観光タクシー（信濃川上駅）……℡0267-97-2231

1:50,000
0 1km
N

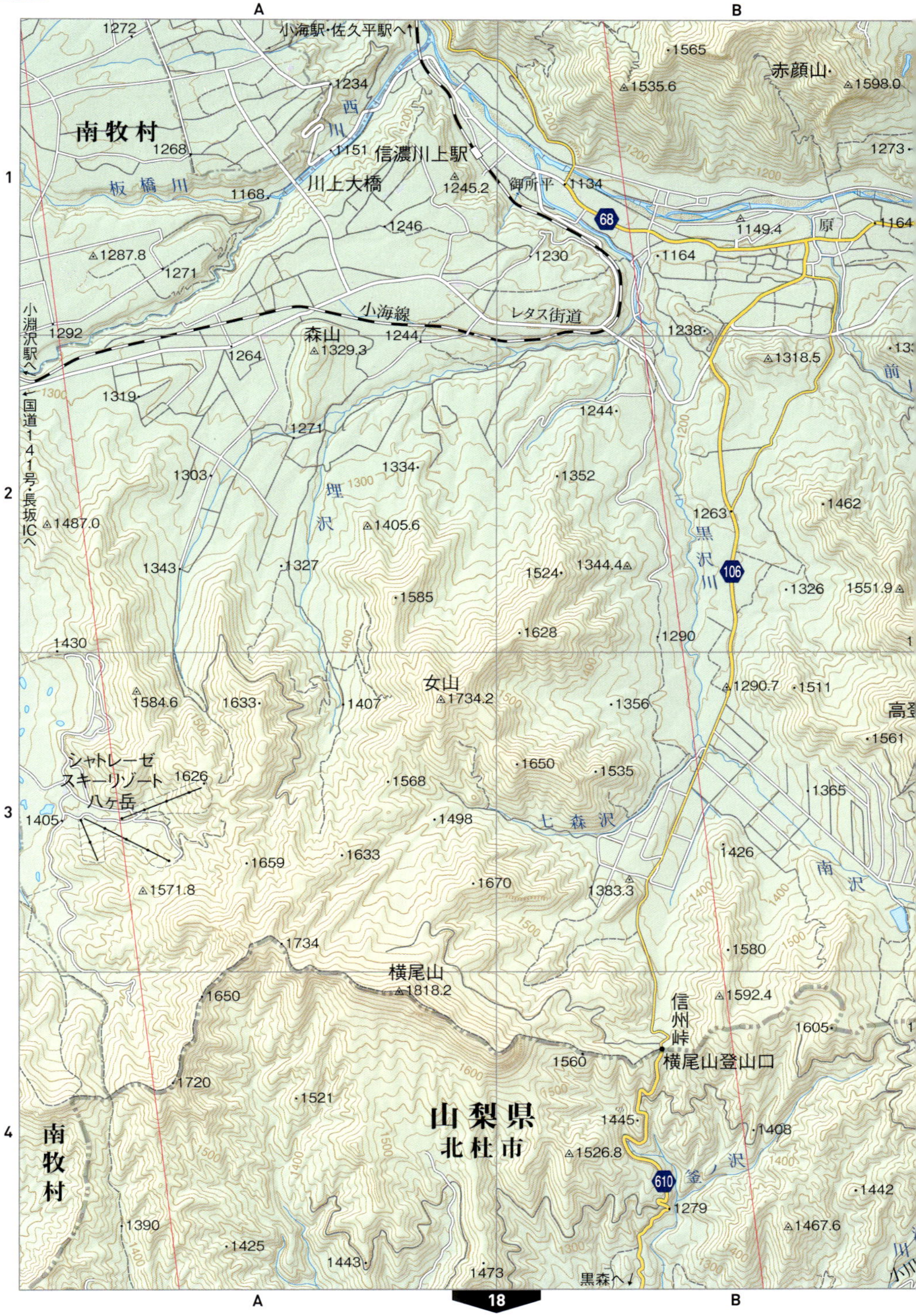
A
B
1
2
3
4
小海駅・佐久平駅へ
南牧村
西川
信濃川上駅
川上大橋
板橋川
御所平
1134
68
原
1164
赤顔山
1598.0
1565
1535.6
1273
1149.4
1272
1234
1268
1151
1168
1245.2
1246
1230
1287.8
1271
小海線
レタス街道
小淵沢駅へ
1292
森山
1329.3
1244
1264
1238
1318.5
前
1319
国道141号・長坂ICへ
1271
1244
1303
1334
1352
埋沢
1405.6
1487.0
1263
1462
黒沢川
106
1343
1327
1524
1344.4
1326
1551.9
1585
1628
1290
1430
女山
1734.2
1290.7
1511
1584.6
1633
1407
1356
高登
1561
シャトレーゼ
スキーリゾート
八ケ岳
1626
1405
1650
1535
1568
1365
七森沢
1498
1659
1633
1426
南沢
1571.8
1670
1383.3
1734
1580
横尾山
1818.2
1650
信州峠
1592.4
1605
横尾山登山口
1560
1720
1521
山梨県
北杜市
1445
1408
南牧村
1526.8
釜ノ沢
610
1442
1279
1390
1467.6
1425
1443
1473
黒森へ
小川
A
B

1:50,000
0
1km
N
19
17
15
C
D
1
2
3
4
林道終点へ
遊歩道
不動滝へ
摩天岩
夫婦岩
弁天岩
小川山へ
2290
眺めのよいピーク。巻き道あり
廻り目平へ
1722
西股沢
車道を歩いても時間に大差はない
芝生広場
シャクナゲ多い
2230
瑞牆山
大ヤスリ岩
急坂
•2213
眺めのよい岩峰
丸太橋を渡る
林道終点
•2061
ヨバリ沢
1859
八丁平分岐
八丁平
天鳥川
美しい樹林帯
2062
天鳥川源流
桃太郎岩
2058
廻り目平分岐
砂洗沢
中ノ沢
最終水場
中間点
1583
道標あり
林道を歩く
飯森山
2116
2420.2
里宮
1722
横八丁
縦八丁
大日岩
2201
瑞牆山、八ヶ岳の展望がよい
長野県
川上村
1482
宮平
山荘
トイレ
富士見平小屋
•1844
大日小屋
素泊まり
シャクナゲ
2302
金峰山小屋
トイレ
賽の河原
ケルンが多い
0:25
0:30
みずがき山荘
富士見林道
鷹見岩への分岐あり
2092.6
鷹見岩
金山峠
金山山荘
1616
金山沢
1901
樹林帯の長い登り
2317
森林限界
砂払ノ頭
森林限界
金峰山
2595.2
2599
2497
千代の吹上
朝日岳
2579
展望あり
朝日峠へ
2531
鉄山
1388
金山平
1570
五丈岩
1:00
0:50
1:10
1:30
0:20
0:10
大展望の頂。三角点は2595.2m、最高点は2599mで、三角点横の岩の上
•2235
•1636
•1850
五里山
1673.4
金山沢
•1722
表参道
ケイオウ谷
三繩沢
2333
八幡尾根
八幡山
2088
2023
御室小屋跡
御室川
大弛峠へ
アコウ平
1520
枇杷窪沢
林道
•2126
1880
荒川
1454
•1647
•2035
甲府市
1968
水晶峠
•1945
クリスタルライン
1910
アコウ沢
•1614
1883.5
•1769
神子ノ沢
1830.7
川上牧丘林道
1798
1770
1680
1692
金石沢
1558
•1640
伝丈沢
1421
1873
1566
の平林道
1569
荒川
1709.7
1493
柳平へ
•1660
•1427
御岳林道
1516
1533
山梨市
1460
1348
1664
1446
1514.7
1758.1
1733

A
19
B
1
2
3
4
1443
1473
黒森鉱泉
信州峠へ
1332
クリスタルライン
みずがき
自然
みずがきランド
黒森
1234
本谷釜瀬林道
1272
1517.1
1122
1405.6
1170.6
釜
瀬
川
1522
1181.4
1356
1442
1201
1386
1324
自然学園高
610
1286.7
1141
1204
1351
須玉町小尾
1040
1246.9
1420
1661.6
1056
1181
1234
1322.1
工藤耀日美術館
1067
1137.5
1244.5
1343
鹿鳴峡大橋
須玉町東小尾
増富ラジウム鉱泉
994
1027
本
谷
川
1139
増富の湯
本谷釜瀬林道
1094
通仙峡
1082
みずがき湖
23
1282
1080
塩川ダム
1382.5
1236
みずがき山
リーゼンヒュッテ
須玉町塩川
塩川トンネル
1014.3
1192
1628
塩
川
23
1071
山梨県
北杜市
須玉町比志
1713.9
1507
909.6
1000
1242
須玉IC・韮崎駅へ
1109.0
1637
1421
1425
984
樫山林道
813
1196
987
1486
小森川
1303
1630
1042.8
大
沢
川
1395.4
1571
長窪峠
1059
小森川林道
996
1293
1130
1222
1559
1449.4
1363
1301
1574
A
17
B

1:50,000
0
1km
N
18
14
C
D
1
2
3
4
山梨県
甲府市
山梨市
倉沢山
1762
1733
荒川林道
1652
1486
1488
1408
1446
1386
1267
1106
1072
精進沢
御岳林道
奥仙丈林道
1547
1462
1107
986
荒川
乙女高原
1676
1724.3
1680
柳平へ
1522.1
1545
1118
野猿谷林道
1421
1364.7
1361.1
1482
1344
1231
874
1234
中津森
1475
1263
1284
塩平
1063
1286
敷谷
板敷渓谷
野猿谷
1332.6
1412
山梨市
ツネ水ヶ森林道
815
大滝
1062
1301
1190
1105
鼓川
846
1255
206
12
能泉湖
1386
1146
1032.2
1384
915
水ヶ森
1553.2
弓張峠
978
1382.9
1098
牛捕
858
高成川
水ヶ森林道
1024
1144
810.9
牧丘へ
989
高成町
1084
1093
赤芝川
1309
1193
1027
1307.0
日向沢
879
帯那山
1422.4
1142
1381
1030
1347.6
1282
909
林道三叉路
八ヶ岳明野PICA
908
東光
金ヶ岳へ
茅ヶ岳登山道入口
バス停へ
893.6
栃沢川
1:50
千本桜
1076.3
林道前山大明神線
深田記念公園へ

北杜市
金ヶ岳
北峰
1764
南峰
石門
茅ヶ岳
1704.0
女岩のコル
女岩
火口の縁を歩く。スリップ注意
富士山方向の眺めよし
歩きやすい道
深田久弥終焉の地
防火線道あり。この道を下山路としてもよい
水場は立入禁止
ここまで古い車道あり
※右図へ続く
0:15
0:35
0:40
2:00
1:10
0:15
0:20
0:25
0:40
1:50
1:10
1:00
林道三叉路へ
林道前山大明神線
ソーラー発電所
ゴルフ場
深田記念公園
大明神
月・火・木・金曜のみ
富士サクラリゾート
ホッチ峠
深田記念公園駐車場
饅頭峠
甲斐市
観音峠
観音峠大野山林道
曲岳
1642.8
ノースランドキャンプ場
平見城公民館
平見城
大明神林道
上芦沢
亀沢川
太刀岡山
1322
黒富士
1633
草鹿沢町
金桜神社
御岳町
上福沢
敷島CC
下福沢
下菅口
前原
パノラマ台駅
昇仙峡ロープウェイ
羅漢寺山
1058.3
鎧岩
五月雨岩
登竜岩
猿岩
韮崎市
CCグリーンバレイ
韮崎IC・韮崎駅へ
穂坂町柳平
獅子平
竜王駅へ
大机
1076.3
1449.4
1363
1500
1400
1339
1404
1368
1301
1415
1574
1496
1624
1462
1427
1259
1306
1376
1540
1516
1114
1120.7
1217
1122
1210
1148
1160
1069
1194.9
1192
933
990
1043
1054
999
862
1034.9
895
1124.3
1295.7
896
908
913
920.6
836
897
991.2
742.4
732
908
774
847
919.7
829.5
822
853
805
788
717.0
986
760
785
740
565
839
703.0
684
613
772.7
732
630
597
657
621.4
663
727
624
27
101
7
A
B
1
2
3
4
18

1:50,000
0
1km
N
C
D
1
2
3
4
13
15
中津川・秩父へ
1554
1595
1181
1446.7
1451
834
1359
大若沢
金山沢
1011
1248
金蔵沢
1047
中津川
1476
大山沢
1544
1197
1342
1372
1142
長滑沢
1100
1607
1585
1356
1446
白泰山
避難小屋
1586
1506
三里観音
1729
赤沢山
1819.1
1818
白泰尾根
栃本へ
1174
弁慶岩
1879
1691
1785
1458
1860
大山
1608
1690
赤沢谷
1922
のぞき岩
1867
1480
1384
1189
白泰沢
1548
四里観音避難小屋
1610
十文字峠
十文字小屋
十文字山
2072.1
1550
トイレ
1845
1290
シャクナゲが
みごと
四里観音
埼玉県
秩父市
1:00
0:50
東沢
カモシカ
展望台
乙女の森
クサリ場
1796.0
大山
2225
1552
1546
1230
股ノ沢林道
1637
股ノ沢
荒川起点へ
展望あり
稜線の西側を巻く
2226
柳避難小屋
頂上は立入禁止
1212
武信白岩山
1767
1279
2288
展望よし
2190
真の沢
1342
金山沢
1280
尻岩
1539
真ノ沢林道(廃道)
1521
1458
2:00
2:30
三宝山
2483.5
埼玉県の
最高点
三宝岩
1808
1762
1595
川又へ
2398
真ノ沢
1894
木賊沢
大荒川沢
小荒川沢
1604
(甲武信岳)
甲武信ヶ岳
0:40
大展望
2053
2018
2475
0:15
破風山(笹平)避難小屋
甲武信小屋
賽の河原
0:20
0:15
地蔵岩展望台
2:00
2:20
2468.8
0:20
0:15
木賊山
西破風山
2317.8
2113
1:10
1:50
2141
1:20
1:40
笹平
1734
場。甲武信岳と
山の眺めあり
合流点へ
20分下る
2178.2
2180
雁坂嶺へ
雁坂峠へ

A
B
1
2
3
4
三国峠
悪石
1850.0
中津川林道
扇平山
1700.6
秋山沢
所並川
本沢
信濃川上駅へ
秋山中央
秋山
千曲川
梓山
68
あちばけダム
あちばけ湖
金峰山神社
梓湖
戦場ヶ原
蓬一号橋
蓬二号橋
原沢
毛木平
トイレ
1:30
1:25
大岩
1590
長野県
川上村
マキヨセの頭
五郎山
2131.9
大山祇神社
慰霊碑
川端下
町田市民休暇村
シボコリ窪
1969.5
滑滝
千曲川源流遊歩道
西沢
1:30
1:45
1:10
1:25
梓川
金峰山川
長峰
2065.4
2072
2249.6
地蔵沢
金峰ふれあいの森
1615
1:00
1:20
廻り目平へ
川上牧丘林道
東股沢
唐松久保沢
東沢
沢を何度も渡り返す
富士見
2373
展望なし
両門ノ頭
イワカガミ
2263
展望あり
0:30
山梨県
山梨市
雨降山
2156
大弛峠へ
東梓へ
2:2

19

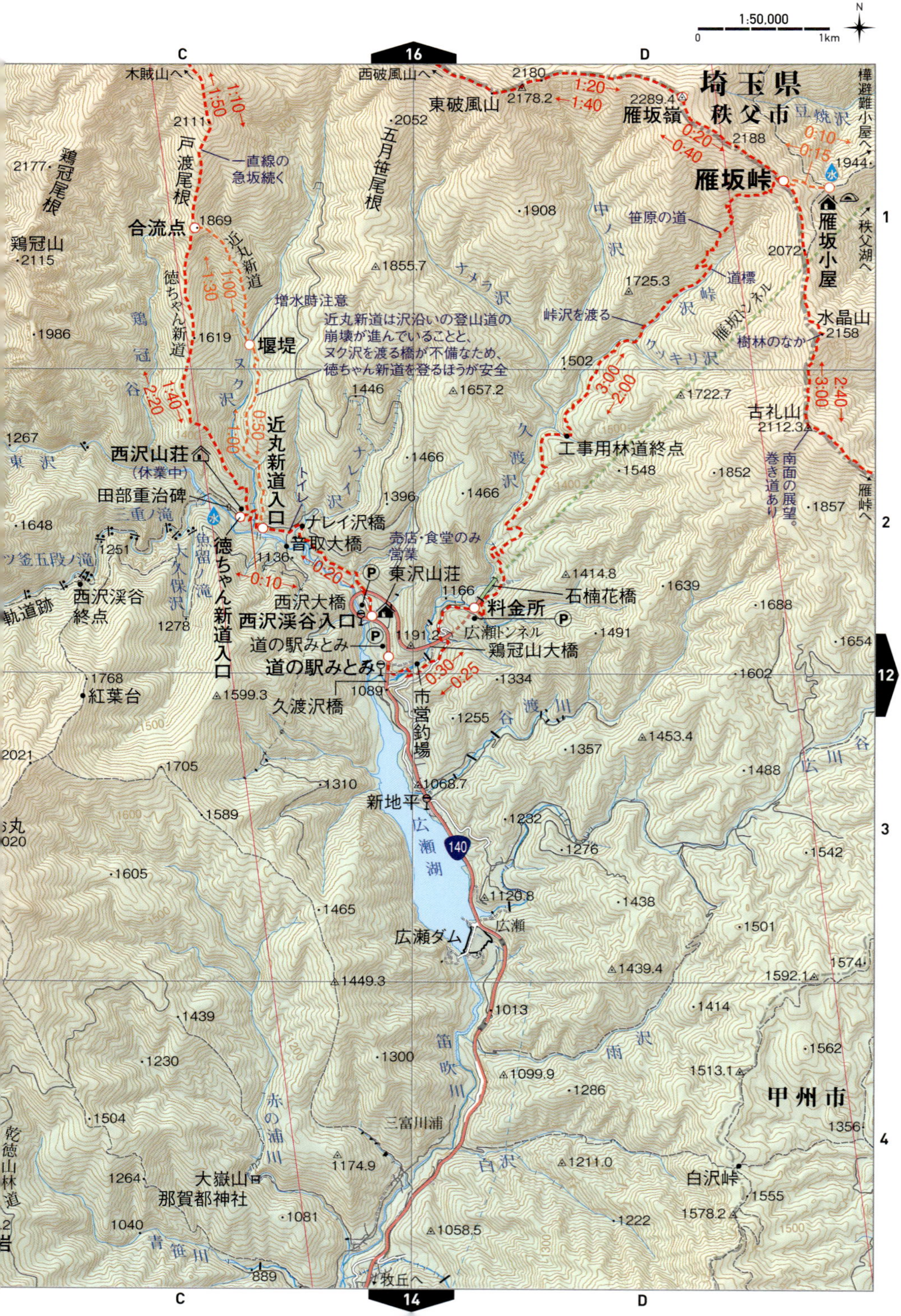
1:50,000
0
1km
N
C
16
D
木賊山へ
西破風山へ
2180
2178.2
東破風山
2289.4
雁坂嶺
埼玉県
秩父市
2188
豆焼沢
樺避難小屋へ
1:10
1:50
1:20
1:40
0:20
0:40
0:10
0:15
1944
雁坂峠
雁坂小屋
秩父湖へ
2111
戸渡尾根
2177
鶏冠尾根
一直線の急坂続く
2052
五月笹尾根
1908
中ノ沢
笹原の道
2072
合流点
1869
近丸新道
鶏冠山
2115
1855.7
ナメラ沢
1725.3
道標
1:00
1:30
徳ちゃん新道
増水時注意
峠沢を渡る
雁坂トンネル
水晶山
2158
1986
鶏冠谷
1619
近丸新道は沢沿いの登山道の崩壊が進んでいることと、ヌク沢を渡る橋が不備なため、徳ちゃん新道を登るほうが安全
堰堤
樹林のなか
クツキリ沢
1502
1:40
2:20
ヌク沢
1446
1657.2
3:00
2:00
1722.7
2:40
3:00
古礼山
2112.3
0:50
1:00
近丸新道入口
1267
東沢
西沢山荘
(休業中)
1466
久渡沢
工事用林道終点
1548
1852
南面の展望。巻き道あり
雁峠へ
田部重治碑
三重ノ滝
トイレ
ナレイ沢
1396
1466
1857
1648
ナレイ沢橋
音取大橋
売店・食堂のみ営業
1251
ツ釜五段ノ滝
大久保沢
魚留ノ滝
1136
0:20
東沢山荘
1414.8
石楠花橋
0:10
1166
料金所
1639
西沢渓谷終点
軌道跡
西沢大橋
1688
徳ちゃん新道入口
西沢渓谷入口
広瀬トンネル
1491
1278
道の駅みとみ
1191.2
鶏冠山大橋
1654
道の駅みとみ
0:30
0:25
12
1768
1089
1334
1602
紅葉台
1599.3
久渡沢橋
市営釣場
1255
谷
渡川
1453.4
2021
1357
1705
1488
広川
1310
1068.7
新地平
1589
1232
丸
020
広瀬湖
140
1276
1542
1605
1120.8
1438
1465
広瀬
1501
広瀬ダム
1574
1439.4
1592.1
1449.3
1013
1414
1439
1562
1300
1230
笛吹川
1099.9
1513.1
雨沢
1286
甲州市
1504
赤の浦川
三富川浦
1356
乾徳山林道
1174.9
1211.0
白沢
白沢峠
1264
大嶽山
那賀都神社
1555
1578.2
1081
1222
1040
青笹川
1058.5
889
牧丘へ
14
1
2
3
4

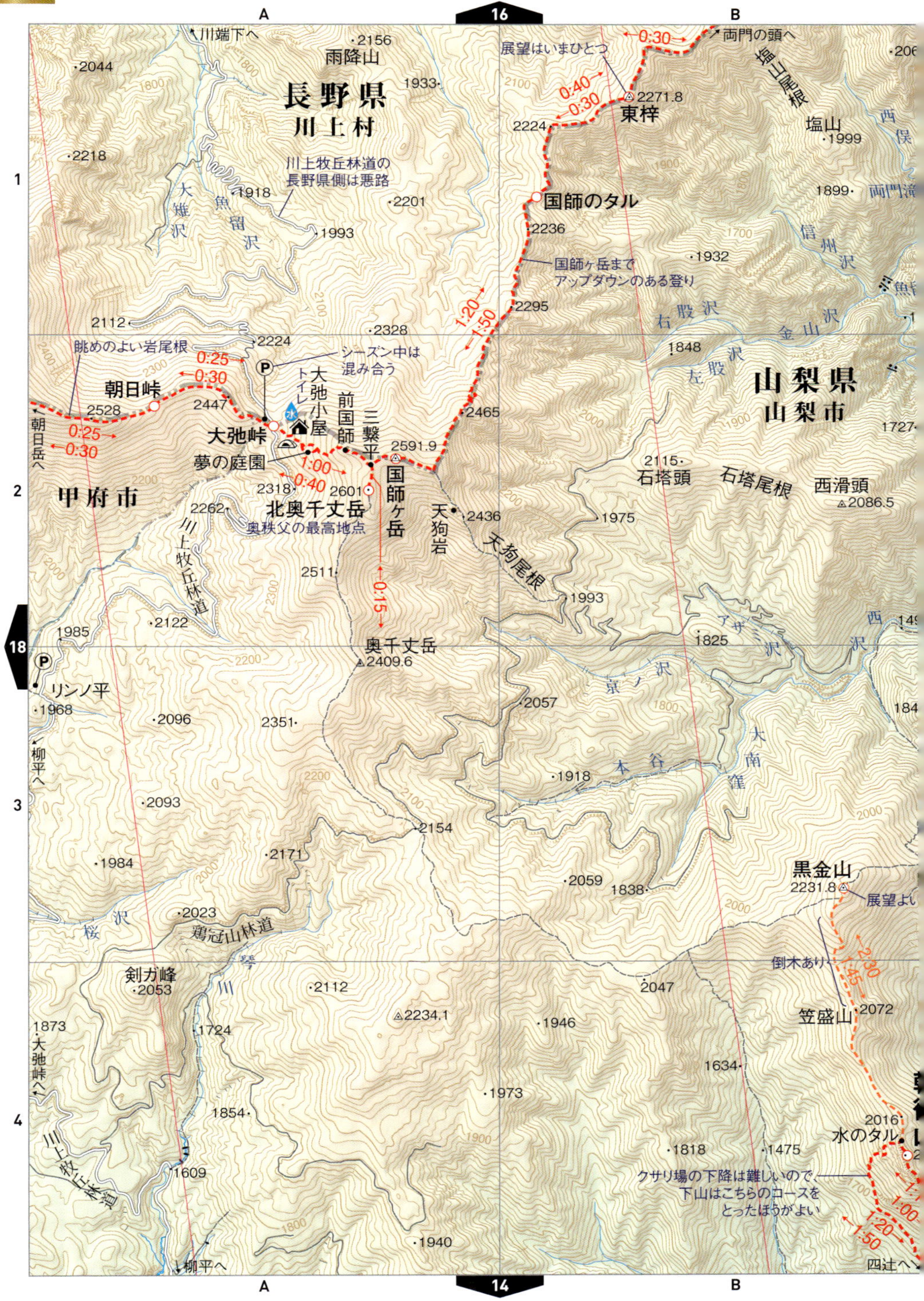

A
B
16
14
18
1
2
3
4
長野県
川上村
山梨県
山梨市
甲府市
川端下へ
雨降山
2156
2044
1933
2218
川上牧丘林道の
長野県側は悪路
1918
2201
1993
大嵺沢
魚留沢
2112
2224
2328
眺めのよい岩尾根
0:25
0:30
シーズン中は
混み合う
朝日峠
2528
2447
大弛小屋
トイレ
前国師
三繋平
2591.9
大弛峠
夢の庭園
1:00
0:40
2318
2601
北奥千丈岳
奥秩父の最高地点
国師ヶ岳
天狗岩
2436
天狗尾根
2262
川上牧丘林道
2511
0:15
2122
1985
リンノ平
1968
柳平へ
奥千丈岳
2409.6
2096
2351
2093
1984
2171
2154
2023
桜沢
鶏冠山林道
琴川
剣ガ峰
2053
2112
2234.1
1873
大弛峠へ
1724
1854
1609
川上牧丘林道
柳平へ
1940
1973
1946
朝日岳へ
展望はいまひとつ
0:30
両門の頭へ
0:40
0:30
2271.8
東梓
2224
塩山尾根
塩山
1999
国師のタル
2236
国師ヶ岳まで
アップダウンのある登り
1932
1:20
1:50
2295
右股沢
金山沢
1848
左股沢
2465
1899
両門ノ滝
信州沢
魚止
2115
石塔頭
石塔尾根
西滑頭
2086.5
1975
1993
1825
アザミ沢
西沢
京ノ沢
2057
1918
本谷
大南窪
2059
1838
黒金山
2231.8
展望よし
倒木あり
2:30
1:45
2047
笠盛山
2072
1634
2016
水のタル
1818
1475
クサリ場の下降は難しいので、
下山はこちらのコースを
とったほうがよい
1:00
1:20
1:50
四辻へ

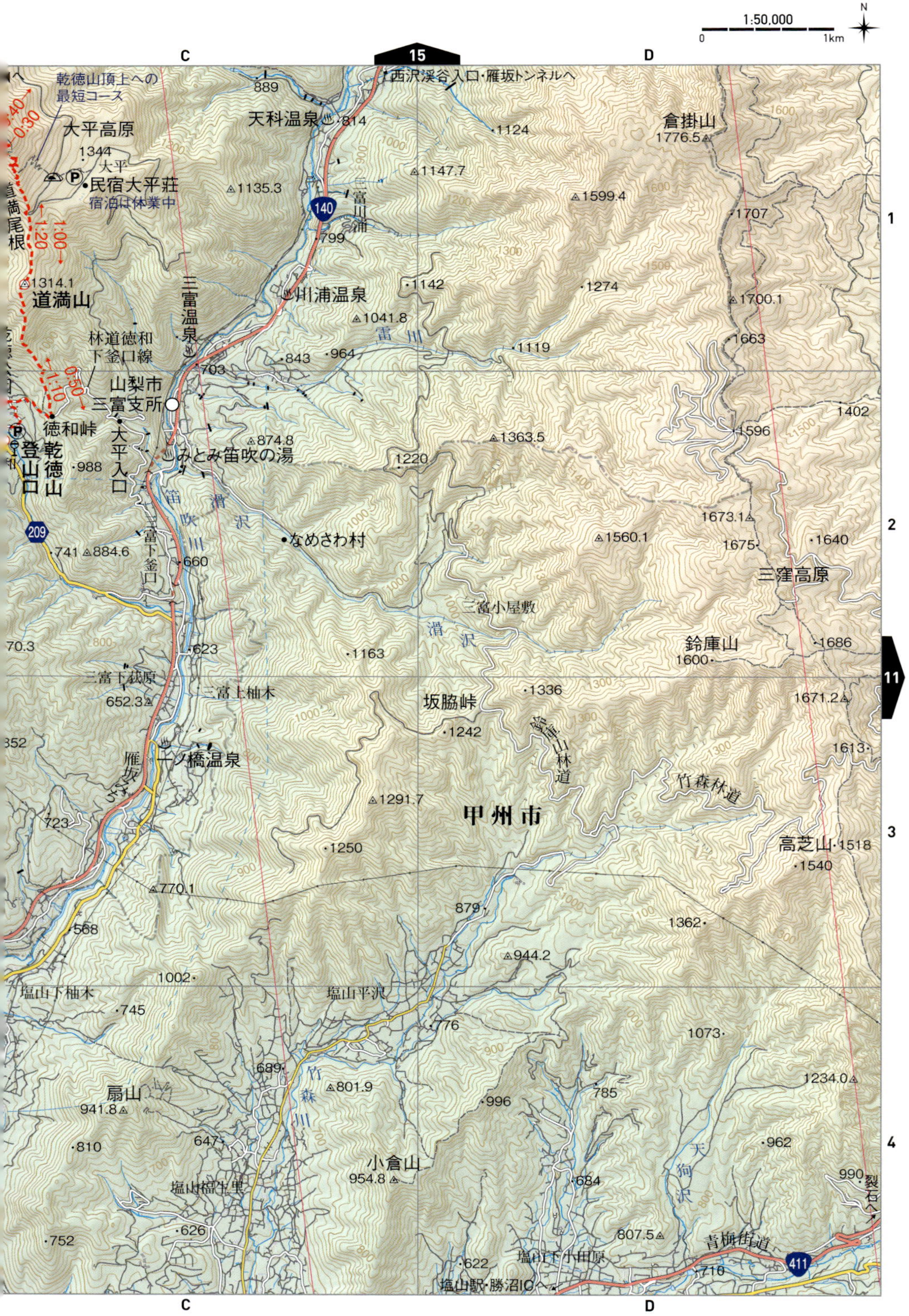
1:50,000
0
1km
N
15
11
C
D
1
2
3
4
乾徳山頂上への最短コース
大平高原
1344
大平
民宿大平荘
宿泊は休業中
道満尾根
1314.1
道満山
林道徳和下釜口線
徳和峠
乾徳山登山口
988
209
741
884.6
山梨市三富支所
大平入口
889
天科温泉
814
1135.3
140
799
富川浦
三富温泉
川浦温泉
1041.8
1142
703
843
964
富川
1124
1147.7
1599.4
1274
1119
倉掛山
1776.5
1707
1700.1
1663
西沢渓谷入口・雁坂トンネルへ
874.8
みとみ笛吹の湯
1220
1363.5
笛吹川
滑沢
なめさわ村
富下釜口
660
623
1163
1560.1
三富小屋敷
滑沢
1596
1402
1673.1
1675
1640
三窪高原
鈴庫山
1600
1686
三富下荻原
652.3
三富上柚木
坂脇峠
1336
1242
1671.2
1613
雁坂みち
一ノ橋温泉
鈴庫山林道
竹森林道
1291.7
甲州市
723
1250
高芝山
1518
1540
770.1
568
879
1362
944.2
1002
塩山下柚木
745
塩山平沢
776
1073
689
竹森川
801.9
扇山
941.8
996
785
1234.0
810
647
小倉山
954.8
962
天狗沢
塩山福生里
684
990
裂石へ
752
626
807.5
青梅街道
622
塩山下小田原
411
716
塩山駅・勝沼ICへ
70.3
352
1:00
1:20
0:40
0:30
0:50
1:10

14 乾徳山登山口・三富温泉郷

1:50,000
0
1km
N
C
D
1
2
3
4
小鹿野町
367
140
278
小森川
滝沢園地
奥秩父もみじ湖
滝沢ダム
芋平沢
庚申沢
小双里
中津川
大滝
げんきプラザ
上中尾
麻生
二瀬
二瀬ダム
秩父湖
荒川
落合
道の駅
大滝温泉
宮平
総合支所
秩父市大滝
三十槌の氷柱
ウッドルーフ奥秩父
オートキャンプ場
神岡
奥秩父神庭
オートキャンプ場
御岳山
宿泊・入浴可
興雲閣
三峯神社
三峯山博物館
三峰観光道路
三峰
三峯神社
登山届ポスト
三峰ビジターセンター
表参道
一部コースが
荒れている
三峯奥宮
妙法ヶ岳
展望
妙法ヶ岳分岐
二股桧
炭焼平
雲取林道
大洞川
門前市沢
サメ沢
相名倉沢
戸手沢
大除沢
ルートファインディング
力を要求されるコース
三峰口駅へ
地蔵峠へ
名倉山
白石山）
1:10
0:55
0:40
0:35
0:55
0:40
0:40
0:30
9
12

A
B
1
2
3
4
16
12
中津川・川上へ
相原沢
深沢
大滑沢
中津峡
210
高雷電山トンネル
赤岩トンネル
芋掘トンネル
雷電坂橋
白泰山避難小屋
二里観音
十文字小屋へ
白泰山
白泰尾根
一里観音
塩沢もみじ橋
井戸沢
中津川大橋
山の神峠
大峠トンネル
栃本
栃本関跡
矢竹沢
入川林道
入川
川又
「一般河川荒川起点」石碑あり
荒川起点
十文字小屋へ
水ノ本
雁坂みち
滝川
久度ノ沢
埼玉県
秩父市
突出峠
140
ゴボゴボ水
樺避難小屋
雁坂峠へ
豆焼橋
トウゲリ沢
雁坂大橋
豆焼沢
雁坂トンネル
道の駅みとみ・甲州へ
曲沢
1461
1359
938
1030
1424
1297
1441
1561.1
1198.6
908
1383
1546
1321
766
574
1129
1589
1236
721
1418
1135
919
770
1350
1574
1794.1
1150
926
820
1395
1273
1227
1206.6
1122
1480
1002
1557
1038
1189
712
636
1359
750
991
853
1163
1232.9
1103
1298
786
1058
1173
1241
1489
1423
874
1326
1669
1658
1473.2
1310
1489
1264
1558.7
1822
1762
910
1516
935
1343
857
1865
1534
1428
1204
1432
1734
1511
1682

1:50,000
0
1km
N
13
C
D
和名倉山
(白石山)
2036.2
針葉樹林帯。倒木あり
岩稜帯。シャクナゲ多い
に大展望が広がる。方向注意
埼玉県
秩父市
市ノ沢
樽沢
鷹ノ巣沢
大聖沢
惣小屋谷
荒沢谷
桂谷
井戸沢
槇谷
前白岩ノ肩
白岩山、芋ノ木ドッケへ
大ダワ
男坂
女坂
雲取ヒュッテ跡
田部重治レリーフ
トイレ
雲取山荘
富田治三郎レリーフ
巻き道
巻き道は通行止め
雲取山
2017.1
大展望
雲取山避難小屋
三条ダルミ
小雲取山
富田新道入口へ
2019年3月閉鎖
雲取奥多摩小屋
五十人平
ブナ平へ
ヨモギ尾根
青岩鍾乳洞
立入禁止
青岩谷
青岩鍾乳洞分岐
青岩谷橋
後山林道終点
929
奥後山
1466.4
後山林道
茂岳沢
笛ヶ滝
塩沢橋へ
シオ沢
ピークはすべて南側を巻いていく
三ツ山
1949.3
広い草地
狼平
1746
1826
1775
栈道が連続
北天のタル
三ツ岩
1967
栈道多い
孫左衛門尾根
中ノ尾根
カンバ谷
三条沢
三条の湯
沢の高巻き道
水無尾根
迂回路
大常木山
1962
大ダル
1847
飛龍山
(大洞山)
2069.2
2077
展望よし
禿岩
飛龍権現
近道は踏み跡程度
2077mの最高点にはなにもない
シャクナゲ多い
シャクナゲ
尾根の西側を歩く
前飛龍
1954
岩の積み上がった小ピーク。眺めよし
長尾根
ミサカ尾根
権現谷
大常木谷
岩岳尾根
山梨県
丹波山村
露岩の多い急登
アセビの多い山頂
1624.0
(火打岩)熊倉山
サオラ峠へ
サオラ峠へ
11
1:30
1:50
0:40
2:30
2:20
0:30
0:40
1:30
2:10
3:00
2:30
0:20
0:15
0:30
0:40
0:30
0:35
2:20
2:30
1:20
2:00
1:00
1:15
0:25
0:35
0:45
0:25
0:25
0:35
0:20
0:25
0:30
0:40
0:20
0:30
1
2
3
4
8

12 雲取山・飛龍山・唐松尾山・笠取山・和名倉山

1:50,000
0
1km
N
C
D
12
10
6
1
2
3
4
前飛龍へ
三条の湯へ
後山林道終点・三条の湯へ
なだらかな
広い尾根道
後山林道
塩沢橋
711
後山橋
黒滝橋
658
片倉橋へ
1477
屈曲部注意
サオラ峠
1382
1167
小常木谷
火打石谷
1106
1144
山王沢の標識
山腹道。
道の悪い箇所あり
熊倉沢
堰堤を渡る
1343.0
丹波天平
1175
天平尾根
894
665
奥秋
林道終点
青梅街道
丹波川
丹波役場前
丹波小
丹波
道の駅たばやま
丹波山温泉
丹波山温泉
のめこい湯
1118
保之瀬天平
親川バス停へ
1021
丹波中
奥秋キャンプ場
656
632
ムジナ沢
雄滝
雌滝
甲武キャンプ村
保之瀬
芦沢山
1272.0
1148
ローラーすべり台
押垣外
お祭バス停・奥多摩駅へ
山梨県
丹波山村
1024
越ダワ
マリコ橋
崩落あり。
通過注意
1036
藤ダワ
マリコ川
1082
砥沢山
1458
1246
大指尾根
ウズモ山
1066
展望よい
大丹波峠
1257
鹿倉山へ
今川
1110
今倉山
(サカリ山)
1541.7
中指山
1314.6
18
宮川
1034
1327
奥多摩湖・奥多摩駅へ
1465
追分
大菩薩峠東口
(橋立下)
678
川久保
小菅小
小菅中
田元橋
638
丹波大菩薩道
1297
橋立
508
ノーメダワ
712
小菅川
橋立上
役場前
139
白糸ノ滝
赤沢
855
804
小菅大菩薩道
高指山
小菅の湯へ
モロクボ平
ルート注意
棚倉沢
山沢
726
矢下沢
1387
1167
小菅村
1169
1274
小菅川
1185
牛ノ寝
狩場山
1376
大ダワ
大マテイ山
1409.2
牛ノ寝通り
1354
1352
ショナメ
石仏
大月市
1429.4
榧ノ尾山
曲り尾根
道標に「棚倉」とある
ヒロヨン尾根
1090
山口尾根
1326
鶴寝山
1368
金小屋沢
1133
松姫峠へ
1172
1:20
2:00
2:20
2:30
1:00
1:15
0:45
0:55
2:00
1:10
1:20
1:00
1:20
1:00
0:40
0:50
2:15
1:35
1:45
2:20
1:30
1:40
1:00
1:40

11 大菩薩嶺・黒川鶏冠山

1:50,000
0
1km
N
11
C
D
5
1
2
3
4
山梨県
大月市
大沢
下沢
上室川
山口沢
シンケイタキ沢
松姫湖
葛野川ダム
松姫トンネル
小菅へ
139
大月へ
長峰
白草ノ頭
1326.4
1197
1024
1256
1268
1090
997
1090
906
1032
1143
939.6
葛野川
マンノ沢
805
755
シオジの森ふかしろ湖
1342
1268
大樺沢
1392
1591
1417
小石屋沢
シオジの森
1357
1255
1026
大樺ノ頭
1776.7
1597
1164
510
1409
大峰
1420.7
1403
奈良子林道
1454
1177
大峠
雁ヶ腹摺山
1874
1298
1252
1067
1651
姥子山
1503
1327
1616
本沢
899
1164
1205
1516
シロイハタ
759
矢竹
604
小俣川
七保町奈良子
1522
1159
1009
1112.7
金山峠
1177
1498.6
1366
715
用沢川
用沢
1070
土沢
1006.2
867
大月町真木
金山鉱泉
613
1205
小俣川
大月へ
929
884.5

10 小金沢連嶺

A
B
11
1
2
3
4
大菩薩峠へ
石丸峠
榧ノ尾
小屋平
天狗棚山
1957
米代
狼平
草原
1643
1:10
0:50
1:20
1:10
1:00
1:40
砥山
1604.5
上日川峠
ロッヂ長兵衛
1537
砥山峠
1040
898
1024
砥山林道
1637
1267
983
大菩薩湖
姫ノ湯沢
砥山林道
尾根の西側を通る
1596
1648
小金沢連嶺
小金沢山
2014.4
富士山の展望よい
上日川ダム
1634
1621
大菩薩湖入口
1391
雨ノ沢
1317
甲州市
ペンションすずらん
1627.1
1708
0:40
0:45
1985
ササの道
富士山の展望よい
1828
牛奥ノ雁ヶ腹摺山
1024
県道大菩薩初鹿野線
1461
日川林道
この道を下ってもよい。大菩薩湖入口バス停へ1時間20分
下日川峠
1164
1336
1397
1622
1806
シャクナギダル
218
1510
日川
1852
源次郎岳
1476.6
1394
川胡桃沢ノ頭
1466
1965
大峠〜黒岳間登り1時間20分、下り50分
1:10
1637
嵯峨塩深沢林道
1481
1287
大木賊沢
1651
黒岳
1987.6
1等三角点
1624
避難小屋
湯ノ沢峠
トイレ
1573
荒れ気味の道
1713
0:40
1:00
白谷ヶ丸
1223
嵯峨塩鉱泉
嵯峨塩
1288
1486
0:40
0:50
コース最後の展望地
1373
1419
舗装路出合
湯ノ沢峠
1750
1582
1687
1464
林道歩き
1277
大蔵高丸
1781
1132
1512.1
林道小金沢
1:00
1:20
焼山沢
1413.5
1340
焼山沢真木林道
1521
1369
湯の沢
ハマイバ丸
1752.0
1292
竜門峡
大和町木賊
1453
1209
栖雲寺
白岩
1382
1151.7
1273
やまと天目山温泉
1525
やまと天目山温泉ふれあいやすらぎセンター
1648
1229
1045
1231.3
日川渓谷レジャーセンター
泥蔵沢
1387
桑西
1128
1175
1093
1489
竜門の滝
1042
1626
957
1180
甲斐大和駅・勝沼ICへ
大谷ヶ丸・滝子山へ

霧藻ヶ峰

1:50,000
0
1km
N
C
D
1
2
3
4
小鹿野町
古池
荒川贄川
下郷
柴原温泉
キングダムGC
小野原
白川橋
秩父鉄道車両公園
三峰口駅
三峰神社行きのバスが立ち寄る当駅始発着の便もあり
猪鼻
白滝
強石
巣場
荒川
白久駅
荒川白久
秩父鉄道
荒川橋
日野鷲橋
武州日野駅
秩父市街へ
道の駅あらかわ
御花畑駅・熊谷駅へ
法雲寺
白久温泉
谷津川
城山
寺沢
ザゼンソウ自生地
寺沢の大滝
大達原
大輪
表参道鳥居
せっかい
横岩沢
三ツ又
笹平
大血川
埼玉県
秩父市
熊倉山
安谷川
浦山渓谷
妙法ヶ岳
向沢
大日向
東谷
太陽寺
西谷
鉄砲沢
地蔵峠
トイレ
秩父宮レリーフ
霧藻ヶ峰休憩所
霧藻ヶ峰
お清平へ
0:40
0:30
0:25
0:15
37
43
140

9 大菩薩嶺詳細図

1:25,000
0
500m
A
B
1
2
3
4
六本木峠へ
△1696.9
泉水十文字
1650
北尾根
1600
•1840
1:20
1:10
富士山の眺めがよい
小広い草原
•1744
丸川峠
丸川荘
1:20
1:00
針葉樹の深い森
丹波山村
2:00
1:20
1500
自然林で
ブナの多い尾根道
裂石へ
丸川峠入口
国道411号へ
一ノタル
樹林のなかのピーク
大菩薩嶺
△2056.9
0:05
0:10
展望よい
雷岩
•1584
1800
山梨県
甲州市
唐松尾根
0:50
0:45
0:35
0:50
神部岩
展望のよい尾根道
妙見ノ頭
1294
県道塩山停車場
大菩薩嶺線
カラマツ林の急登
1850
1792
•1811
避難小屋
賽の河原
大菩薩道
親不知ノ頭
小菅村
千石茶屋・裂石へ
1:30
1:10
201
福ちゃん荘
富士見山荘
勝縁荘
1:00
0:45
0:30
0:20
トイレ
1498
1824
介山碑
大菩薩峠
介山荘
トイレ
上日川峠
南側の林道を歩いてもよい
上室日川林道
ロッヂ長兵衛
0:30
熊沢山
1:10
0:50
1:00
1:40
石丸峠
天狗棚山
1957
大菩薩館跡
0:30
小屋平
県道大菩薩初鹿野線
この間林道
カラマツ林
砥山
△1604.5
トイレ
姫ノ湯沢
狼平
草原
砥山峠
1537
自然観察歩道
•1643
砥山林道
大菩薩湖北岸駐車場
1600
1:20
1:10
•1637
1500
218
•1596
尾根の西側を通る
大菩薩湖
大月市
甲斐大和駅へ
小金沢山へ

1:50,000
0
1km
N
C
D
1
2
3
4
4
6
岳への分岐
1325
1469
1275
985
590
七跳尾根分岐
大平山
1603.0
1595
展望なし
七跳山
1651
0:50
1306
天目山林道
1004
広河原谷
細久保谷
914
仙元尾根
栈道
1437
0:10
1260
872
七跳尾根
0:40
大栗山
1591
天目山分岐
1342
大栗山下
展望よい
1167
禁止
ハナト岩
西谷山や石尾根の山々、遠く富士山も見える
ラサキヤシオ
シロヤシオ
1368
0:20
0:25
天目山
(三ツドッケ)
1576.0
1553
グミの滝
仙元峠
1155
982
1055
大栗尾根
ハンギョウ尾根
0:20
0:30
三工場谷
1444
岩場
小川谷林道
一杯水避難小屋
1441
1449
長沢背稜
蕎麦粒山
1472.8
道標
オハヤシの頭へ
一杯水
1:10
0:45
0:55
道標
この間、南面が切れ落ちている
1380
78
小川谷林道は落石の危険があるため、2019年9月現在、日原鍾乳洞の先より車両・歩行者とも通行止め
1086
涸れていることもある
ブナやミズナラの新緑や紅葉
棒杭尾根
桂谷ノ峰
885
1388
長尾山
1339
離岩尾根
日向沢ノ峰
1356
鳥屋戸尾根
0:20
0:30
塩地谷
長尾谷
桂谷
人形山
1176
ヨコスズ尾根
ヨコスズ山
1289
ブナ
1154
踊平
林道歩き。ダンプカーに注意
松岩ノ頭
1268
985
籠岩
一石山
1007
滝入ノ峰
1319.9
この間、滑落注意
1:05
0:50
川苔山へ
百尋ノ滝
962
燕岩
梵天岩
倉沢鍾乳洞
笙ノ岩山
1254.8
一石山神社
日原鍾乳洞
アンテナ
足毛岩
川苔山へ
1184
2:30
2:00
小川谷橋
数台。有料
倉沢林道
倉沢谷
0:40
0:45
鍾乳洞
平日のみ
渓流釣場
巳ノ戸橋
せっかい
1014
855
神庭尾根
0:50
0:40
0:25
急坂
倉沢
925
細倉橋
1102
991
分岐
日原
917
竜王橋
ウスバ尾根
0:45
0:55
登山口
657
608
日原トンネル
登山道崩壊のため通行不能
稲村岩
中日原
東日原
20台程度駐車可
倉沢のヒノキ
逆川
739
平日のみ
トイレ
日原森林館
せっかい
619
204
聖滝
稲村岩のコル
川乗林道
0:55
0:40
せっかい
大滝
916
509
東京都
奥多摩町
845
989
平石山
本仁田山
1225
瘤高山へ
1055
1229
川乗橋
1:25
0:55
天祖尾根
754
カラ谷
タル沢
奥多摩工業曳鉄線
0:40
0:20
大休場尾根
城山
1297
523
1:10
1:20
大沢
394
安寺沢
六ツ石山分岐
将門馬場
1455
1286
大増鍾乳洞
鞍部
1080
398
巻き道
817
石尾根
狩倉山
1452
804
日原川
1:10
1:30
1:00
南面の展望よい
六ツ石山
1478.8
0:05
677
1:00
1:20
木橋へ
1226
1227
三ノ木戸山分岐へ
989
奥多摩駅へ
奥多摩駅へ

8 鷹ノ巣山・七ツ石山・天目山・酉谷山・蕎麦粒山

川苔山詳細図

1:25,000
0
500m
N
C
D
1
2
3
4
百尋ノ滝
塩地谷
百尋ノ滝
通行注意の看板
急な階段
962
この間通過注意
1:05
0:50
踊平へ
獅子口小屋跡へ
火打石谷
足毛岩分岐
足毛岩
横ヶ谷
ワサビ田跡
0:25
0:20
横ヶ谷平
狼平
1286
0:25
0:20
0:05
0:50
0:35
川苔山
1363.2
東の肩
曲ヶ谷北峰
曲ヶ谷南峰
0:30
0:50
0:10
展望よい
1:00
0:50
0:15
0:20
真名井沢ノ頭
細倉橋～百尋ノ滝間橋で谷を渡り返す
平坦な道
0:50
0:40
トイレ
細倉橋
舟井戸
1240
エビ小屋山分岐へ
ウスバ乗越
1102
ウスバ尾根
鋸尾根
0:30
0:20
急坂
ベンチ
大ダワ分岐
竜王橋
608
ウスバ乗越～大ダワ間は登山道崩壊のため通行不能
傷んだ木橋を渡る
1165
狭いスペースながら休憩できる
逆川
0:55
0:40
聖滝
急な下り
0:25
853
川乗林道
川苔谷
大ダワ
0:20
0:30
沢を渡り岩場を通過
0:55
1:25
東京都水道水源林の看板
東京都
奥多摩町
瘤高山
頂上直下に分岐あり
立ち枯れた林のなかの道
0:20
0:30
道標なくわかりづらい
杉林の急坂
上山
1011
平石山
1075
道標
1:00
1:30
大根山の神へ
平石尾根
本仁田山
1224.5
杉ノ殿尾根（杉ノ尾根）
樹林帯の急な道
大休場尾根
1:25
0:55
乳房観音への道標
ザレの急な道
瘤高山分岐
大根山の神へ
西川
チクマ山
1040
西川林道
奥多摩工業曳鉄線
安寺沢
626
0:40
0:20
鞍部（尾根）
下山時方向注意
817
花折戸尾根
398
安寺沢
1:00
日原川
寺地
舗装路歩き
ヨケ沢
ゴンザス尾根
866
669
204
奥多摩駅へ
奥多摩駅へ

7 三頭山詳細図

1:25,000
0 500m

1:50,000
0
1km
N
C
D
8
5
1
2
3
4
水根沢林道分岐へ
六ッ石山分岐へ
石尾根
三ノ木戸山分岐
三ノ木戸山
日原へ
安寺沢へ
奥多摩ビジターセンター
稲荷神社
国際ます釣場
奥多摩駅
奥多摩町役場
氷川キャンプ場
羽黒三田神社
登山口
愛宕神社
弁天橋
登計峠
氷川中
青梅
木橋
榛ノ木尾根
トオノクボ
マイクロウェーブ反射板
赤土の滑りやすい道
山ノ神
小中沢
三ノ木戸
水根沢
水根沢林道
道幅の狭い沢沿いの道。木橋まで注意
尾根
民家の畑の道の急登
道標
水根沢キャンプ場
水根
水根産土神社
倉戸山
水と緑のふれあい館
トイレ
奥多摩湖
小河内ダム
登山口
頂上広場
急登
木の根が張り出した
大麦代トンネル
熱海
倉戸口
温泉神社
民宿小河内荘
青梅街道
室沢トンネル
奥多摩湖
ヤマザクラがみごと
桃ヶ沢トンネル
奥多摩むかし道
白髭トンネル
境橋
白髭の大岩
中山トンネル
411
多摩川
サス沢
シダクラ谷
展望よい
大ブナ尾根
サス沢山
岩のゴロゴロした急坂
水久保沢
橋詰トンネル
琴浦橋
檜村橋
登計トンネル
鋸山林道
天聖神社
巻き道
鋸尾根
クサリ場
鋸山へ
大沢
車道
栃寄沢
栃寄
岩がゴロゴロした道。ワサビ田がある
九竜山
栃寄大滝
巨岩沿いに下る
ゴハンギョウの滝
車道を歩いてもよい
トイレ
車道に出る
体験の森入口
（トチノキ広場）
奥多摩都民の森
カラマツ広場
湧水の広場
鞘口山
惣岳山
カタクリ
御前山避難小屋
御前山
見晴台2ヶ所あり
分岐。尾根に出る
クロノ尾山
御前山～鋸山1時間20分（逆コース1時間40分）
倒木あり
湯久保尾根
木に表札がかかっている
湯久保山
仏岩ノ頭
小沢バス停へ
東京都
奥多摩町
月夜見第1駐車場
奥多摩周遊道路
天神沢
小河内峠
天神山
鞘口峠～惣岳山間登り下りとも約3時間
陣馬尾根
中ノ平遺跡
「御前山まであと2km」道標
惣角沢
檜原村
月夜見山
月夜見第2駐車場
猿江
月夜見沢
倉掛山
風張峠
風張林道
戸沢峰
旧小林家住宅
沢又
藤原
日向平
倉掛
藤倉
砥山
森林館
トイレ
都民の森
206
205
御林山
浅間尾根
茗荷平
白岩沢
頭沢
数馬へ
貴布禰神社
小岩へ

A
8
B
堂所
七ツ石小屋へ
分岐へ
鷹ノ巣山避難小屋へ
榧ノ木尾根分岐へ
片倉橋のゲート。2019年9月現在、車両進入はここまで
広場
休憩適地
水場
赤指尾根
赤指山
1332.5
浅間尾根
浅間神社
奥
分岐注意
榧ノ木山
1485
ノボリ尾根
塩沢橋へ
黒滝橋
658
林道を横切る
三沢
三沢橋
雨降滝
白髭神社
峰谷
峰谷橋〜峰谷間徒歩約1時間
登り尾根
片倉橋
後山林道
サオラ峠へ
ゲート
林道を横切る
社の脇を抜けていく。道標なく、わかりにくい
トイレ
下り
天平尾根
小袖山
1054.1
親川
丹波山村中心部へ
お祭
登山道入口
小袖乗越
小袖林道
地震観測所
雲風呂
旧小河内小・中
尾平山
1074.6
雨乞山
坂本トンネル
山荘おまつり
お祭に停車するバスの時間に合わない場合は、便数の多い鴨沢西バス停を利用するとよい。お祭〜鴨沢西は徒歩約20分
鴨沢西
鴨沢
留浦
小留浦
深山橋
小河内神社
峰谷橋
登山口
麦山
麦山浮橋（ドラム缶橋）
山梨県
丹波山村
大成峠〜大丹波峠間はところどころで林道と合流する
深山橋
陣屋
トイレ
三頭橋
仏舎利塔
大成峠
大寺山
馬場浅間
三頭の名水
大丹波峠へ
鹿倉山
1288.2
石尾根の展望よい
タナグチ山
1178
やせ尾根
ムロクボ尾根
イヨ山
979.1
山のふるさと村ビジターセンター
ヌカザス尾根
小菅の湯へ
平山キャンプ場
小菅の湯
大成
金風呂
庄ノ指
余沢
「糠指山」の古い道標
頂上手前は急坂
ヌカザス山
ツネ泣峠
ツネ泣き坂（急坂）
玉川への分岐
大ダワへ
多摩源流・小菅の湯
道の駅こすげ
井狩
白沢
向山
1077.8
小菅村
玉川
鶴峠分岐
小焼山
1322
神楽入ノ峰
三頭山
西峰
東峰
中央峰
御堂峠
ムシカリ峠
大沢山
三頭山避難小屋
ハチザス沢の頭
鶴峠〜三頭山西峰間 登り3時間、下り2時間
ハイマセ尾根
松姫トンネル
大月へ
鶴峠
長作へ
槇寄山へ
A
5
B
11

1:50,000
0
1km
N
C
D
6
1
2
3
4
都民の森へ
1149
756
三頭山荘
九頭竜神社
数馬
トイレ
仲の平
1018
温泉センター
946
893
蛇の湯温泉
666
数馬
626
908
サル岩
数馬分岐
929
一本杉（二本松）
831
634
752
930.2
浅間石室
662
1:00
0:40
民宿浅間坂
木庵（そば屋）
分岐を右へ
浅間尾根登山口
浅間尾根
東京都
檜原村
902
911
1:40
1:30
人里峠
883
道標
人里峠～人里バス停間下り40分
浅間広場へ
朽ちた木の橋
大平分岐
0:35
0:55
0:05
観音堂
雨乞いの滝
数馬の湯
龍神の滝
965
0:32
0:53
テレビ共同アンテナ
南沢
948
槇寄山
西原峠
南西側に富士山を望む
1178
966
田和峠
笹尾根
1157
792
檜原街道
笛吹入口
802
大羽根山
992
森沢
笛吹神社
笛吹
206
人里
人里
613
和田
数馬峠
大羽根山分岐
1121
880
769
691
丹田沢
742
南秋川
上川乗へ
879
868
943
藤尾分岐
笛吹峠
924
804
626
郷原
1060
933
ピークの前後に分岐あり
870
765
扁盃
618
1098.3
丸山
933
624
818
小棡峠
1046
934
土俵岳
浅間峠へ
741.2
藤尾
919
886
1005.2
日原峠
877
中群
740
初戸川
652
大岳山を望む
917
727
18
752
696
850
641
小棡
820
腰掛
611
初戸
689
名手川
457
520
日寄橋
575
624
710
603
鶴川
452
芦瀬
528
上川乗へ
371
棡原
33
834
747
日原
589
510
山梨県
上野原市
362
猪丸
343
661
649
361
423
973
992
715
588
522
棡原トンネル
1203
960
908.9
662
用竹
1177
1079
1028
337
今野
729
18
小和田
和見
706
507
442
57
746
887
722
601
609
尾続
911
増原
和見川
大倉大沢
538.3
登下
トッケ沢
739
不老山
839.4
576
570
奥山
510
536
上野原へ

5 槇寄山・笹尾根・浅間尾根

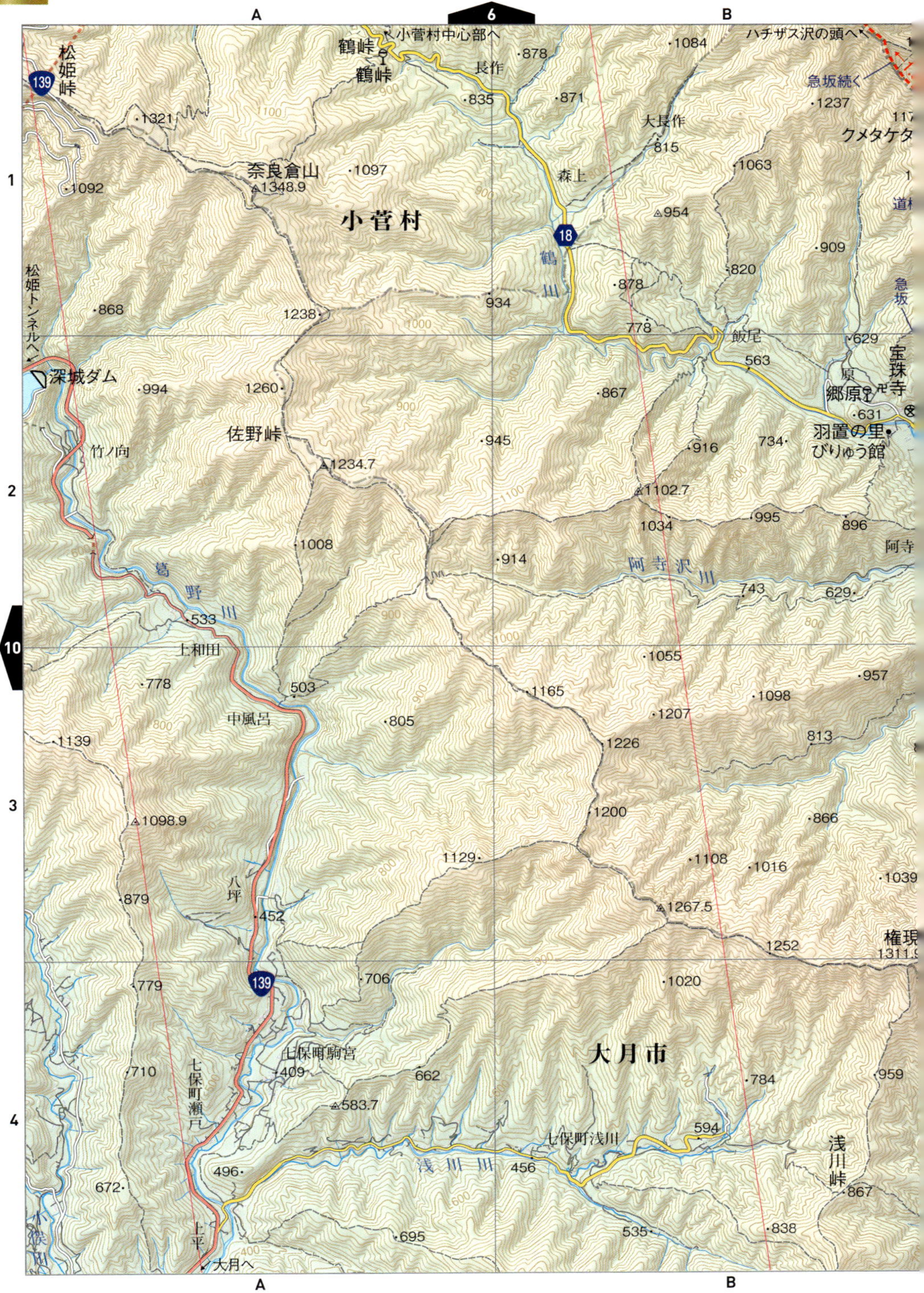

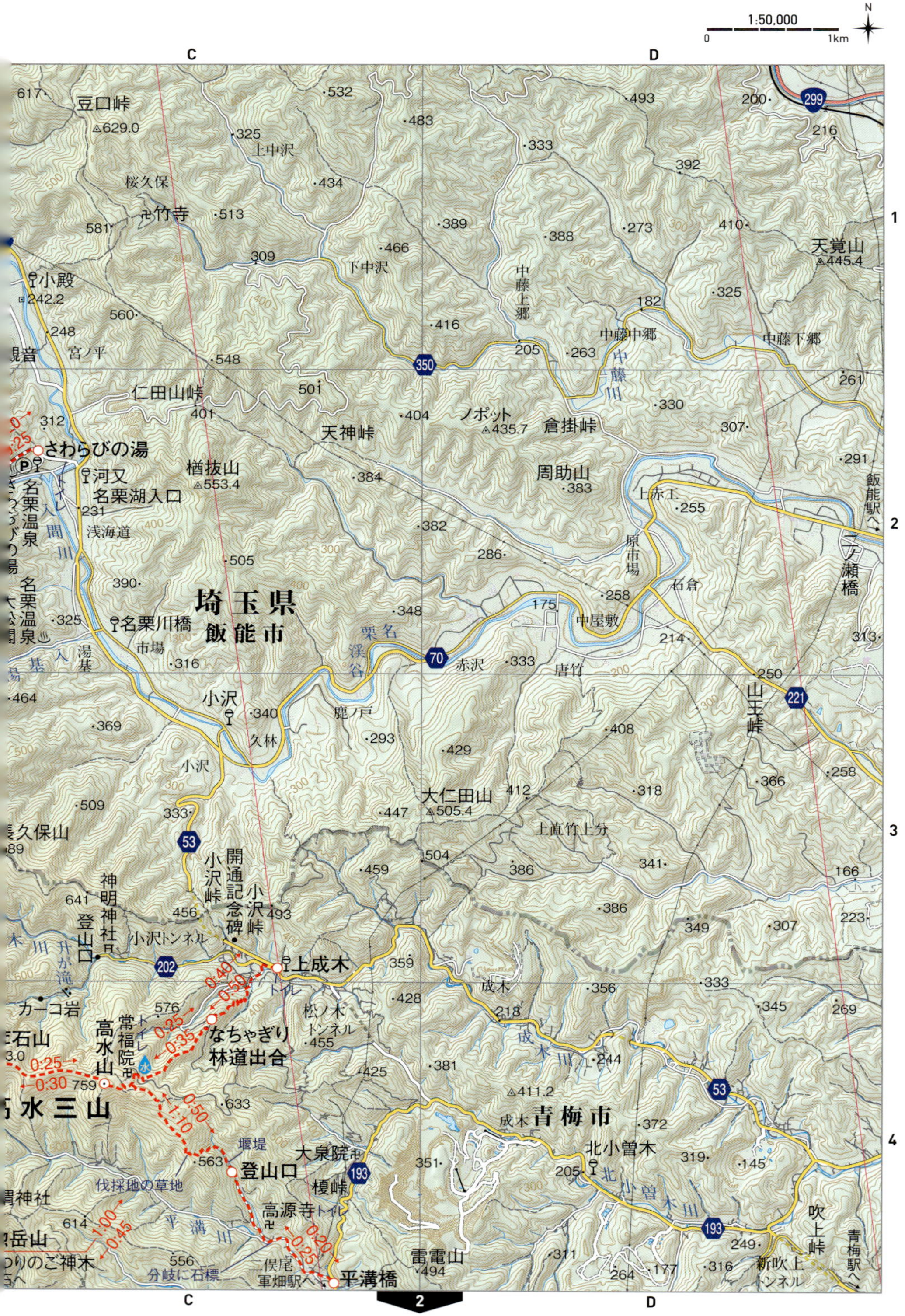

1:50,000
0
1km
N
C
D
1
2
3
4
豆口峠
629.0
桜久保
竹寺
上中沢
下中沢
中藤上郷
中藤中郷
中藤下郷
中藤川
天覚山
445.4
小殿
242.2
宮ノ平
観音
仁田山峠
天神峠
ノボット
435.7
倉掛峠
周助山
383
上赤工
原市場
石倉
中屋敷
赤沢
唐竹
さわらびの湯
河又
名栗湖入口
楷抜山
553.4
浅海道
入間川
名栗温泉
さわらびの湯
名栗温泉大松閣
名栗川橋
市場
湯基入
湯基
埼玉県
飯能市
栗名
渓谷
小沢
久林
鹿ノ戸
大仁田山
505.4
上直竹上分
山王峠
飯能駅へ
二ノ瀬橋
久保山
神明神社
登山口
小沢トンネル
小沢峠
開通記念碑
小沢峠
上成木
トイレ
成木
松ノ木トンネル
成木川
井が滝
カーコ岩
常福院
トイレ
高水山
なちゃぎり林道出合
石山
高水三山
堰堤
大泉院
榎峠
登山口
伐採地の草地
高源寺
トイレ
平溝川
岳山
のりのご神木
分岐に石標
二俣尾
軍畑駅へ
平溝橋
雷電山
494
青梅市
成木
北小曽木
北小曽木川
吹上峠
新吹上トンネル
青梅駅へ
411.2
299
350
70
221
53
202
193
0:25
0:40
0:50
0:25
0:35
0:30
0:50
1:10
1:00
0:45
0:20
0:25
2

A
B
秩父市
橋小屋ノ頭
1163
蕨山
1044
有間山
タタラの頭
1213.4
林道は冬季通行止め。その他の期間も工事などで通行できない場合あり
広河原逆川林道
逆川沢
大ヨケノ頭
771
炭谷入
金比羅
659.6
金比羅神社
駐車スペース
有間峠
仁田山
1211
工場谷
栃ノ木入沢
落合
374
有間林道
有間川
名栗湖
日向沢林道
モニュメントの木がある
蕎麦粒山へ
日向沢ノ峰
1356
踊平～獅子口小屋跡間は大規模な土砂崩落地があり、当面の間通行止め（2019年9月現在）
白岩沢
長尾丸山
958.3
白谷沢登山口
藤懸
白孔雀ノ滝
白谷沢
クサリのあるゴルジュ
棒ノ折山
（棒ノ嶺）
969
岩茸
三叉路
権次入峠
893
湯基入林
踊平
獅子口小屋跡
火打石谷
横ヶ谷平
横ヶ谷
分岐
足毛岩
百尋ノ滝へ
川苔山
1363.2
曲ヶ谷北峰
1286
真名井沢ノ頭
1168
真名井北稜
1002
大丹波川
急登
小祠あり
黒山
842.3
馬乗馬
776
登山口
405.5
百軒茶屋
舟井戸
1240
鋸尾根
エビ小屋山分岐
この間林道歩き
エビ小屋山
1147
川苔山登山口
真名井沢
清東橋
清東園
雨沢山
841
関東ふれあいの道
登山道崩壊のため通行不能
1165
大ダワ分岐
853
真名井林道
目立たないピーク
923.5
赤杭山（赤久奈山）
赤杭尾根
上日向
エスケープルートになる道。
岩茸石山から下り50分
東京都
奥多摩町
大ダワ
本仁田山
1224.5
瘤高山
1011
瘤高山分岐
杉ノ殿尾根（杉ノ尾根）
765
登山道への入口
大根山の神
峰戸山下
809
峰戸山
736
ズマド山鞍部
611
ザレ場
ズマド山
690.1
八桑
名坂観音
304
大丹波
202
大丹波川
286
水産試験場
東京都
道標
登山口
古里駅
熊野神社
1040
鞍部へ
西川林道
花折戸尾根
ゴンザス尾根
ヨケ沢
866
熊野神社
棚澤
登山口
鳩ノ巣駅
369
388
トイレ
奥多摩駅へ
青梅線
394
478
558
大塚山へ
川井駅へ
川井駅へ
蝉沢
8
2

1:25,000
0
500m
N
C
D
奥多摩駅へ
惣岳山へ
青梅駅へ
慈恩寺
一の鳥居
御岳
青梅線
御嶽駅
御岳交流センター
.355
.319
411
玉堂美術館
452
583
201
45
362
300
大沢川
1
.519
.558
583
.556
琴
沢
青梅市
400
500
梅ノ木峠
600
.734
高峰山
755
.655
2
「飛龍」
墜落地
.718
768
金比羅尾根分岐
東雲山荘
素泊まり
階段
日の出山
902.0
あずまや・ベンチ
長い階段
クロモ岩
林道に出る
0:40
1:00
0:15
0:10
トイレ
0:20
0:25
三ツ沢分岐
顎掛岩
654
日の出山ハイキングコース
日の出山ハイキングコース(新道)
急な下り。
スリップ注意
滝本不動尊
古民家滝本
499.5
生涯青春の湯
つるつる温泉
トイレ
つるつる温泉
三ツ沢
熊野神社
0:20
0:25
.472
不動尊のすぐ先で
車道に出る
.598
日の出山登山口
松尾
3
184
三室山・吉野梅郷へ
武蔵五日市駅へ
733
金比羅尾根
養沢鍾乳洞
.625
麻生山
794
養沢川
201
550
タルクボ沢
白岩滝
日の出町
.587
あきる野市
上養沢
4
.569
上養沢
.650
680
.631.9
607
大岳鍾乳洞入口バス停へ
大岳鍾乳洞入口バス停へ

3 御岳山・大岳山詳細図

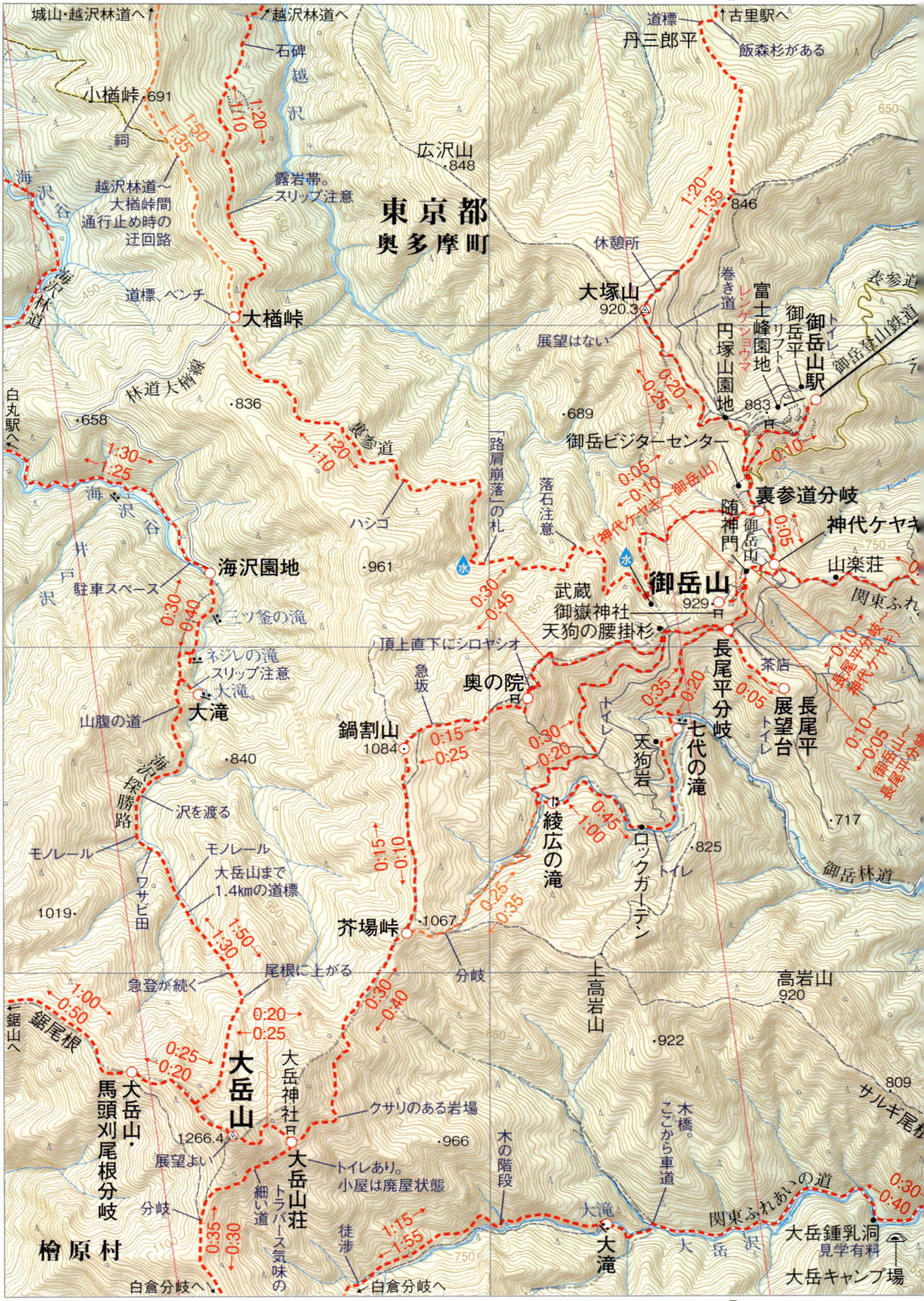

A
B
城山・越沢林道へ
越沢林道へ
道標
古里駅へ
丹三郎平
飯森杉がある
石碑
越沢
小楢峠
691
祠
1:20
1:10
1:50
1:35
広沢山
848
越沢林道～大楢峠間通行止め時の迂回路
露岩帯。スリップ注意
1:20
1:35
846
東京都
奥多摩町
海沢谷
海沢林道
休憩所
大塚山
920.3
巻き道
レンゲショウマ
富士峰園地
御岳平
リフト
トイレ
御岳山駅
表参道
御岳登山鉄道
道標、ベンチ
大楢峠
展望はない
円塚山園地
0:20
0:25
白丸駅へ
林道大楢線
836
689
883
658
1:20
1:10
裏参道
御岳ビジターセンター
0:10
1:30
1:25
「路肩崩落」の札
0:05
0:10
(神代ケヤキ～御岳山)
裏参道分岐
海沢谷
ハシゴ
落石注意
随神門
御岳山
0:05
神代ケヤキ
井戸沢
海沢園地
961
水
水
山楽荘
駐車スペース
0:30
0:45
御岳山
929
武蔵御嶽神社
関東ふれあいの道
0:30
0:40
三ツ釜の滝
天狗の腰掛杉
0:10
0:15
(長尾平分岐～神代ケヤキ)
ネジレの滝
スリップ注意
頂上直下にシロヤシオ
長尾平分岐
茶店
大滝
急坂
奥の院
0:35
0:20
0:05
長尾平
展望台
トイレ
0:10
0:05
(御岳山～長尾平分岐)
山腹の道
大滝
鍋割山
1084
0:15
0:25
0:30
0:20
トイレ
天狗岩
七代の滝
840
海沢探勝路
沢を渡る
綾広の滝
0:45
1:00
ロックガーデン
717
825
トイレ
モノレール
モノレール
0:15
0:10
御岳林道
大岳山まで1.4kmの道標
ワサビ田
1019
0:25
0:35
1:50
1:30
芥場峠
1067
分岐
上高岩山
高岩山
920
急登が続く
尾根に上がる
1:00
0:50
鋸山へ
鋸尾根
0:20
0:25
0:30
0:40
922
0:25
0:20
大岳山・馬頭刈尾根分岐
大岳山
大岳神社
809
サルギ尾根
クサリのある岩場
1266.4
966
木の階段
木橋。ここから車道
展望よい
大岳山荘
トイレあり。小屋は廃屋状態
関東ふれあいの道
0:30
0:40
分岐
細い道
トラバース気味の道
1:15
1:55
大滝
大滝
大岳沢
大岳鍾乳洞
見学有料
0:35
0:30
徒渉
檜原村
大岳キャンプ場
白倉分岐へ
白倉分岐へ
A
B
1
2
3
4

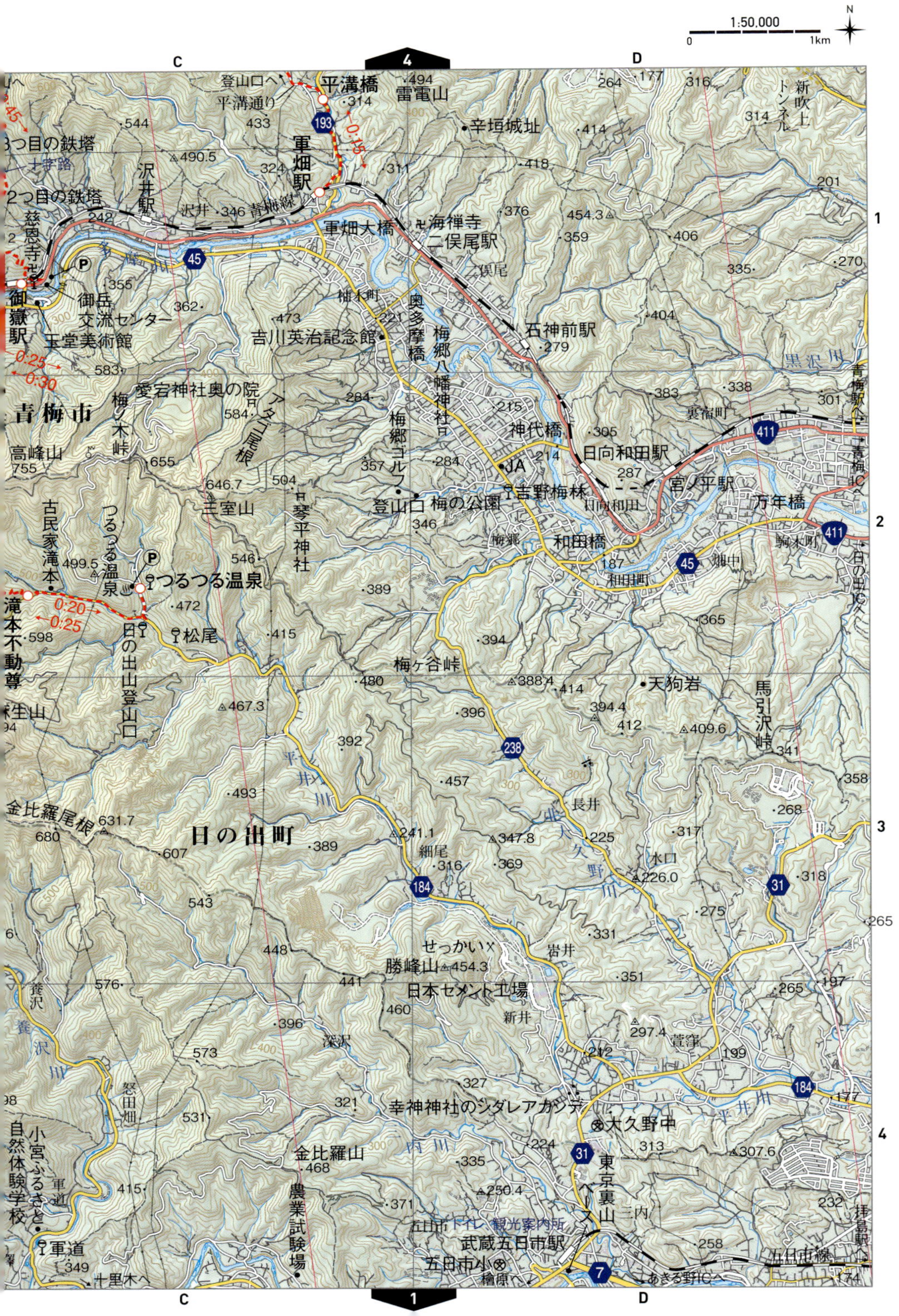
1:50,000
0
1km
N
4
C
D
1
2
3
4
平溝橋
雷電山
辛垣城址
軍畑駅
平溝通り
登山口へ
3つ目の鉄塔
2つ目の鉄塔
十辛路
沢井駅
沢井
青梅線
軍畑大橋
海禅寺
二俣尾駅
俣尾
新吹上トンネル
慈恩寺
御嶽駅
御岳交流センター
玉堂美術館
吉川英治記念館
柚木町
奥多摩橋
梅郷八幡神社
石神前駅
黒沢川
青梅駅へ
青梅市
愛宕神社奥の院
アタゴ尾根
梅ノ木峠
高峰山
三室山
琴平神社
梅郷ゴルフ
登山口
梅の公園
JA
吉野梅林
神代橋
日向和田駅
宮ノ平駅
日向和田
裏宿町
万年橋
青梅IC
駒木町
和田橋
和田町
畑中
日の出IC
古民家滝本
つるつる温泉
滝本
滝本不動尊
日の出山登山口
松尾
梅ヶ谷峠
天狗岩
馬引沢峠
平井川
長井
北大久野川
水口
細尾
金比羅尾根
日の出町
せっかい
勝峰山
日本セメント工場
岩井
新井
養沢
養沢川
深沢
萱窪
幸神神社のシダレアカシア
大久野中
東京裏山ベース
平井川
金比羅山
農業試験場
小宮ふるさと自然体験学校
軍道
五日市 トイレ 観光案内所
武蔵五日市駅
五日市小
檜原へ
十里木へ
あきる野ICへ
三内
五日市線
拝島駅へ
0:15
0:25
0:30
0:20

2 御岳山・大岳山・日の出山・鋸山

1:50,000
0
1km
N
C
D
2
1
3
4
大岳鍾乳洞入口へ
秋川渓谷
瀬音の湯
十里木
城山
434.1
戸倉小
沢戸橋
本郷
戸倉
久保川原
農業試験場
208
291
小中野
五日市小
五日市中
五日市高
武蔵
五日市駅
東京裏山ベース
秋川
小和田
留原
185
194
195
224.5
小峰台
211
新小峰トンネル
336
小峰峠
301
五日市線
163.1
174
172
高尾
280
174
拝島駅へ
あきる野IC
330.8
230
7
326
411
391
323
317
荷田子峠
404
371
刈寄山～沢戸橋バス停間
下り1時間20分
盆堀林道
487
509
629
292
新多摩変電所
328
0:35
0:50
今熊神社
本殿
505
今熊山
今熊神社
トイレ
トイレ
川口川
車道歩き
今熊山登山口
上川町
213
361
404
32
198
345
舟子尾根
刈寄林道
505
523
1:00
1:20
あきる野市
591
荒れぎみ
刈寄山分岐
刈寄山
687.1
667
0:10
0:15
600
648
入山峠
旧入山峠
560
589
入山尾根
478
山入川
271
615
八王子市
536
438
342
240
京王八王子駅・八王子西IC
美山町
日本山岳耐久レース
10km地点標柱
峰見通り
724
2:30
2:40
669
尾根に出る
鳥切場
山を望む
386
333
恩方山
536
盆前山
498.1
あきる野IC
倉三山
526
589
盆堀林道
495
366
鳥切場～関場バス停間
下り1時間20分
小津町
八王子西IC
小津川
361
ゲート
醍醐川
龍泉寺
353
215
圏央道
要倉山
562
549.3
573
370
上恩方町
452
265
陣馬街道
349
恩方トンネル
356.4
521
関場
夕やけ小やけ
ふれあいの里
下恩方町
197
高尾駅へ
468
498
419
陣馬高原下
案下川
478
349
528
291
320
466
425
関場峠
586
611
北高尾山稜
松ノ丸
612
494
八王子城跡トンネル
428
673
堂所山
731
首都圏自然歩道
小下沢
562
696
655
杉沢ノ頭
547.6
富士見台
394
底沢峠
721
景信山
727.3
八王子JCTへ
C
D

1 戸倉三山・浅間嶺

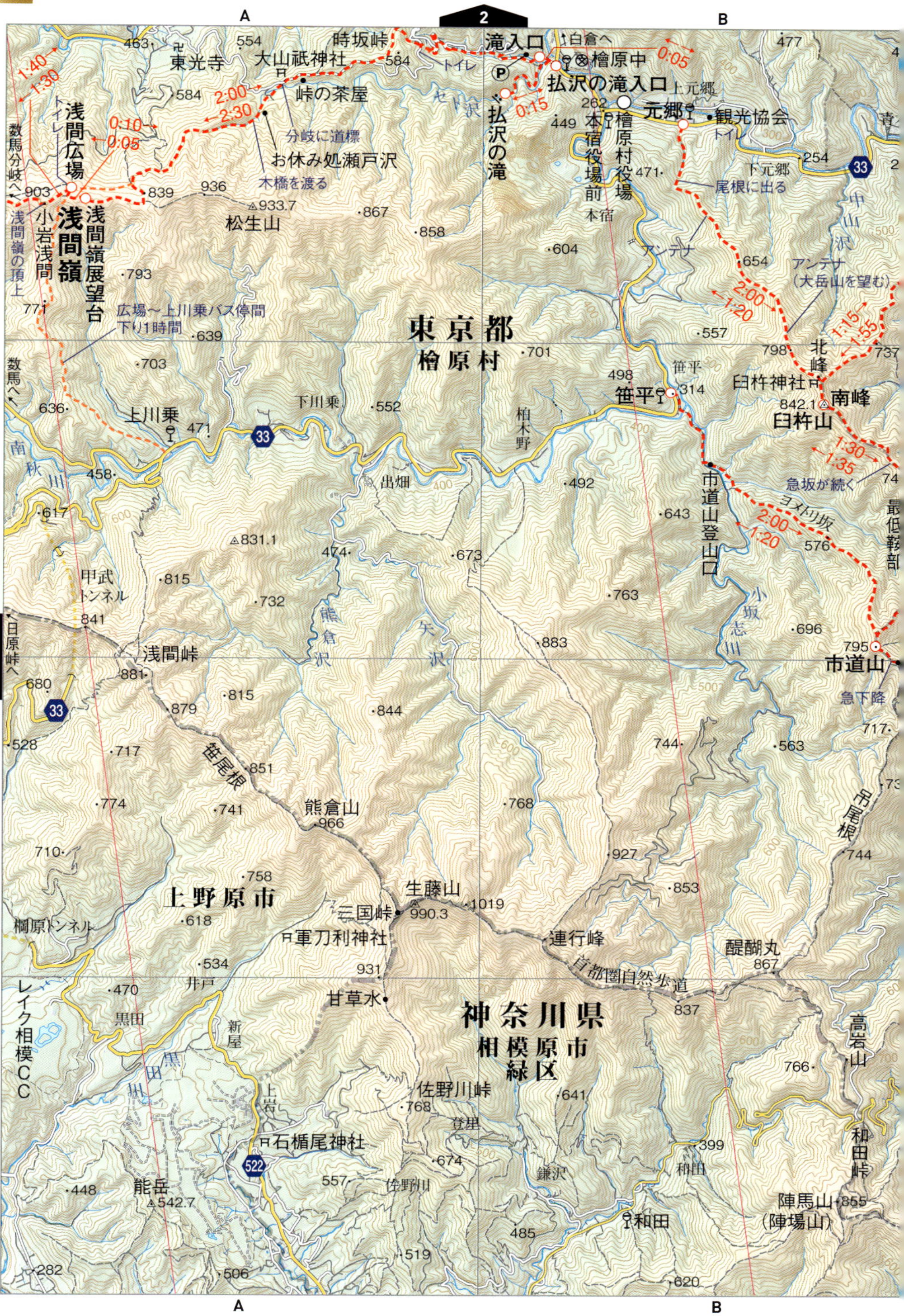

東京都
檜原村
神奈川県
相模原市
緑区
上野原市
浅間嶺
浅間広場
浅間嶺展望台
小岩浅間
浅間嶺の頂上
数馬分岐へ
数馬へ
松生山
933.7
大山祇神社
時坂峠
峠の茶屋
東光寺
分岐に道標
お休み処瀬戸沢
木橋を渡る
滝入口
払沢の滝入口
払沢の滝
檜原中
白倉へ
元郷
観光協会
上元郷
下元郷
尾根に出る
本宿役場前
檜原村役場
本宿
アンテナ
アンテナ（大岳山を望む）
北峰
南峰
臼杵神社
臼杵山
842.1
笹平
市道山登山口
急坂が続く
ヨメトリ坂
最低鞍部
市道山
急下降
広場～上川乗バス停間 下り1時間
上川乗
下川乗
出畑
柏木野
甲武トンネル
浅間峠
日原峠へ
笹尾根
熊倉山
生藤山
990.3
三国峠
軍刀利神社
連行峰
首都圏自然歩道
醍醐丸
甘草水
吊尾根
高岩山
和田峠
陣馬山（陣場山）
和田
佐野川峠
石楯尾神社
能岳
542.7
棡原トンネル
レイク相模CC
井戸
黒田
新屋
上岩
鎌沢
佐野川
831.1
1:40
1:30
2:00
2:30
0:10
0:05
0:15
2:00
1:20
1:15
1:55
1:30
1:35
2:00
1:20

主な地図記号

※そのほかの地図記号は、国土地理院発行
2万5000分ノ１地形図に準拠しています

一般登山コース
参考コース
（エスケープルート等）
←1:30
コースタイム
（時間：分）
コースタイムを
区切る地点
4車線以上
2車線道路
1車線道路
軽車道
徒歩道
庭園路
高速・有料道路
299
国道・番号
192
都道府県道・番号
鉄道・駅
JR線・駅
索道（リフト等）
送電線
都道府県界
市町村界
特定地区界
植生界
2899.4
三角点
1159.4
電子基準点
720.9
水準点
・1651
標高点
等高線（主曲線）
標高10mごと
等高線（計曲線）
主曲線5本目ごと
等高線（補助曲線）
1500
等高線標高
市役所
町村役場
警察署
消防署
交　番
病　院
神　社
寺　院
記念碑
営業山小屋
避難小屋・
無人山小屋
キャンプ指定地
水
水場（主に湧水）
主な高山植物群落
バス停
P
駐車場
温泉
噴火口・噴気孔
採鉱地
発電所
電波塔
史跡・名勝・
天然記念物
岩がけ
岩
土がけ
雨　裂
砂れき地
おう地（窪地）
湖・池等
河川・せき（堰）
河川・滝
広葉樹林
針葉樹林
ハイマツ地
笹　地
荒　地
竹　林
畑・牧草地
果樹園
田
標高
高
低

コースマップ

国土地理院発行の2万5000分ノ1地形図に相当する数値地図（国土基本情報）をもとに調製したコースマップです。

赤破線で示したコースのうち、地形図に記載のない部分、あるいは変動が生じている部分については、GPSで測位した情報を利用しています。ただし10〜20m程度の誤差が生じている場合があります。

また、登山コースは自然災害などにより、今後も変動する可能性があります。登山にあたっては本書のコースマップと最新の地形図（電子国土Web・地理院地図、電子地形図25000など）の併用を推奨します。

コースマップには、コンパス（方位磁石）を活用する際に手助けとなる磁北線を記入しています。本書のコースマップは、上を北（真北）にして製作していますが、コンパスの指す北（磁北）は、真北に対して西へ7度前後（奥多摩・奥秩父周辺）ズレが生じています。真北と磁北のズレのことを磁針偏差（西偏）といい、登山でコンパスを活用する際は、磁針偏差に留意する必要があります。

磁針偏差は、国土地理院・地磁気測量の2015.0年値（2015年1月1日0時［UT］における磁場の値）を参照しています。

奥多摩・奥秩父登山にあたっては、コースマップとともにコンパスを携行し、方角や進路の確認に役立ててください。

Contents

コースマップ目次

コースさくいん

奥多摩

奥秩父

父不見山
城峯山
破風山
二子山
皆野町
簑山
小川町
東秩父村
観音山
大霧山
堂平山
四阿屋山
小鹿野町
秩父市
横瀬町
丸山
ときがわ町
秩父御岳山
武甲山
武川岳
大持山
熊倉山
矢岳
伊豆ヶ岳
和名倉山
(白石山)
妙法ヶ岳
西谷山
蕨山
飯能市
天目山
(三ツドッケ)
有間山
蕎麦粒山
白岩山
竜喰山
棒ノ折山
川苔山
雲取山
飛龍山
七ツ石山
奥多摩町
岩茸石山
鷹ノ巣山
六ツ石山
青梅市
丹波山村
御岳山
日の出山
鹿倉山
御前山
大岳山
東京都
今倉山
小菅村
大マテイ山
日の出町
馬頭刈山
菩薩嶺
三頭山
檜原村
浅間嶺
奈良倉山
槇寄山
あきる野市
小金沢山
丸山
臼杵山
刈寄山
雁ヶ腹摺山
市道山
生藤山
権現山
大月市
景信山
陣馬山
百蔵山
扇山
上野原市
高尾山
高柄山
倉岳山
石老山
高川山
九鬼山
神奈川県
相模原市

奥多摩・奥秩父全図

299
小海町
佐久平方面
小海駅
1631.8
四方原山
群馬県
299
神流川
上野村
松原湖
白駒池
ぶどう峠
北相木村
諏訪山
1549.6
天丸山
1506.0
御座山
2112
長野県
帳付山
1619
天狗岳
2646.0
佐久海ノ口駅
南相木村
御巣鷹山
1639.6
南天山
千曲川
硫黄岳
2760
南牧村
男山
1851.4
1882.0
御陵山
1822.5
三国山
1834
横岳
2830
赤岳
2899.4
19
信濃川上駅
天狗山
16
三国峠
中津川
権現岳
2715
野辺山駅
川上村
梓山
白泰山
179
高登谷山
1845.9
五郎山
2131.9
十文字峠
天女山
1528.9
飯盛山
1643
横尾山
1818.2
長峰
2065.4
清里駅
信州峠
小川山
2418.4
甲武信ヶ岳
2475
西破風山
2317.8
小淵沢方面
小海線
141
黒森鉱泉
瑞牆山
2230
18
みずがきランド
15
雁坂峠
朝日岳
2579
国師ヶ岳
2591.9
雁坂トンネル
2112.3
増富ラジウム鉱泉
2599
2601
古礼山
大弛峠
北奥千丈岳
西沢
金峰山
長坂IC
増富の湯
黒金山
2231.8
広瀬ダム
小淵沢方面
長坂駅
塩川
剣ヶ峰
2053
乾徳山
2031
石保戸山
167
木賊峠
北杜市
17
曲岳
1642.8
黒富士
1633
14
大烏山
1782
1764
乙女高原
三富温泉郷
金ヶ岳
1704.0
焼山峠
日野春駅
茅ヶ岳
笛吹の湯
小楢山
1712.6
太刀岡山
1322
山梨県
三窪高原
20
須玉IC
柳沢峠
水ヶ森
1563.2
能泉湖
ハイジの村
クララの湯
羅漢寺山
1058.3
鼓川温泉
笛吹川
御岳昇仙峡
帯那山
1422.3
裂石
荒川
花かげの湯
はやぶさ温泉
甲州市
大菩薩の湯
韮崎IC
双葉JCT
塩山温泉
140
塩山駅
韮崎市
韮崎駅
湯村温泉
兜山
913.0
山梨市
源次郎岳
1476
中央本線
山梨市駅
嵯峨塩
甘利山
1740
塩崎駅
天空の湯
2138.8
千頭星山
甲斐市
勝沼ぶどう郷
中部横断自動車道
竜王駅
甲府駅
やまと天目山
白根IC
甲府昭和IC
甲府市
石和温泉駅
石和温泉
20
田野
勝沼IC
南アルプス市
昭和町
笛吹市
一宮御坂IC
釜無川
国母駅
笹子雁ヶ腹摺山
1358
1357.7
N
櫛形山
2052.2
南アルプスIC
中央市
達沢山
0
1
5km
1:294,000
甲府南IC
137
本社ヶ丸
163
富士方面
精進湖へ
河口湖

取り外せる！ 持ち歩ける！

アルペンガイド

登山地図帳

奥多摩・奥秩父

Alpine Guide